PUNIÇÃO E DESIGUALDADE NA AMÉRICA

BRUCE WESTERN
PUNIÇÃO E DESIGUALDADE NA AMÉRICA

PUNISHMENT AND INEQUALITY IN AMERICA BY BRUCE WESTERN

© 2006 Russel Sage Foundation, 112 East 64th Street, New York, N.Y. 10021.
Published in Portuguese with permission.

PUNIÇÃO E DESIGUALDADE NA AMÉRICA

AUTOR
BRUCE WESTERN

EDITOR
EDIÇÕES ALMEDINA. SA
Av. Fernão Magalhães, n.º 584, 5.º Andar
3000-174 Coimbra
Tel.: 239 851 904
Fax: 239 851 901
www.almedina.net
editora@almedina.net

PRÉ-IMPRESSÃO | IMPRESSÃO | ACABAMENTO
G.C. GRÁFICA DE COIMBRA, LDA.
Palheira – Assafarge
3001-453 Coimbra
producao@graficadecoimbra.pt

Junho, 2009

DEPÓSITO LEGAL
290349/09

Os dados e as opiniões inseridos na presente publicação
são da exclusiva responsabilidade do(s) seu(s) autor(es).

Toda a reprodução desta obra, por fotocópia ou outro qualquer
processo, sem prévia autorização escrita do Editor, é ilícita
e passível de procedimento judicial contra o infractor.

Biblioteca Nacional de Portugal – Catalogação na Publicação

WESTERN, Bruce

Punição e desigualdade na América.
ISBN 978-972-40-3513-0

CDU 343

Para Lucy, Miriam e Grace

Índice

Sobre os Autores	9
Prefácio à edição portuguesa	11
Prefácio	17
Introdução	23
Primeira Parte O Alcance e as Causas do Grande Aumento do Número de Reclusos	33
Capítulo 1 O Encarceramento em Larga Escala, *com Becky Pettit*	35
Capítulo 2 Desigualdade, Crime e o Grande Aumento do Número de Reclusos	63
Capítulo 3 A Política e a Economia da Justiça Criminal Punitiva	85
Segunda Parte As Consequências do Encarceramento em Larga Escala	123
Capítulo 4 Desigualdade Invisível	125
Capítulo 5 O Mercado de Trabalho Depois da Prisão	153
Capítulo 6 A Prisão, o Casamento e a Vida Familiar, *com Leonard Lopoo*	183
Capítulo 7 Terá o Grande Aumento do Número de Reclusos levado à Diminuição da Criminalidade?	227

Conclusão	255
Notas	267
Referências Bibliográficas	281
Índice Remissivo	301

Sobre os Autores

BRUCE WESTERN é professor de Sociologia e associado da Faculdade do Centro de Pesquisa Populacional na Universidade de Princeton.

LEONARD LOPOO é professor assistente de Administração Pública na Faculdade Maxwell na Universidade de Siracusa.

BECKY PETTIT é professora assistente de Sociologia na Universidade de Washington, em Seattle.

Prefácio à edição portuguesa

José Mouraz Lopes[1]

É histórica e recorrente a curiosidade intelectual dos europeus pelo sistema judicial e prisional norte-americano.

A célebre viagem à América de Tocqueville, e o seu relatório sobre o sistema penitenciário americano, (*Du Système Pénitentiaire aux États Unis et de Son Application en France*, Paris, 1833) transmitiu uma imagem impressiva ao longo do século XX, influenciando autores e políticas criminais na velha Europa.

Cento e setenta anos depois, um outro francês – Bernard Henry--Lévi – empreendeu um retorno às prisões visitadas por Tocqueville (*Vertigem Americana*, Caderno, 2006) com o olhar atento do filósofo humanista e politicamente comprometido, sendo confrontado com um outro sistema, provavelmente mais conhecido pelos cidadãos do mundo do que o sistema prisional europeu é conhecido pelos seus próprios cidadãos.

O fascínio pelo mundo prisional, onde se vive para além da liberdade, mostra-nos um mundo «demasiado» humano para que não se tenha um especial olhar por quem cumpre uma pena de prisão.

---

[1] Juiz de direito. Director da revista *Julgar*.

A prisão continua a constituir o «paradigma» sobre o qual assenta o discurso das penas na sua globalidade e simultaneamente a ser a pena cujos problemas são mais impressivos, porque colidem de uma forma radical com o exercício dos direitos fundamentais do cidadão.

Na prisão os problemas teóricos assumem uma clareza e uma crueza que ultrapassa a reflexão dogmática.

Pese embora a passagem do tempo sobre os discursos da pena de prisão como *ultima ratio*, certo é que esta transporta consigo um conjunto de questões não resolvidas cuja repercussão confronta os limites dos fundamentos do Estado de Direito.

As condições materiais em que é executada a pena de prisão, a sobrelotação das cadeias, a concretização e o respeito pelos direitos dos reclusos e sobretudo as consequências do encarceramento para quem está detido e para a sociedade são problemas não totalmente resolvidos.

Tudo se resume à questão fundamental: para que serve, afinal, a pena de prisão?

O discurso das penas e sobretudo o discurso da pena de prisão é um discurso global.

Numa época de justiça global e mundializada, o discurso da aplicação da pena de prisão ultrapassou a fronteira dos Estados reflectindo-se directamente no domínio das condenações judiciais produzidas pelas jurisdições internacionais e de quem, por virtude dessas condenações, cumpre pena de prisão.

O caminho «lento» da pena de prisão como medida de último recurso continua a fazer-se em instâncias internacionais de referência, nomeadamente no Conselho da Europa e no Tribunal Europeu dos Direitos do Homem (TEDH).

A monitorização dos sistemas penitenciários dos países que integram o Conselho da Europa, a adequada aplicação das leis nacionais e o estabelecimento de *standards* mínimos – «as regras penitenciárias europeias» – têm contribuído para um melhoramento significativo da situação penitenciária na Europa.

De um ponto de vista jurídico, a jurisprudência do TEDH tem tido um papel relevante no melhoramento dos quadros legais que envolvem as prisões, contribuindo para uma significativa compatibilização de princípios jurídicos globalmente aceites com práticas prisionais e procedimentais muito variadas, algumas delas, em colisão com os textos da Europa.

Prefácio à Edição Portuguesa

A afirmação recorrente do TEDH, que «a justiça não tem de ficar à porta das prisões», é hoje uma *guide line* crucial na aplicação das leis prisionais em todos os Estados da Europa.

O reflexo deste entendimento traduz-se na compreensibilidade da execução da pena de prisão como algo que tem que respeitar o princípio de que as pessoas detidas conservam todos os direitos, salvo aqueles que decorrem da sentença condenatória e da colocação em detenção, e ainda que toda a restrição dos direitos que decorre dessa situação deve ser efectuada na medida estritamente necessária e proporcional aos objectivos que são pretendidos pela concretização da pena de prisão.

Em Portugal, a execução da pena de prisão tem sido objecto de apreciação sistemática por várias entidades, sendo de salientar, pela sua profundidade e persistência, o trabalho da Provedoria da Justiça (Provedor de Justiça, *As Nossas Prisões III*, Lisboa, 2003). Os vários relatórios efectuados sobre as prisões ao longo dos anos têm apontado muitas e enormes falhas jurídicas, materiais e outras que o sistema apresenta.

Nos últimos anos pelos menos duas reformas do sistema prisional estiveram em vias de ser concretizadas, tendo na sua base dois relatórios aprofundados sobre a matéria – em 1996, o *Relatório sobre a Execução das Medidas Privativas de Liberdade*; em 2003 a proposta de uma *Lei Quadro de Reforma do Sistema Prisional* –, que, com excepção das recentes alterações do regime da liberdade condicional, não tiveram concretização prática na modificação global do sistema penitenciário.

A perspectiva europeia da execução da pena de prisão contrasta, no entanto, de uma forma flagrante, com o sistema penitenciário dos Estados Unidos.

James Q. Whitman («Comment expliquer la peine aux États-Unis?», *Archives de Politique Criminelle*, n.º 27, 2006) acentua a diferenciação dos dois sistemas de execução de penas de prisão, constatando que nos EUA existe um «nivelamento por baixo» na consagração de direitos dos presos, atribuindo a essa desqualificação consequências graves para o sistema penal e penitenciário, seja ao nível da violência das prisões ou da reincidência.

A obra que agora se apresenta não é um livro sobre prisões.

Esta é uma obra sobre as consequências dramáticas de um sistema prisional com uma taxa de encarceramento elevadíssima que atinge essencialmente uma franja societária específica, os socialmente menos favorecidos e sobretudo a comunidade negra. Algo que já Tocqueville não tinha deixado escapar, identificando a «legislação aristocrática» coberta por uma camada democrática onde o rico «consegue sempre escapar à prisão em matéria cível e caso tenha cometido um delito escapa facilmente à punição de que deve ser objecto; depois de pagar a fiança, desaparece» (*Da Democracia na América*, Principia, 2001, p. 82).

Partindo da constatação numérica da taxa de encarceramento «em grande escala» nos EUA, Bruce Western e a sua equipa analisam minuciosamente as repercussões directas e indirectas desse encarceramento na sociedade norte-americana, pondo em causa algumas aparentes afirmações sobre a validade de um sistema de política criminal desenhado na última década e que assenta na prioridade da aplicação da prisão como pena fundamental.

A utilização uma linguagem clara, ilustrada pelos inúmeros dados estatísticos utilizados, permitirá ao leitor percepcionar as consequências da mudança do paradigma em que assentou durante mais de um século o sistema jurídico e penitenciário, alterando-se os princípios em que estava assente, sem no entanto serem resolvidos os problemas.

As finalidades dogmáticas subjacentes à aplicação de uma pena de prisão, assentes numa perspectiva ressocializadora, expressando uma ambição democrática e que durante mais de cem anos foram *guide lines* da administração penitenciária norte-americana, foram abandonadas pelas medidas punitivas dos anos 80 e 90 do século passado.

A mudança de políticas reabilitadoras assentou em causas diversificadas, desde a afirmação de algum cepticismo científico sobre a reabilitação de quem é condenado, até à afirmação dos interesses económicos decorrentes da construção de prisões como meio de desenvolvimento regional.

Os motivos para o alargamento do espectro do encarceramento, que se fundam numa política criminal punitiva e maximalista, tendo aparentemente tido como consequência uma diminuição de alguns índices de criminalidade – e isto é um facto sublinhado pelo Autor – tiveram no entanto efeitos catastróficos, ainda não totalmente percepcio-

Prefácio à Edição Portuguesa

nados no tecido social americano, sobretudo nas categorias sociais desprotegidas e não necessariamente minoritárias, como os jovens negros e os cidadãos de mais baixos rendimentos.

A profunda análise sociológica efectuada mostra-nos que a prisão interrompe o percurso normal de vida dos cidadãos, potencia a taxa de desemprego dos ex-reclusos, corrompe a vida familiar por virtude das relações instáveis e voláteis dos homens com cadastro. A prisão redirecciona o percurso de vida para um caminho de desvantagens permanentes e duradouras.

Questões como o mercado de trabalho, o casamento, os salários, a vida familiar, são assim alguns dos problemas que, além de não terem sido resolvidos, foram potenciados pela política de encarceramento em larga escala que acabou, afinal, por reduzir significativamente as conquistas de cidadania que os movimentos dos direitos civis conseguiram durante as décadas finais do século XX.

As desigualdades sociais encontradas, e que o autor assume como decorrentes desse encarceramento em larga escala, não se fazem sentir, no entanto, na comunidade negra no seu todo. O sistema prisional contribuiu para a instabilidade profissional e familiar, sobretudo daqueles que têm um poder económico mais baixo e com menos apoio familiar. As maiores desigualdades nasceram no seio da comunidade negra, tendo cristalizado as desigualdades sociais dentro daquela comunidade.

A objectividade dos elementos trazidos à opinião pública sobre os efeitos trágicos deste encarceramento em larga escala assente em políticas criminais maximalistas, as consequências económicas objectivamente constatadas pelas administrações, referentes ao aumento dos orçamentos com prisões e, também, alguma percepção da fragilidade daquelas políticas começam a ser argumentos de relevância para questionar a continuação do estado das coisas.

No entanto é improvável que quem propôs os programas de encarceramento de larga escala aceite, por variadíssimas razões, o regresso à sociedade de grandes grupos de ex-reclusos. Mantém-se por isso aquele encarceramento como uma máquina de desigualdade social e sobretudo persiste a manutenção do sistema penal como um elemento significativo da nova paisagem da pobreza americana e das relações raciais.

Esta obra é um documento importantíssimo sobre um modo de entender a execução da pena de prisão vista essencialmente pelo lado das suas consequências.

Como se referiu no início, o sistema penitenciário europeu mostra-nos uma outra realidade.

A questão de fundo é, no entanto, a mesma: não tendo sido ainda encontrada alternativa à pena de prisão, a sua execução exige um sistema penitenciário que respeite a dignidade daqueles que cumprem as penas e possibilite uma afirmação optimista sobre qual o papel que a prisão deve ter numa sociedade democrática.

Prefácio

Este livro relata as principais conclusões de um projecto de oito anos que investigou o alcance e as consequências do aumento da população prisional nos Estados Unidos. Apesar de um vasto conjunto de obras já ter estudado a evolução das instituições criminais e os seus efeitos no que diz respeito ao crime, o meu estudo tentou perceber como as prisões nos Estados Unidos começaram a fazer parte de um novo sistema de desigualdade social. Em vez de ver as prisões maioritariamente como instrumentos de controlo da criminalidade, analisei o modo como o sistema penal, para uma geração de jovens, alterou o decurso das suas vidas, começou a influenciar as suas oportunidades económicas e moldou a sua vida familiar. No âmbito mais alargado da sociedade americana, esta é sobretudo uma história sobre raça e pobreza, bem como sobre crime e marginalidade.

Este projecto foi planeado, quase por acaso, em conversas que tive com a minha amiga de faculdade, Katherine Beckett, que estava a terminar a sua obra *Making Crime Pay* (1997), um estudo sobre as políticas da justiça criminal na América. Por essa altura, no Verão de 1995, a economia americana estava prestes a sofrer uma expansão histórica que iria servir de aviso para os sistemas capitalistas da Europa Ocidental. O crescimento do emprego, sem precedentes nos Estados Unidos, parecia poder ajudar os mais desfavorecidos, se o governo conseguisse evitar o erro europeu de proteger os pobres com medidas proteccionistas de segurança social. Embora a máquina laboral americana na década de 90 tenha trazido prosperidade para muitos, viu-se afinal que os mais desfavorecidos foram os que menos beneficiaram dela. E, apesar do fim das medidas de segurança social tal como as conhecíamos, o governo não se afastou das vidas dos americanos pobres: o seu papel simplesmente mudou. Mais punitivo do que limitado, o governo chegou aos níveis mais profundos das comunidades urbanas pobres enviando para a prisão números de jovens nunca antes vistos, numa altura em que os índices de criminalidade enfrentavam os valores mais baixos dos últimos trinta anos. Beckett e eu tentámos interpretar todos estes desenvolvimentos num trabalho que encarou o sistema penal como uma instituição do mercado de trabalho – uma influência sistemática do Estado sobre os salários e o emprego.[1] Este trabalho contém duas ideias que serão desenvolvidas com mais pormenor neste livro. Primeiro, o encarceramento em larga escala, nos finais da década de 90, escondeu das estatísticas oficiais uma pobreza e desigualdade consideráveis, através da prisão de muitos jovens pouco instruídos. Segundo, o sistema penal aprofundou as desigualdades, ao diminuir, mais tarde, as oportunidades dos desfavorecidos.

O impacto do sistema penal no mercado de trabalho dependia não só das proporções do encarceramento, mas também da origem racial e económica dos reclusos. As disparidades raciais têm sido estudadas exaustivamente, mas encontrei poucas obras sobre a situação económica dos reclusos ou dos detidos. Comecei, com Becky Pettit, na altura ainda estudante em Princeton, por simplesmente documentar os índices de encarceramento relativos aos homens brancos e negros com diferentes níveis de instrução. Os cálculos eram simples, mas os resultados revelaram-se preocupantes. De entre os homens negros que abandonaram o ensino secundário, com idades entre os 20 e os 35 anos, calculámos que 36% estavam presos em 1996. O inquérito sobre a população activa do Centro de Censos dos Estados Unidos, Inquérito sobre a População Actual, calculou que 46% dos jovens negros que abandonaram o ensino secundário estavam empregados, mas este número baixou para 29% quando foram contabilizados nessa população os indivíduos que estavam presos.[2] Aprofundámos a pesquisa, calculando as hipóteses de um homem estar preso por volta dos seus 35 anos. Apercebemo-nos de que devemos contar com o facto de os jovens negros que abandonaram o ensino secundário estarem profundamente

PREFÁCIO

envolvidos no sistema penal, mas mais uma vez os resultados foram surpreendentes. De entre os homens negros que abandonaram o ensino secundário, nascidos nos finais da década de 60, 60%, por volta dos seus 30 anos, tinham cadastro prisional. Também verificámos que havia mais probabilidade de os homens negros na casa dos 30 terem estado presos em finais da década de 90 do que terem tirado um curso superior de quatro anos.[2]

O que começara pelo esforço de simplesmente descrever a extensão do encarceramento nas diferentes parcelas da população acabou por revelar uma raça e pobreza americanas profundamente alteradas pelo sistema penal. Este livro faz o percurso desta história desde a reacção conservadora ao Movimento pelos Direitos Civis, e ao aumento histórico da violência e de outros tipos graves de crime nos finais da década de 90.

A minha pesquisa não teria sido possível sem a ajuda dos meus excelentes colaboradores. Estou em dívida para com Katherine Beckett por me ter ajudado a sair da minha especialidade, a Sociologia Comparativa, para estudar a política e a sociedade americanas. Agradeço também a Becky Pettit, co-autora do capítulo 1, pela sua poderosa determinação no projecto e pelo seu olho de lince para os pormenores quantitativos. Ambas as qualidades foram determinantes neste projecto. Len Lopoo e Sara McLanahan insistiram pertinentemente na importância da família e dos filhos para melhor se compreender as vidas destes homens que passaram pelo sistema da justiça criminal. Sara, generosamente, tornou disponíveis os resultados avançados do Estudo das Famílias Em Risco acerca do Bem-Estar da Criança. Len Lopoo é co-autor do capítulo 6. Tive sorte em trabalhar com Meredith Kleykamp e Jake Rosenfeld, dois excelentes investigadores que me ofereceram ajuda a partir dos programas do curso de Sociologia em Princeton. É com gratidão que reconheço também a ajuda na investigação por parte de Deborah Becher, Josh Guetzkow, Traci Schlesinger, Marylynne Hunt-Dorta e Ogi Radic.

Enquanto escrevia este livro, tive a oportunidade de conversar com reclusos, com ex-reclusos, com funcionários de centros de correcção e centros de liberdade condicional e com procuradores. Estas conversas não são aqui directamente reproduzidas, mas moldaram bastante o meu pensamento em relação à prisão em larga escala na América. Os meus amigos no Centro de Correcção e Liberdade Condicional de

Nova Jérsia, Al Kandell e Lenny Ward, podem não concordar com tudo aquilo que escrevi, mas foram suficientemente simpáticos para comentar vários capítulos e para debater inúmeras ideias presentes no livro. Agradeço muito a sua inteligência, a compaixão e o profissionalismo naqueles que devem ser os dois trabalhos mais difíceis no país. Patricia Gatling e Kevin Costin, que desenvolveram o programa ComALERT dos Advogados da Região de Brooklyn, partilharam comigo a sua grande experiência no campo da reinserção social do recluso. Will Whitaker reuniu vários grupos de debate com ex-reclusos, que generosamente partilharam o seu tempo e experiência de vida. Agradeço também aos organizadores dos Hispano-Americanos para o Progresso (HAP), Willie Garcia e Jesus Sanabria, bem como aos seus colaboradores na Prisão Estadual de Nova Jérsia. O HAP organizou vários cursos na prisão enquanto trabalhava no manuscrito. Considerei--os experiências de ensino extraordinárias e agradeço aos alunos pela sua seriedade e precisão ao comentarem rascunhos preliminares de vários capítulos. A minha colega de Princeton, Patricia Fernandez--Kelly, foi uma professora-adjunta incansável na prisão e eu estou-lhe grato pelo apoio.

Enquanto ia escrevendo este livro, pude beneficiar dos comentários de alguns excelentes leitores e comentadores. Partes de vários capítulos já apareceram em revistas da especialidade e agradeço aos meus editores e aos *referees* da minha revista. David Garland e Michael Hout fizeram um comentário completo sobre todo o manuscrito e tentei dar o meu melhor ao seguir as suas excelentes ideias. Becky Pettit, Mitch Duneier e Devan Pager também fizeram comentários muito bons sobre o livro no seu todo, e estou-lhes grato pela sabedoria e generosidade. O meu amigo John McCormick teve várias conversas comigo acerca dos temas principais e forneceu-me comentários úteis já perto da conclusão da obra. Em várias etapas da escrita do livro, também recebi críticas e a ajuda preciosa da parte de Angus Deaton, David Ellwood, Deborah Garvey, Heather Haveman, Bob Jackman, Christopher Jencks, Jeff Kling, Steve Levitt, Ross Macmillan, Jo McKendry, Abigail Saguy, Rob Sampson, Jeremy Travis, Chris Uggen e David Weiman. Hillary Pouncy generosamente ofereceu a sua aula na Faculdade Woodrow Wilson de Princeton como teste para vários capítulos.

A investigação para este livro foi financiada pela Universidade de Princeton, pela Fundação Russell Sage e pela bolsa SES-0004336 da

Fundação Nacional de Ciência. Eric Wanner da Fundação Russell Sage proporcionou um apoio e encorajamento sistemáticos, sem os quais muita desta pesquisa não teria sido possível.

Apesar de muita da análise empírica apresentada no livro constituir uma novidade, partes de vários capítulos foram publicados com os títulos "Desigualdade de Salários entre Brancos e Negros, Índices de Emprego e Encarceramento", no *American Journal of Sociology* 111: 553-78 (em co-autoria com Becky Pettit); "Encarceramento e a Formação e Estabilidade das Uniões Maritais", no *Journal of Marriage and the Family* 67: 721-34 (em co-autoria com Leonard M. Lopoo); "Prisão em Larga Escala e o Decurso da Vida: Desigualdade de Raça e de Classes Sociais no Encarceramento nos Estados Unidos", na *American Sociological Review* 69: 477-98; e "Quão Desregulado está o Mercado de Trabalho Americano? O Sistema Penal como Instituição do Mercado de Trabalho", no *American Journal of Sociology* 104: 1030-60 (em co-autoria com Katherine Beckett).

Introdução

Em 1831, Alexis de Tocqueville e Gustave de Beaumont foram enviados aos Estados Unidos para estudarem o sistema penitenciário, uma nova instituição que estava a gerar um grande debate entre os reformadores sociais da Europa. Por essa altura, duas instituições – a Prisão Estadual Auburn em Nova Iorque e a Penitenciária Oriental em Filadélfia – eram exemplos de uma nova abordagem à gestão pública dos criminosos. Estas instituições tinham sido concebidas para a correcção moral dos reclusos. Programas rigorosos de trabalho e de isolamento iriam resolver os problemas morais dos criminosos, para que estes pudessem regressar em segurança à vida em sociedade. O sistema penitenciário foi visto como um triunfo do pensamento progressista que facultava uma alternativa racional e humana às prisões e às casas de correcção caóticas da Europa. Tocqueville e Beaumont foram apenas dois dos muitos visitantes oficiais vindos da Europa que passaram por estas prisões na década de 30 do século XIX, desejosos para conhecerem o que de mais avançado se fazia em termos de reforma social.

Os grandes projectos no controlo da criminalidade nascem muitas vezes de fissuras profundas na ordem social. Tocqueville e Beaumont aperceberam-se claramente deste facto, desanimados face a "um estado de inquietude" na sociedade francesa. Ao escreverem em 1833, estes autores apontaram a necessidade de reforma nas prisões, dado o desassossego no espírito dos homens que desgastam a sociedade pela necessidade de terem uma outra vítima."[1] Este declínio moral era agravado pela privação material da classe trabalhadora francesa, "cuja corrupção começa na miséria e acaba na prisão." Em vez de combater o vício e a pobreza, as prisões francesas pioravam o cenário – agravando a miséria e a imoralidade.[2] A América oferecia uma nova alternativa.

Embora as prisões, que serviram de pretexto para a visita americana de Tocqueville, não constassem das suas observações sobre a democracia americana, o ideal democrático é de certa forma referenciado em relação às penitenciárias de Auburn e da Pensilvânia. O projecto de reabilitação pressupunha uma igualdade moral inata entre homens que podiam deixar de ser criminosos através de disciplina penal. As instituições de reabilitação incluíam parte de uma democracia social primitiva, que não só dava direito de voto e liberdade de associação, mas também hipóteses mínimas de igualdade de oportunidades. Apesar de restringirem a liberdade (e aplicarem castigos corporais), as prisões não criavam qualquer ameaça à democracia, porque a ideologia oficial da reabilitação prometia restabelecer a pertença à sociedade daqueles que tinham sucumbido ao crime e à pobreza. Na prática, é claro, o ideal de reabilitação era frequentemente comprometido, e no Sul raramente era tido em conta. Teoricamente, e por vezes na prática também, a prisão estava confortavelmente a par de uma panóplia de instituições sociais que incluíam não só os reformatórios e os asilos, mas também as escolas públicas, os hospitais e esquemas rudimentares de segurança social. Tal como outras instituições sociais, a prisão foi concebida para devolver a cidadania aos desafortunados, aos pobres e aos marginais.

A história deste livro começa 140 anos depois, na década de 70 do século XX, quando o sistema penal americano iniciou uma outra viagem de mudança institucional. A última revolução sobre punição criminal seguiu alguma da lógica da sua antecessora do século XIX. Mudanças na estrutura da sociedade e da política obrigaram a mudanças na justiça criminal, com grandes consequências na qualidade da democracia americana. Ao longo das últimas décadas do século XX, o diversificado sistema de justiça criminal americano afastou-se do projecto de reabilitação experimentado pela primeira vez em Nova Iorque e na Pensilvânia. Por volta da década de 70, os especialistas na implementação da política penal não acreditavam que as prisões pudessem prevenir

Introdução

a criminalidade reformando os seus reclusos. O encarceramento seria mais usado para a incapacidade, o desencorajamento e a punição do que para a reabilitação. Os políticos prometiam ser mais duros no combate ao crime. Os legisladores estatais abandonaram os ideais de reabilitação consagrados nas leis relacionadas com as penas de prisão, e optaram por penas efectivas de prisão, pela abolição da liberdade condicional e por longas penas para criminosos que atingissem a segunda ou terceira condenação. Foram atribuídas novas e severas sentenças aos crimes por consumo de drogas, dado que o governo federal fazia primeiro guerra ao crime, e depois à droga. Por todo o país proliferaram prisões para fazer frente à crescente população criminal. A construção de prisões tornou-se um instrumento para o desenvolvimento regional, dado que as cidades pequenas faziam *lobby* para terem instituições de correcção e lutavam contra o encerramento de prisões.

As próprias prisões se foram alterando devido à mudança do conceito de punição na justiça criminal. Os orçamentos para a educação e trabalho diminuiram. Mas mantiveram-se algumas funções dos serviços sociais, uma vez que o sistema penal assumia novas responsabilidades em relação à saúde pública, ao tratamento domiciliário em larga escala para doentes mentais, tuberculosos, portadores do vírus do VIH/SIDA e hepatite C. Os presos de alto risco eram inseridos em unidades de alta segurança, que colocavam populações inteiras de reclusos em regime de solitária. A todos os níveis, em pequena ou grande escala, acabaram-se as aspirações democráticas de correcção dos criminosos através da reabilitação e o poder do Estado passou a introduzir-se cada vez mais intensamente na vida dos pobres.

Mais surpreendente foi o aumento da população correccional. Entre 1970 e 2003, as prisões estatais e federais aumentaram sete vezes para receber 1,4 milhões criminosos condenados a pelo menos um ano de prisão, e normalmente com penas muito mais longas. Os criminosos detidos em prisões regionais, a aguardar julgamento ou a cumprir penas de curto prazo, perfaziam 700.000 em 2003. A juntar à população detida, havia mais 4,7 milhões de pessoas em liberdade condicional em período probatório. O número total de pessoas em regime de correcção nos Estados Unidos aproximava-se dos sete milhões em 2003, cerca de 6% da população adulta masculina.[3]

O aumento da população penal indicava mais do que uma mudança nas políticas públicas. Ao longo do século XX, a história dos afro-americanos tem estado entrelaçada com a história das prisões americanas. Era mais provável um negro ser preso do que um branco, pelo menos a partir da década de 20. As prisões do Sul do país funcionavam, abertamente, como instrumentos de domínio racial, servindo-se do trabalho forçado para a apanha do algodão e a construção de estradas.[4] O crescimento da população prisional, que aumentava rapidamente na sequência do movimento pelos direitos civis, gerou uma escala completamente nova de isolamento penal. O facto puro e duro na nova era do encarceramento em larga escala é que os afro-americanos passaram a ter oito vezes mais probabilidades de serem presos do que os brancos. Os índices de encarceramento aumentaram de modo extraordinário entre os negros jovens, em especial entre aqueles com baixos níveis de escolaridade. O Gabinete de Estatística da Justiça revela que em 2004 mais de 12% dos homens negros, com idades compreendidas entre os 25 e os 29 anos, estavam presos.[5] De entre os homens negros nascidos nos finais da década de 60, e apenas com o ensino secundário, 30% cumpriram pena de prisão por volta dos seus trinta e poucos anos; 60% dos indivíduos que tinham abandonado o ensino secundário tinham cadastro prisional.[6]

Por volta de finais da década de 90, o controlo da justiça criminal era uma realidade presente no seio dos jovens negros. Historicamente, este era um novo desenvolvimento nas relações raciais americanas. Basta recuar 30 anos, até 1970, para encontrar uma época em que os jovens negros não eram presos com tanta frequência. A traição do objectivo democrático de reabilitação enfraqueceu acima de tudo a cidadania dos indivíduos afro-americanos.

De que modo podemos compreender o enorme crescimento do sistema penal americano, e os seus efeitos nos pobres e nas comunidades minoritárias de onde saem os reclusos e para onde acabam por regressar? Este livro particulariza, primeiro, o contexto em mudança do encarceramento nos Estados Unidos nas décadas de 80 e 90 e, em seguida, explica o aumento dos índices de encarceramento. Depois, são analisados os efeitos do aumento da população prisional na criminalidade, as oportunidades económicas e a vida familiar dos homens que cumprem pena de prisão.

Introdução

Os meus argumentos principais baseiam-se em dois pensamentos essenciais da sociologia política e criminal. Em primeiro lugar, para a sociologia política, o poder do Estado oscila ao longo dos contornos da desigualdade social. Nesta perspectiva, o aumento da população prisional foi um projecto político que surgiu, em parte, devido ao aumento da criminalidade, mas também como resposta a uma convulsão nas relações raciais americanas na década de 60, e ao colapso do mercado de trabalho nas zonas urbanas na década de 70 para homens pouco qualificados. O activismo e a desordem sociais da década de 60 alimentaram a ansiedade e os ressentimentos dos brancos da classe trabalhadora. Nas décadas de 70 e 80, estes brancos descrentes viravam-se cada vez mais para o Partido Republicano, atraídos por uma mensagem de lei e ordem que estabelecia ligações veladas entre o activismo dos direitos civis e o crime violento entre os negros que viviam nos centros das cidades. Para estes políticos conservadores, a reabilitação mimava os criminosos, que haviam perdido os seus direitos de justiça e de caridade. Os jovens negros dos bairros urbanos pobres foram os principais alvos desta análise. Guetos onde o desemprego imperava, resquícios do recuo da industrialização urbana, conduziram muitos jovens ao tráfico de droga e deixaram outros no desemprego, nas ruas e expostos ao escrutínio da polícia. O sentimento de punição, desencadeado na década de 70 pela criminalidade crescente e pelo activismo dos direitos civis na década de 60, remeteu para a prisão o que se havia tornado uma população masculina jovem, sem emprego, e com pouca instrução. Consequentemente, a sua passagem pela vida adulta tinha-se transformado.

Em segundo lugar, para os sociólogos que estudam a criminalidade, a passagem pela vida adulta normaliza os jovens e, por isso, o comportamento criminal diminui com a idade. Os adolescentes entram na sociedade dos adultos passando por uma sequência de fases da vida – conclusão dos estudos, procura de emprego, casamento e constituição de uma família. O poder integrador do percurso da vida proporciona um caminho longe do crime para os adultos. Os homens que cometeram algum crime e que conseguem encontrar um emprego seguro e um casamento estável também passam a fazer parte de uma rede social de apoios e obrigações. Estes laços sociais ajudam os criminosos a desistirem de futuros crimes. No entanto, aqueles que saem da prisão têm acesso limitado aos empregos seguros que normalmente constroem patrimónios. Os empregadores hesitam em contratar pessoas com cadastro, e os ex-reclusos estão geralmente mal preparados para enfrentar as rotinas de um emprego estável. A prisão também separa famílias. Por volta do ano 2000, mais de um milhão de crianças negras – 9% dos com menos de 18 anos – tinham o pai preso. Em cerca de metade dos casos, estes pais viviam com os filhos no momento em que foram presos. A separação forçada destes homens das suas famílias também fragiliza os laços conjugais. Para as mulheres que têm os maridos presos, a vida matrimonial é ameaçada pela pressão das visitas e pelas tentações vindas de homens disponíveis que podem ajudar no sustento da casa. Poucos casais sobrevivem ao período da prisão. Os homens solteiros com o estigma de uma estada na prisão também podem ter de pagar um preço. O cumprimento de uma pena de prisão revela o homem como alguém de pouca confiança, e alguém com cadastro pode ser tão pouco pretendido para um futuro casamento como o será para um empregador.

Subjaz uma lógica comum aos efeitos negativos do encarceramento sobre as perspectivas de trabalho e de vida familiar de um ex-recluso. Embora o percurso normal de vida seja de integração, a prisão é exactamente o oposto, afastando os jovens das etapas normais da vida que regulam a inclusão gradual dos indivíduos na sociedade adulta.

Os problemas de emprego e a vida familiar interrompida dos ex-reclusos sugerem que a prisão pode ser uma estratégia contraproducente do controlo da criminalidade. Embora seja óbvio que a prisão evita que os presos cometam um crime contra a sociedade, estes acabam por ser libertados com poucos recursos para gerirem uma vida construtiva. Sem grandes esperanças de um trabalho estável ou de um bom casamento, o crime permanece uma alternativa tentadora. Os cépticos contraporão a esta ideia que, na década de 90, quando os índices de encarceramento atingiram os valores mais elevados, os índices de criminalidade, por seu turno, atingiram os níveis mais baixos desde a década de 60. No entanto, correlação não significa causa. No final da década de 90 havia muitas forças a trabalhar para baixar os índices de criminalidade. A minha análise empírica mostra que 90 por cento da redução em crimes graves, de 1993 a 2001, teria acontecido mesmo sem o aumento dos índices de encarceramento. O aumento do número de reclusos e detidos contribuiu um pouco para a diminuição da criminalidade na década de 90, mas esta vitória para a segurança pública foi conseguida sacrificando o bem-estar económico e a vida familiar das comunidades pobres minoritárias.

INTRODUÇÃO

Ainda mais importante do que os efeitos do aumento do número da população prisional na criminalidade são os seus efeitos nas desigualdades da sociedade americana. O repúdio da reabilitação e a aceitação da vingança criaram uma experiência colectiva para os jovens negros que difere totalmente da restante sociedade americana. Nenhum outro grupo social, como grupo, lida com frequência com longos períodos de isolamento forçado e carrega o estigma da criminalidade oficial em todas as subsequentes esferas da vida social, como cidadãos, trabalhadores e cônjuges. Esta situação revela uma profunda exclusão social e um retrocesso em todo o árduo esforço pela conquista da cidadania conseguido através do movimento pelos direitos civis. A nova marginalidade da geração dos reclusos em larga escala pode ser vista não só nas baixas taxas de emprego e no número de casamentos de ex-reclusos. O encarceramento também exclui os reclusos das nossas medidas convencionais de estatuto económico. Estes homens tornaram-se de tal maneira marginais que os mais desfavorecidos de entre eles são inclusivamente esquecidos nas estatísticas relativas a salários e emprego. A situação económica destes jovens negros – medida pelas taxas de salário e emprego – pareciam melhorar durante a expansão económica da década de 90, mas esta melhoria não passou de um artifício resultante dos crescentes índices de encarceramento.

Para expor este caso, começo por mostrar quadros com dados acerca do aumento do número de reclusos e detidos. O capítulo 1 situa a era da prisão em larga escala numa perspectiva comparativa e histórica, salientando a novidade histórica do período em questão. O capítulo 2 explora as causas do grande aumento do número de reclusos, relacionando o aumento do encarceramento com as alterações nos índices de criminalidade. Encontro poucas provas que atestem a relação entre o aumento do número de reclusos e o aumento da criminalidade, ou ainda que o encarceramento crescente entre os jovens desfavorecidos esteja relacionado com um crescendo no crime. O capítulo 3 continua a pesquisa sobre as causas do aumento do número de reclusos e detidos, estudando as mudanças nas condições económicas e políticas. Os índices de encarceramento aumentaram mais nos Estados que elegeram governadores republicanos e que adoptaram regimes punitivos de penas de prisão. A análise das taxas de admissão prisional para homens brancos e negros, com diferentes níveis de escolaridade, revela que a desigualdade de classes sociais na prisão aumentou com a diminuição do estatuto económico dos homens com menos instrução.

Os restantes quatro capítulos analisam as consequências do aumento do número da população prisional. As ligações entre o mercado de trabalho e o sistema penal são analisadas no capítulo 4, que mede a desigualdade oculta nos salários e no desemprego, devido aos elevados índices de encarceramento. Descobri que os jovens negros não beneficiaram – quer no que diz respeito ao emprego, quer aos salários – do crescimento económico, sem precedentes, dos finais da década de 90. A desigualdade invisível que se intensificou consideravelmente durante o período de aumento do número de reclusos na década de 90 contraria a tese de que um crescimento sólido, por si só, sem o apoio das políticas sociais, poderia dar oportunidades aos mais desfavorecidos. O capítulo 5 acompanha o percurso dos presos entre a saída da prisão, a sua reinserção social e as suas experiências no mercado de trabalho. Uma análise feita através de um inquérito aos reclusos mostra que o encarceramento reduz significativamente os salários, o emprego e o rendimento anual dos ex-reclusos, embora se saiba à partida que as oportunidades económicas são muito escassas. A vida familiar dos criminosos é estudada no capítulo 6, que analisa a ruptura dos laços matrimoniais e a violência doméstica vivida e perpetrada pelos homens que saem das prisões. Aqui, descobri que o encarceramento enfraquece as relações matrimoniais e, por isso, aumenta o risco de uma mulher ser vítima de violência por parte do marido. Por último, o capítulo 7 põe à prova a afirmação segundo a qual o aumento do número de reclusos fez diminuir a criminalidade em finais da década de 90. Verifico que os grandes efeitos frequentemente atribuídos à prisão sobre os índices de criminalidade são exagerados: o crescimento dos índices de encarceramento apenas explica um décimo da diminuição da criminalidade grave em finais da década de 90.

Embora o aumento da população prisional tenha enfraquecido as oportunidades económicas e favorecido as rupturas familiares, não pode servir de justificação única para o desemprego e para o aparecimento das famílias monoparentais de mulheres, que suportam a maior parte da desigualdade existente nos Estados Unidos. O desemprego e os lares desfeitos são tanto causa de prisão como consequência. Os homens desfavorecidos que vão para a prisão colocariam na mesma em risco o emprego e a estabilidade conjugal, mesmo que não fossem presos. Pelo contrário, o aumento do número de reclusos ajuda-nos a compreender o modo como a desigualdade racial na América foi

Introdução

sustentada, apesar do grande optimismo em relação ao progresso da população afro-americana. Nesta perspectiva, o aumento do número de reclusos e detidos não constitui a causa principal da desigualdade entre brancos e negros nos Estados Unidos, mas evitou claramente uma ascensão social, e enfraqueceu a esperança de uma igualdade racial. Talvez mais do que contribuir para a desigualdade entre brancos e negros, o aumento do número de reclusos deteriorou as relações na comunidade negra, onde aqueles que não têm formação académica percorrem um caminho ímpar de falta de oportunidades que cada vez mais os separa dos seus pares com estudos superiores.

O aumento da população prisional abriu um novo capítulo na história das relações raciais nos Estados Unidos, mas esta história de desigualdades raciais e de classes sociais, apoiada pelas instituições políticas, já é antiga. A mudança observada quanto à punição na justiça criminal não fez jus às promessas do movimento pelos direitos civis, e o fardo caiu pesadamente sobre os ombros dos afro-americanos. Ao separar as comunidades negras pobres das restantes que compõem a sociedade, o aumento do número de reclusos acabou por deixar os Estados Unidos ainda mais divididos. Os índices de encarceramento são agora de tal maneira elevados que o estigma da criminalidade rotula não só os verdadeiros criminosos, mas também uma geração inteira de jovens negros com pouca instrução. Tocqueville e Beaumont ficariam surpreendidos pelo facto de o regime prisional americano ter falhado tão redondamente em concretizar a promessa que remonta às suas origens democráticas. Embora o aumento do número de reclusos tenha sido alimentado pela divisão racial e de classes sociais, o sistema penal emergiu como uma nova instituição, num sistema exclusivamente americano de desigualdade social.

PRIMEIRA PARTE

O Alcance e as Causas do Grande Aumento do Número de Reclusos

Capítulo 1
O Encarceramento em Larga Escala

Se as prisões afectassem apenas quem dentro delas vive, não teriam tanta importância. Mas, depois de 30 anos de um aumento da população prisional, o impacto das prisões americanas tem um alcance que vai muito além dos seus muros. Ao punir veemente os criminosos – incluindo um novo grupo não-violento de traficantes e consumidores de estupefacientes –, o sistema de justiça criminal, nos finais da década de 90, arrastou para dentro da sua esfera famílias e comunidades inteiras. As famílias e os bairros mais frágeis eram os menos preparados para contrariar qualquer tipo de choque, ou outras privações.

Normalmente, relaciona-se o grande aumento do número de reclusos com o problema da criminalidade nos Estados Unidos. Alguns dizem que existem hoje mais reclusos porque existe mais crime. Outros afirmam que os índices de criminalidade diminuíram porque se prenderam muitos criminosos perigosos. Este livro analisa o grande aumento do número de reclusos, mas a criminalidade não é o seu alvo principal. Defendo que este grande aumento é significativo principalmente pelos seus efeitos nas desigualdades sociais. De facto, o sistema penal aumentou de tal maneira que agora forma uma parte importante de um sistema exclusivamente americano de estratificação social.

Esta é uma opinião em muitos aspectos excessiva. Em qualquer ano do século passado, apenas um em cada mil americanos estava preso. Mesmo no auge do grande aumento do número de reclusos, no início do século XXI, menos de 1% da população americana estava presa. Estes índices insignificantes de encarceramento não deviam ser surpreendentes: as prisões são instituições da justiça criminal. Aqueles que as ocupam constituem o pequeno número daqueles que infringem a lei, e não a grande maioria dos cidadãos cumpridores da lei. Se manifestamos interesse pelas instituições que levam à desigualdade nos Estados Unidos, talvez devêssemos prestar atenção às escolas, aos sindicatos e aos programas da segurança social.

No entanto, por volta do ano 2000, os índices de encarceramento nos Estados Unidos atingiram valores sem precedentes na história do país, e não podiam ser comparados àqueles das outras democracias economicamente desenvolvidas. Embora os reclusos constituam apenas uma pequena parte da população, este capítulo mostrará que o grande aumento do número de reclusos alterou a paisagem institucional percorrida pelos negros pobres desde o fim da infância à entrada na idade adulta. O encarceramento tornou-se um lugar-comum entre os jovens negros, mais comum do que o serviço militar ou um curso superior. Para os negros que saíram do sistema de ensino, uma estada na prisão tornou-se um acontecimento muito comum. A concentração do encarceramento entre os jovens negros, especialmente entre aqueles com pouca instrução, fornece um primeiro conjunto de provas sobre a importância institucional generalizada do sistema penal americano. Provas empíricas sobre o encarceramento de um grande número de indivíduos justificam o termo: prisão em larga escala – um encarceramento tão vasto que atira grupos demográficos inteiros para a teia do sistema penal.

O ENCARCERAMENTO SOB UMA PERSPECTIVA HISTÓRICA E COMPARATIVA

Antes do grande aumento do número de reclusos, o encarceramento era a última fase do sistema de justiça criminal. A seguir às suspensões escolares, às casas de correcção para os jovens, aos avisos da polícia, às detenções, às audiências nos tribunais de adultos, às condenações e aos períodos probatórios, vieram as cadeias regionais e depois as prisões estaduais. As muitas vertentes do castigo criminal garantiam que a prisão seria um recurso muito esporádico e apenas usado para criminosos perigosos ou recorrentes que viviam dentro e fora da prisão.

O próprio sistema penal está dividido em jurisdições locais, estaduais e federais. As cadeias locais ou regionais servem cerca de um terço dos reclusos. Albergam arguidos à espera de julgamento e indivíduos que cometeram crimes menores, cumprindo penas inferiores a um ano de prisão. John Irwin descreve a prisão como um instrumento de controlo "dos insurrectos", na grande maioria criminosos sem importância e indignos de respeito, que vivem sob a vigilância apertada da polícia.[1] As prisões estaduais e federais – que albergam cerca de dois terços dos reclusos – geralmente detêm criminosos graves, cumprindo um ou mais anos de prisão. A maior parte dos reclusos cumpre penas por crimes violentos, contra a propriedade e de consumo ou tráfico de estupefacientes. Nove em cada dez presos são mantidos em edifícios estaduais. Um terço deles, em 1997, tinha cometido crimes de homicídio, violação ou roubo e os restantes cometeram crimes na sua maioria contra a propriedade e de tráfico ou consumo de estupefacientes. No sistema federal, por volta de 1997, três em cada cinco reclusos tinham cometido crimes de tráfico ou consumo de estupefacientes.[2]

Gráfico 1.1 – *Índices de encarceramento e população prisional*

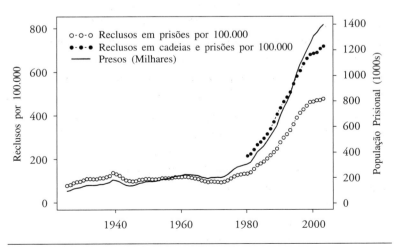

Fonte: Maguire e Pastore (1996, tabela 6.22); Beck e Glase (2004).
Nota: Os índices de encarceramento são apresentados no eixo da esquerda. A população prisional, à direita.

Quase todos os reclusos cumprem no mínimo um ano de prisão, mas são muitos ainda aqueles que cumprem penas bastante mais prolongadas. Em 1996, quem tivesse cometido crimes de tráfico ou consumo de estupefacientes cumpria, em média, apenas dois anos em prisão estadual, em comparação com os onze anos sentenciados aos assassinos. Nas prisões federais, e no mesmo ano, a pena média para quem tivesse traficado ou consumido estupefacientes era de quarenta meses.[3]

O sistema penal em larga escala é uma realidade nova no início do século XXI. Durante 50 anos, de 1925 a 1975, cerca de 100 Americanos em 100.000 – apenas um décimo de 1% da população americana – estavam na prisão (gráfico 1.1). A partir de 1975, o número de reclusos aumentou de forma rápida. Por volta de 2003, a parte da população encarcerada tinha aumentado todos os anos durante os últimos 28, aproximando-se de metade de 1% nos inícios do novo século. Se acrescentarmos aos reclusos já a cumprir pena os indivíduos detidos, sete décimos de 1% da população americana estava encarcerada por volta de 2003. Estes índices correspondem a uma população de 2,1 milhões de reclusos. Após mais de um quarto de século de crescimento, os valores do encarceramento suplantaram em cerca de cinco vezes a sua média histórica.

A extensão do encarceramento nos Estados Unidos também foge aos padrões internacionais. Em 1983, o índice de 275 por 100.000 era cerca de quatro vezes mais elevado do que na Europa Ocidental (gráfico 1.2). Apenas o número de reclusos britânicos se aproximava dos números americanos, mas, mesmo assim, os índices americanos ultrapassavam duas vezes os britânicos. Por volta de 2001, o fosso entre os Estados Unidos e a Europa tinha-se alargado. Os índices de encarceramento dos Estados Unidos aumentaram até aos 686 em cem mil, e os índices europeus mantiveram-se perto dos seus valores de 1983 – cerca de 100 em 100.000 ou ainda menos. Em 2001, a Grã-Bretanha ainda registava os mais elevados índices de encarceramento da Europa Ocidental, mas nos Estados Unidos eram mais de cinco vezes mais elevados. De facto, para tentar encontrar concorrentes próximos do sistema penal americano, deve olhar-se mais além das históricas democracias europeias, para a Rússia (628 em 100.000) e para a África do Sul (400).[4]

Gráfico 1.2 – *Encarceramento nos EUA e na Europa Ocidental*

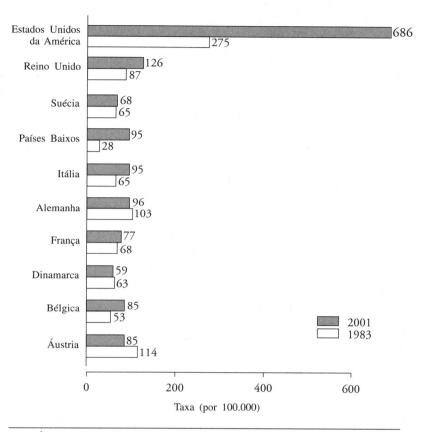

Fonte: Índices europeus obtidos do Conselho da Europa (1983, 2002); taxas dos EUA de Harrison (2000) e Pastore e Maguire (2003, 486).

DESIGUALDADE NA PRISÃO: SEXO, IDADE, RAÇA E EDUCAÇÃO

Por volta do ano 2000, os índices de encarceramento americanos eram vastos tanto comparativa como historicamente, mas os valores permaneciam pequenos em termos absolutos. Mesmo no auge do grande aumento do número de reclusos, menos de 1% da população estava presa. Poderá uma institucionalização desta dimensão ter efeitos em larga escala?

As vastas consequências que o sistema penal teve nas desigualdades sociais americanas resultam de profundas disparidades sociais e económicas no encarceramento. Mais de 90% dos reclusos ou detidos são homens e, ao longo deste livro, darei ênfase ao encarceramento masculino. Os índices de encarceramento feminino aumentaram mais rapidamente do que os masculinos nos 20 anos que se seguiram a 1980, mas o principal efeito do grande aumento do número de reclusos nas relações entre os dois sexos deve-se precisamente ao facto de que os homens vão para a prisão e de que as mulheres são deixadas na sociedade livre para criar as suas famílias e lidar com os ex-reclusos quando estes voltam para casa. A prisão também se concentra na população mais jovem. Cerca de dois terços dos reclusos estatais têm mais de 18 anos, mas menos de 35. Com estes padrões etários, apenas uma pequena parte das pessoas é presa em qualquer altura, mas muitas mais passam pelo sistema penal num determinado momento das suas vidas. As disparidades de idade e entre os sexos na prisão aumentam a influência do sistema penal. Num mundo dividido entre o masculino e o feminino como o nosso, as instituições que moldam as vidas dos homens, por um lado, e das mulheres, por outro, afectam a vida do outro sexo. Os efeitos das instituições que enredam jovens adultos podem perdurar uma vida inteira.

As relações entre os sexos e o percurso da vida aumentam os efeitos de um sistema penal que priva de liberdade na sua maioria jovens, mas as disparidades de raça e de classes sociais na prisão têm, de um outro modo, consequências significativas nas desigualdades. A prisão afecta e concentra-se entre os mais desfavorecidos, e as grandes disparidades raciais e de classes sociais nas prisões acentuam as linhas de desfavorecimento social. Os índices de encarceramento elevados relativos aos homens com menos instrução, menos qualificados, menos favorecidos economicamente e pertencentes a uma minoria social são indiscutíveis. O inquérito de 1997 sobre os reclusos estaduais e federais revela que os primeiros mostram ter menos de 11 anos de escolaridade. Um terço não estava a trabalhar na altura em que foram presos, e a média do salário dos restantes é consideravelmente mais baixa do que aquela de outros homens com o mesmo nível de instrução. Os afro-americanos e os hispânicos têm também índices mais elevados de encarceramento do que os brancos. Os negros e os hispânicos, juntos, compõem cerca de dois terços do número total dos reclusos e detidos.

A disparidade relativa ao número de brancos e de negros presos é particularmente grande. É seis a oito vezes mais provável que um negro seja preso do que um branco.

Os contornos demográficos da prisão deram origem a grandes diferenças nos índices de encarceramento da população (quadro 1.1). Nas duas últimas décadas do século XX, os índices nacionais de encarceramento do Estados Unidos aumentaram cerca de um quinto de 1% da população para sete décimos de 1%. Devido ao facto de quase todos os reclusos ou detidos serem homens em idade activa, o número de indivíduos encarcerados neste grupo equivale a cerca de três vezes a média nacional. Os índices de encarceramento relativos aos homens oriundos de um grupo social minoritário são muito mais elevados. Por volta do ano 2000, mais de 3% dos homens hispânicos e quase 8% dos afro-americanos em idade activa estavam presos.

A diferença nos índices de encarceramento relativos aos negros e aos brancos é igualmente espantosa. É oito vezes mais provável um homem negro ser preso do que um branco, e podem ser verificadas grandes disparidades raciais em todos os grupos etários e com níveis de instrução diferentes. Esta disparidade entre a prisão de brancos e de negros não coincide com outros indicadores sociais. As disparidades raciais no casamento (2 para 1), educação dos filhos sem se estar casado (3 para 1), mortalidade infantil (2 para 1) e riqueza (1 para 5) são todas significativamente mais baixas do que o rácio de 8 para 1 relativo aos índices de encarceramento de brancos e negros.[5] Se os homens brancos presos fossem tantos quanto os negros, haveria mais de seis milhões de indivíduos reclusos e detidos, e os índices de encarceramento incluiriam mais de 5% da população activa masculina.

As disparidades de idade, de raça e de educação fazem com que os mais desfavorecidos sejam os alvos da prisão. Os homens brancos com idades entre os 20 e os 40 anos viram os seus índices de encarceramento aumentar de 0,6 para 1,6% entre 1980 e 2000. Os índices de encarceramento relativos aos jovens hispânicos, no ano 2000, eram três vezes maiores. As grandes diferenças nestes índices relativos aos brancos e aos negros podem também ser verificadas em homens com menos de 40 anos. Três em cada 200 jovens brancos estavam presos no ano 2000, em comparação com um em cada nove jovens negros. A prisão entre os pobres é marcada pela enorme desvantagem de escolaridade dos reclusos. Entre os jovens que nunca frequentaram a

Quadro 1.1 – *Percentagem de reclusos ou detidos*

	1980 (1)	2000 (2)	2000-1980 Rácio (2)/(1)
Todos Residentes nos EUA	0,2%	0,7%	3,5
Homens entre os 18 e os 65 anos			
Todos	0,7	2,1	3,0
Brancos	0,4	1,0	2,5
Hispânicos	1,6	3,3	2,1
Negros	3,0	7,9	2,6
Homens entre os 20 e os 40 anos			
Brancos	0,6	1,6	2,7
Hispânicos	2,1	4,6	2,2
Negros	4,8	11,5	2,4
Homens não universitários entre os 20 e os 40 anos			
Brancos	0,9	3,2	3,6
Hispânicos	2,6	5,5	2,1
Negros	6,0	17,0	2,8
Homens que abandonaram o ensino secundário, entre os 20 e os 40 anos			
Brancos	2,1	6,7	3,2
Hispânicos	3,2	6,0	1,9
Negros	10,7	32,4	3,0

Fonte: A Taxa de encarceramento para todos os residentes nos EUA em 1980 é baseada nos dados de Beck e Glaze (2004); a taxa de encarceramento para os residentes nos EUA em 2000 é de Pastore e Maguire (2003, 486. Todos as outras taxas são estimativas do Autor.

universidade, 5,5% de hispânicos e 17% dos negros com idade inferior a 41 anos estavam encarcerados ou detidos no ano 2000.

No fim da pirâmide educacional, entre os indivíduos com o ensino secundário, cerca de 7% dos jovens brancos estavam encarcerados no ano 2000. A população masculina negra, neste aspecto, partilha do mesmo estatuto dos indivíduos brancos com menos instrução.

A estratificação da prisão em raças e em níveis de instrução gerou, por volta de finais dos anos 90, índices de encarceramento fora do comum para os jovens negros com o ensino secundário. Perto de um terço estava preso ou detido no ano de 2000, três vezes mais do que os índices de encarceramento relativos ao mesmo grupo, há 20 anos. O aumento da prisão entre os negros com menos instrução definiu também um fosso bem fundo entre a classe mais baixa dos negros e a classe média. Em 1980, era quatro vezes mais provável que os negros com o ensino secundário estivessem presos, do que os com o ensino superior. Vinte anos depois, esta diferença tinha aumentado oito vezes. Em 2000, um em cada três negros com o ensino secundário estava preso, em comparação com apenas um em 25 dos com o ensino superior.

Em resumo, as disparidades no encarceramento geraram índices surpreendentes de isolamento penal entre os homens com menos instrução e pertencentes a grupos minoritários. Entre os homens socialmente mais marginalizados – os afro-americanos, por volta dos seus 20 e 30 anos, com o ensino secundário – os índices de encarceramento eram cerca de 50 vezes a média nacional.

O ENCARCERAMENTO COMO FILIAÇÃO INSTITUCIONAL

Os estudos sobre as desigualdades sociais geralmente colocam os homens em idade activa quer nos papéis de trabalhador quer nos de indivíduo à procura de emprego. Para estes, as influências institucionais--chave para uma estabilidade económica são os sindicatos e o Estado--Providência. Ao aumentar os salários dos membros dos sindicatos e ao pagar subsídios de desemprego, a organização laboral e as medidas sociais alteram-se e aumentam significativamente a distribuição de recompensas no mercado de trabalho. Por outro lado, as prisões geralmente não são tratadas como instituições do mercado de trabalho. Em vez disso, pairam no horizonte da vida social, separando os poucos marginais da restante maioria. Devido ao facto de as prisões combaterem a marginalidade, o encarceramento é geralmente visto como marca de um estatuto criminal e não económico. De qualquer maneira, os controlos formais da marginalidade não têm sido suficientemente abrangentes para poderem ter, de uma maneira geral, influência nas oportunidades económicas. A dimensão do encarceramento na década de 90 desafia-nos a encarar as instituições penais como factores significativos de influência económica para aqueles que cumprem pena de prisão ou que estão detidos. Será o alcance do sistema penal suficientemente abrangente para justificar que seja comparado com outras instituições que normalmente vemos a moldar das experiências dos jovens no mercado de trabalho?

Coloco esta questão comparando o envolvimento de um indivíduo no sistema penal com o facto de ele ser membro de um sindicato e com a sua a participação nos programas sociais do governo e, mais adiante, estudando mais especificamente os efeitos económicos do encarceramento. No entanto, e para começar, se o envolvimento dos homens no sistema penal rivaliza com o seu envolvimento nos sindicatos e nos programas sociais, somos levados a encarar o encarceramento como uma presença institucional importante na vida económica dos jovens.

Quadro 1.2 – *Homens encarcerados (2000) em sindicatos, ou em Programas Sociais (1996)*

	Brancos	Hispânicos	Negros
Homens entre os 20 e os 40 anos			
Em prisão ou cadeia	1,6%	4,6%	11,5%
Em sindicato	9,7	10,7	11,5
Na Segurança Social	1,7	1,4	2,3
Em qualquer programa (incluindo Segurança Social)	6,7	4,9	10,8
Desistentes do Ensino Secundário, entre os 20 e os 40 anos			
Em prisão ou cadeia	6,7	6,0	32,4
Em sindicato	6,3	8,1	2,3
Na Segurança Social	6,2	1,7	3,7
Em qualquer programa (incluindo Segurança Social)	17,9	6,3	24,0

Fonte: As Taxas de encarceramento são baseadas em estimativas do Autor. Os dados relacionados com sindicatos, segurança social e programas públicas são calculados do *Survey of Incomes and Program Participation* (1996). Todos os valores são estimativas do Autor.

Nota: Os programas de Segurança Social incluem Ajudas às Famílias com Crianças Dependentes e ajudas de Alimentação. Nenhum programa inclui programas de segurança social, suplementos de rendimento garantido, benefícios médicos, subsídios de desemprego, assistência a ex-combatentes ou qualquer apoio ao emprego.

O quadro 1.2 compara os índices de encarceramento relativos aos jovens com os índices relativos à filiação num sindicato e à participação nos programas sociais governamentais ou não-governamentais. Embora os sindicatos e os programas sociais sejam instituições importantes para os jovens brancos, esta relação assemelha-se igual àquela que o sistema penal parece ter com os jovens negros. Entre os brancos, ser--se membro de um sindicato (9,7%) e a participação em programas sociais (6,7%) são muito mais comuns do que a prisão (1,6%). Para os homens hispânicos os números são semelhantes, embora seja menos provável que participem em programas governamentais. Os índices de encarceramento relativos aos negros com menos de 40 anos são de 11,5%, e é tão provável estes homens estarem presos ou detidos, como serem filiados num sindicato, e é duas vezes mais provável que estejam presos do que a receberem ajudas governamentais. Os indivíduos com o ensino secundário participam em grande número nos programas do governo, quer sociais quer de outro cariz, mas para os brancos e os hispânicos com este nível de escolaridade é, pelo menos, tão provável estarem presos como serem membros de um sindicato ou de receberem ajuda por parte de um programa social. Os seus pares negros também participam em grande número nos programas governamentais, mas um terço deles está preso ou detido. Os índices de encarceramento relativos a estes negros excedem qualquer apoio que recebam para cuidados de saúde, educação e subsistência financeira através de programas governamentais sociais.

Estes números mostram que, por volta de finais da década de 90, o isolamento penal se tornou mais comum para os afro-americanos e para os homens com menos escolaridade, do que o seu envolvimento em sindicatos e em programas sociais. As instituições económicas que normalmente associamos ao apoio social aos jovens foram sendo eliminadas no período do grande aumento do número de reclusos, particularmente entre os mais desfavorecidos – os jovens afro-americanos que abandonaram o ensino secundário.

TEMPO DE PRISÃO DURANTE A VIDA

Os índices de encarceramento funcionam como retrato da extensão do isolamento penal. Ao longo do tempo, séries destes índices mostram--nos como a extensão do isolamento penal mudou historicamente. Podemos não só estudar os níveis de encarceramento numa dada época, mas também como o risco de se ser preso aumenta gradualmente ao longo da vida de uma pessoa. Este tipo de análise do percurso da vida de uma pessoa obriga a questionar a probabilidade de um indivíduo ir para a prisão aos 25, 30 ou 35 anos. Em vez de fornecer um retrato instantâneo do risco de se ser preso, a análise do percurso da vida tenta caracterizar uma biografia típica.

A perspectiva do percurso da vida proporciona mais do que apenas um modo de pensar sobre os riscos do encarceramento; proporciona também uma análise social completa. Para os estudantes das matérias sobre o percurso da vida, a passagem à idade adulta resulta de uma sequência de estádios bem organizados que influenciam as trajectórias da vida muito depois das primeiras mudanças estarem completas. Hoje, chegar à idade adulta implica sair da escola e começar a trabalhar, depois casar para construir um lar, e ter filhos. Completar esta sequência sem atrasos ajuda a que se tenha um emprego e um casamento estáveis, bem como outros ganhos de vida positivos. O processo de se tornar adulto, influência, assim, o êxito para desempenhar na perfeição as incumbências e responsabilidades da vida adulta.

Funcionando como prova da integração social, a análise do percurso da vida atraiu a atenção dos estudantes da criminalidade e da marginalidade.[6] Os criminologistas salientam os efeitos estabilizadores das mudanças do percurso da vida. Os empregos seguros e os casamentos estáveis criam laços sociais que mantém potenciais criminosos numa rotina normal diária. Esta estabilidade enreda homens tentados pelo crime numa teia de relações sociais de apoio. Os laços familiares fortes e um emprego fixo diminuem o risco de comportamentos anti-sociais por parte dos homens, e proporcionam-lhes um abrigo seguro na vida. Para os criminosos recorrentes, os papéis adultos de marido e de trabalhador oferecem uma saída do mundo do crime.[7] Aqueles que não conseguem assegurar os requisitos normais da vida adulta têm mais probabilidade de continuar no mundo do crime. Esta ideia de um percurso de vida normal e integrador proporciona uma alternativa poderosa aos argumentos de que a criminalidade é um traço recorrente para alguns, mas inexistente para outros. Acima de tudo, o relato da criminalidade é dinâmico, descrevendo o modo como as pessoas mudam à medida que o seu contexto social evolui com o passar dos anos.

A prisão altera significativamente o percurso da vida. Na maioria dos casos, os homens que entram numa prisão não seguem uma trajectória típica. O tempo passado na prisão enquanto jovens, e as ligações débeis ao trabalho e à família desviam muitos reclusos do caminho comum seguido pelos adultos. Sentenças curtas – entre 30 a 40 meses, em média – atrasam mais tarde a entrada nos papéis adultos convencionais de trabalhador, marido e pai. No entanto, os desvios do percurso normal de vida nem sempre são negativos. O serviço militar, por exemplo, foi apontado como um acontecimento-chave que reencaminha trajectórias de vida. Glen Elder descreve-o como uma "pausa legítima" que proporcionou aos militares desfavorecidos da Segunda Guerra Mundial uma fuga à rigidez familiar.[8] De modo semelhante, a prisão pode levar a uma oportunidade de reavaliação do percurso da vida.[9] Normalmente, porém, a prisão acarreta efeitos negativos. Contrastando com a pausa legítima efectuada durante o serviço militar, a prisão é uma pausa ilegítima que leva à criação de um estigma duradouro. Quem emprega trabalhadores menos qualificados hesita em contratar homens com cadastro. O estigma do cadastro também dificulta o acesso a postos que exigem pessoas qualificadas, ao direito a apoios sociais e ao direito de voto.[10] Os próximos capítulos mostrarão que os ex--reclusos recebem salários mais baixos e sofrem mais com o desemprego do que os seus pares que nunca estiveram presos. Também é menos provável que os ex-reclusos casem ou vivam com as mães dos seus filhos. Ao anular as oportunidades de emprego e de casamento, a prisão também conduz os ex-reclusos de volta ao crime. A instabilidade da adolescência pode muito bem durar até à meia-idade para aqueles que cumprem pena de prisão. Em resumo, a prisão funciona como um ponto de viragem para menos oportunidades de trabalho e para uma cidadania com direitos reduzidos. A importância da prisão no percurso de vida motiva a análise sobre a probabilidade do encarceramento dos homens com idades compreendidas entre os 20 e os 30 anos.

A IMPORTÂNCIA HISTÓRICA DO GRANDE AUMENTO DO NÚMERO DE RECLUSOS NO PERCURSO DE VIDA

As biografias constroem-se em contextos históricos particulares. Para escolher um exemplo famoso, os rapazes que cresceram durante a Grande Depressão começaram a trabalhar muito cedo, ainda adolescentes, para ajudar as suas famílias. Tendo testemunhado a destruição do emprego em massa, valorizavam a segurança económica, muitas vezes à sua própria custa ou à custa de um emprego mais lucrativo adiante na vida. Também atrasavam o casamento e os filhos, enquanto lutavam por garantir uma estabilidade económica própria antes de constituírem família. As marcas da história neste grupo de rapazes nascidos no período da Depressão criaram uma geração – um grupo de crianças cuja entrada na idade adulta é moldada de forma decisiva por forças históricas de mudança social.[11]

Estes jovens viriam a tornar-se na "Grande Geração", tão conhecidos na imaginação das pessoas como o eram para o demógrafos profissionais. A Segunda Guerra Mundial levou para o combate todos os que, entre eles, eram fisicamente capazes. Para aqueles oriundos de famílias pobres ou com um historial de delinquência, o serviço militar foi um ponto de viragem. Como militares, as crianças da Grande Depressão recebiam frequentemente instrução adicional, e aqueles que sobreviveram à guerra, com o corpo e a mente sãos, puderam também beneficiar da GI Bill*. A GI Bill apoiava economicamente a mobilidade colectiva da classe operária americana, possibilitando educação e posse de casa. Depois da guerra, mesmo os jovens mais problemáticos e necessitados que iam à escola com o apoio da GI Bill poderiam mais tarde beneficiar de bons trabalhos e de salários progressivamente mais elevados à medida que avançavam em idade. A Grande Geração, criada tanto pela GI Bill como pela guerra, conseguiu escapar às contingências das suas origens familiares e à história pessoal de cada um, e gozar das enormes vantagens sociais e económicas das primeiras décadas do período pós-guerra.[12]

Ao longo do século XX, a história foi deixando as suas marcas em gerações, através de grandes programas de melhoramento social. A GI Bill é o exemplo máximo, mas o emergir, nesses cem anos, de uma educação pública de massas também modificou a passagem destes jovens à idade adulta. Para grupos etários sucessivos desde os inícios do século XX, a expansão do ensino público contribuiu para uma transição cada vez mais compacta e ordeira para a idade adulta.[13] Podemos também pensar numa Geração dos Direitos Civis, em indivíduos afro-americanos que cresceram após o colapso escolar e sob a égide da

---

* GI são as iniciais de "Government Issue". A GI Bill foi uma lei decretada, pela primeira vez, pelo governo de Franklin Roosevelt com o objectivo de ajudar financeira e socialmente os militares que serviram na Segunda Guerra Mundial. [N.T.]

protecção contra a discriminação. Estes homens e mulheres negros, que cresceram nas décadas de 60 e 70, beneficiaram de grandes vantagens relativas à educação escolar e ao emprego, estreitando de modo significativo o fosso entre eles e os pares brancos.[14] Estes exemplos mostram como as vidas de cada um, confrontadas com as forças em mudança da educação e do serviço militar, foram redireccionadas de maneira a gerar episódios significativos de mobilidade colectiva.

De igual modo, o grande aumento do número de reclusos pode também ser visto como uma grande mudança social que reordenou as biografias daqueles que cresceram nas décadas de 80 e 90. No contexto histórico do grande aumento do número de reclusos, o encarceramento deu novos contornos à vida adulta de grupos etários inteiros. Assim, o aumento do número das prisões americanas pode ser comparado a outras transformações sociais que precipitaram mudanças consideráveis nas trajectórias de vida.

Claro que o tempo passado na prisão não resulta de uma escolha, tal como o é o tempo passado na escola ou no serviço militar. Os homens têm de cometer um crime para serem presos. Apesar deste requisito necessário ao encarceramento, o sistema penal não monopoliza forçosamente os jovens envolvidos em histórias de crime. Várias instituições competem por jurisdição ao longo do percurso da vida.[15] Os critérios que regulam a entrada na prisão, no serviço militar ou ainda na escola variam ao longo do tempo. Durante a Segunda Guerra Mundial, a dimensão dos esforços dos Estados Unidos na guerra garantiam que todos os homens fisicamente aptos poderiam ser militares, e a maioria foi recrutada. À medida que o número de vagas nas universidades foi aumentando nas décadas de 60 e 70, os jovens tornaram-se cada vez mais potenciais estudantes universitários, qualificando-se menos com base nas suas origens sociais, mas mais através das suas competências académicas. O sistema prisional emergiu ao longo das décadas de 80 e 90 como um forte concorrente institucional aos sistemas militar e educativo, pelo menos para os jovens negros com pouca escolaridade. Muito mais do que para os grupos mais velhos, a criminalidade oficial dos homens nascidos nos finais da década de 60 era determinada pela raça e pela classe social a que pertenciam.

No passado, ir para a prisão era um sinal de marginalidade extrema reservado aos criminosos violentos e incorrigíveis. Tal como o limiar de entrada para o serviço militar diminuiu durante a Segunda Guerra

Mundial, o limiar de entrada para a prisão diminuiu também através das forças que despoletavam o grande aumento da população prisional. Veremos como a prisão se tornou mais comum para criminosos acusados, e como a criminalização do tráfico de droga fez desaparecer grandes quantidades de criminosos menos perigosos. Estas mudanças demonstram a nova normalidade das sanções da justiça criminal nas vidas de grupos de jovens desfavorecidos e oriundos de minorias sociais. Richard Freeman, por exemplo, escreve que "a participação em crimes e o envolvimento no sistema da justiça criminal atingiu tais valores que se tornou uma rotina económica normal para muitos jovens."[16] John Irwin e James Austin apoiam esta afirmação: "Para muitos jovens, particularmente para os afro-americanos e para os hispânicos, a ameaça de ir para a prisão ou de ser detido não é nenhuma ameaça mas, pelo contrário, uma fase da vida esperada e aceite."[17] David Garland, neste sentido, nota que para "os jovens negros nos grandes centros urbanos [...] a prisão [...] tornou[-se] uma experiência normal e previsível."[18] Todos estes argumentos de uma prisão presente sugerem uma experiência totalmente nova da vida adulta para grupos etários recentes de jovens desfavorecidos e vindos de grupos minoritários da sociedade.

A tão amplamente reconhecida importância da prisão em larga escala nas vidas dos jovens afro-americanos sugere duas hipóteses: primeiro, a prisão por volta da década de 90 tornou-se num acontecimento normal de vida para os jovens negros com baixos níveis de instrução; segundo, a prevalência da prisão entre os afro-americanos na década de 90 contrasta em frequência com momentos mais comuns da vida social, como o serviço militar e o curso universitário.

OS RISCOS VITALÍCIOS DA PRISÃO

De modo a localizar os riscos da prisão no contexto do percurso de uma vida inteira, calculei a probabilidade de um homem ser preso por volta dos seus 35 anos. A prisão nessa idade fornece uma boa estimativa dos riscos vitalícios do encarceramento, dado que muito poucos homens são presos pela primeira vez depois dos 35 anos. Embora sejam mostrados alguns números de diferentes estatísticas sobre a prisão nos quadros 1.1 e 1.2, é importante lembrar que os gráficos seguintes descrevem o fim último do sistema penal, no qual existem longos períodos de isolamento para um criminoso acusado. Dando ênfase à prisão e à detenção, estes gráficos revelam tacitamente o alcance total do sistema penal.[19]

São comparados dois grupos etários de homens brancos e negros de modo a julgar os efeitos do grande aumento do número de reclusos. O grupo etário mais velho nasceu logo após a Segunda Guerra Mundial, entre 1945 e 1949, e alcança a idade dos 30 anos nos finais da década de 70. Este grupo etário passa os seus 20 e os seus 30 anos antes do aumento mais veloz dos índices de encarceramento. O grupo etário mais jovem nasceu durante a Guerra do Vietname, entre 1965 e 1969, e atinge a idade dos 30 anos no auge do grande aumento da população prisional. Quanto mudaram os riscos de se ser preso para um grupo e para o outro?

Respondi a esta questão usando métodos de cálculo que estabelecem a probabilidade de um homem sem cadastro ser preso pela primeira vez aos 20 anos, depois aos 21, 22 e assim sucessivamente. Juntando estas probabilidades a cada idade, e ajustando-as aos índices de mortalidade, resulta numa estimativa em que a probabilidade de um homem ter estado preso por volta dos 35 anos é nula. De maneira a poder fazer estes cálculos, juntei uma série de dados, incluindo inquéritos feitos a reclusos, dados administrativos sobre a população das prisões estaduais e federais, dados de inquéritos feitos a famílias na população livre, e estatísticas decisivas sobre a mortalidade. Mais informação sobre esta análise e algumas clarificações sobre a qualidade dos cálculos serão referidas adiante neste capítulo.

As estimativas que usam cálculos baseados em aspectos da vida mostram como a probabilidade de nunca se ter estado preso aumenta à medida que a idade avança (gráfico 1.3). Para os homens brancos nascidos nos finais da década de 40, a probabilidade de se ir para a prisão, pela primeira vez, por volta dos 20 anos, era relativamente baixa, menos de metade de 1%.

Na altura em que estes homens atingiram os 30 anos, esta probabilidade aumentou para mais de 1%, ou seja, apenas mais do que um em cem. O aumento no risco de prisão abranda um pouco, para 1,4%, na altura em que estes homens atingiram os 35 anos. Para o grupo etário mais jovem, nascido nos finais da década de 60 e crescendo no auge do grande aumento do número de reclusos, os riscos de se ser preso até aos 25 anos são semelhantes àqueles do grupo etário mais

Gráfico 1.3 – *Riscos cumulativos do encarceramento*

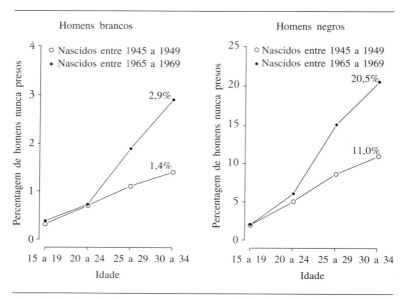

Fonte: Estimativas do Autor.

velho. O efeito do grande aumento da população prisional no caminho até à idade adulta pode ser mais evidente entre os 25 e os 35 anos. Durante a década de 90, passou a ser muito mais provável os homens brancos a partir dos 25 anos serem presos. De facto, por volta dos 30 anos, o risco cumulativo de se ser preso para os jovens brancos do grupo etário mais jovem era mais do dobro daquele relativo aos indivíduos nascidos 20 anos antes.

Ao longo de percurso da vida, o risco em mudança de se ser preso é surpreendentemente semelhante para os negros. Este risco é tão mais elevado para a geração mais velha do que para a geração anterior, que, de facto, podemos pensar no grande aumento do número de reclusos como um factor de transformação da idade adulta para os homens negros. Para os homens negros nascidos em finais da década de 40, cerca de um em cada dez cumpria pena de prisão por volta dos seus 30 anos, em 1979. Era duas vezes mais provável que os que nasceram 20 anos depois fossem presos. As mudanças quanto ao encarceramento no percurso de vida ajudam-nos a compreender como a vida adulta dos homens negros foi transformada pelo grande aumento da população prisional. Mais especificamente, a prisão tornou-se uma realidade comum para os afro-americanos nascidos a partir de finais da década de 60. Mais de 20% passou pelo menos um ano – normalmente dois – preso por crimes graves. No que diz respeito aos brancos, as hipóteses de serem presos também aumentaram para aqueles com 30 anos. Tal pode acontecer devido ao facto de os criminosos reincidentes, nas suas segunda e terceira condenações, serem mais frequentemente condenados a penas de prisão. A crescente probabilidade da prisão para os indivíduos de meia-idade sugere que o encarceramento se tornou uma realidade cada vez mais destrutiva. Perto dos 30 anos, a maioria dos homens começa a constituir família. Para os homens negros nascidos nos finais da década de 60, muito mais do que para os seus semelhantes nascidos 20 anos antes, esta caminhada até à idade adulta passa a ser cada vez mais difícil, à medida que o sistema penal vai afectando mais profundamente o percurso normal de vida.

Calcular os riscos vitalícios da prisão em relação aos indivíduos que abandonam o ensino secundário, aos indivíduos com o ensino secundário e àqueles com curso superior, mostra como as vidas dos desfavorecidos têm mudado devido ao aumento dos índices de encarceramento. A prisão tornou-se uma realidade mais ou menos comum para os jovens brancos que abandonaram o ensino secundário (gráfico 1.4). Por volta de 1999, um em cada dez indivíduos seria preso por volta dos seus 30 anos. Os riscos vitalícios da prisão diminuem à medida que se sobe a escada da escolaridade. Apenas 3,6% dos indivíduos brancos com o ensino secundário tinham probabilidade de ser presos por volta dos seus 30 anos em 1999, menos de metade do risco sofrido por brancos que abandonaram o ensino secundário. Os brancos com curso superior eram largamente poupados à prisão, e o risco de serem presos aumentou somente de 0,5 para 0,7 de 1% de 1979 a 1999.

Os riscos cumulativos de se ser preso para os negros em finais da década de 90 são extremamente elevados. Um indivíduo negro que abandonasse o ensino secundário, nascido nos finais da década de 60, tinha aproximadamente 60% de hipóteses de cumprir pena de prisão por volta de finais da década de 90. No final desta década, a prisão tinha-se realmente tornado numa realidade comum para os jovens negros que não conseguiram terminar o ensino secundário. Os riscos cumulativos de se ser preso também aumentaram para um nível elevado entre os jovens negros com o ensino secundário. Cerca de um em cada cinco homens negros com apenas 12 anos de escolaridade foram presos por volta dos seus 30 anos. Entre todos os negros sem curso superior – a metade mais baixa da distribuição educacional – cerca de um terço, no grupo etário mais jovem, tinha sido preso, comparado com apenas um em oito, duas décadas antes.[20] Tal como aconteceu para os brancos, quase todo o aumento do risco de prisão entre os negros caiu sobre aqueles que tinham apenas o ensino secundário. De facto, os meus cálculos indicam que o risco vitalício de se ser preso diminuiu realmente um pouco para os negros com um curso superior durante as últimas décadas do século XX.

Gráfico 1.4 – *Riscos cumulativos de encarceramento por volta de 1979*

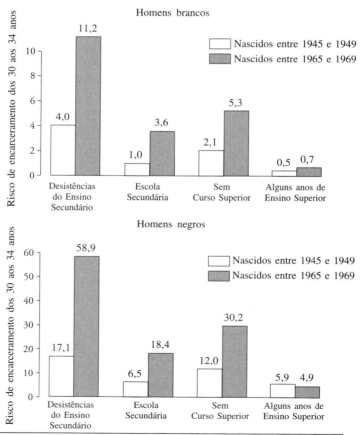

Fonte: Dados cumpilados pelo Autor.
Nota: Homens sem Curso Superior inclui desistência do Ensino Secundário e também os que concluíram.

A PRISÃO E OUTROS MARCOS DO PERCURSO DA VIDA

Tal como podemos comparar os índices de encarceramento com o número de membros de um sindicato e com a participação em programas governamentais, o risco cumulativo de se ser preso pode ser comparado a outras experiências da vida que marcam a passagem à idade adulta. O curso superior, o serviço militar e o casamento são marcas importantes de evolução ao longo da vida adulta. Cada um destes marcos faz os jovens avançar na vida ao criar um lar e ao obter um emprego estável. Comparar a prisão com estes outros acontecimentos da vida mostra como o caminho até à idade adulta mudou com o grande aumento do número de reclusos.

O quadro 1.3 mostra as hipóteses, para os homens nascidos entre 1965 e 1969, de viverem diferentes acontecimentos da vida, por volta dos seus 30 anos, em 1999. Os riscos inerentes a cada acontecimento diferem para os brancos e para os negros, mas as diferenças raciais na prisão ofuscam grandemente qualquer outra desigualdade. É duas vezes mais provável que um branco, por volta dos seus 30 anos, seja licenciado do que um negro. É cerca de 50% mais provável que um indivíduo negro tenha prestado serviço militar. No entanto, é sete vezes mais provável que um indivíduo negro, nos seus 30 anos, tenha cadastro do que um branco. De facto, é mais provável que grupos etários recentes de homens negros tenham cadastro (22,4%) do que historial militar (17,4%), ou que sejam licenciados (12,5%). A percentagem da população com cadastro é particularmente surpreendente entre os homens com o ensino secundário. Enquanto poucos brancos têm cadastro, cerca de um terço dos homens negros com o ensino secundário já esteve preso. Em 1999, era duas vezes mais provável que os negros, por volta dos seus 30 anos e sem o ensino superior, cumprissem pena de prisão do que o serviço militar. Por volta de 1999, a prisão tornou-se um acontecimento comum na vida dos negros que fortemente os distinguia dos brancos.

A PRISÃO EM LARGA ESCALA

David Garland cunhou o termo "prisão em larga escala" para se referir aos índices elevados de encarceramento nos tempos hodiernos

nos Estados Unidos. Na definição de Garland, a prisão em larga escala tem duas características: primeiro, e segundo o autor, "implica um índice de encarceramento [...] que está marcadamente acima da norma histórica e comparativa das sociedades deste tipo."[21]

Quadro 1.3 – *Percentagem de homens não-hispânicos nascidos entre 1965 e 1969, acontecimentos da vida por volta de 1999*

Acontecimentos da vida	Brancos	Negros
Todos os homens		
Encarceramento	3,2	22,4
Licenciatura	31,6	12,5
Serviço Militar	14,0	17,4
Casamento	72,5	59,3
Não Universitários		
Encarceramento	6,0	31,9
Conclusão do Ensino Secundário	73,5	64,4
Serviço militar	13,0	13,7
Casamento	72,8	55,9

Fonte: Estimativas do Autor. A incidência de todos os acontecimentos da vida, excepto do encarceramento, foram calculados a partir do Censo de 2000.

Nota: Para tornar os riscos de encarceramento comparáveis às estatísticas do Censo, as estimativas são ajustadas para descrever a percentagem de homens, nascidos entre 1965 e 1969, que já estiveram presos, e viveram pelo menos até 1999.

De facto, este capítulo mostrou que os índices de encarceramento nos Estados Unidos por volta de finais da década de 90 eram muito mais elevados do que na Europa Ocidental, e eram números sem precedentes na história dos Estados Unidos. Em segundo lugar, defende Garland, a concentração demográfica da prisão não leva ao encarceramento de criminosos individuais, mas ao "encarceramento sistemático de grupos inteiros de população."[22] As marcas empíricas da prisão em larga escala são mais instáveis neste último caso. Quando é que os índices de encarceramento vão ser suficientemente elevados para prender não o indivíduo, mas o grupo?

O quadro desenhado pelas estatísticas ajuda-nos a responder a esta questão. Não só a prisão se tornou um acontecimento comum entre os jovens negros no final da década de 90, mas a sua prevalência excedeu aquela relativa aos outros acontecimentos que geralmente associamos ao percurso da vida. Mais do que o curso superior ou o serviço militar, por exemplo, a prisão especificou as biografias dos afro-americanos nascidos em finais da década de 60.

Devido à natureza da prisão, como sinal oficial de criminalidade, a experiência colectiva do encarceramento é um facto tanto relacional como biográfico. A geração da prisão em larga escala – os homens negros sem ensino superior e nascidos a partir de 1965 – é posta de parte na sociedade pela criminalidade oficial. Pela sua extensão, concentração e designação de marginalidade, a prisão em larga escala transforma os negros com pouca instrução de uma categoria demográfica num grupo social. Como tal, partilham das mesmas hipóteses de vida e são rotulados pelo mesmo estatuto social por funcionários públicos, empregadores e outras entidades do poder. No período da prisão em larga escala, ser-se jovem, negro e homem, mesmo sem nunca se ter estado preso, é sinónimo de desconfiança e de medo por parte dos outros. Ir para a prisão, mesmo não se sendo jovem, negro nem homem, é passar a adquirir algo pertencente à identidade descrita anteriormente. A ideia da prisão em larga escala como criadora de um grupo social partilha algo da ideia de Loïc Wacquant acerca das leis Jim Crow[*] e do gueto como instituições "criadoras de raças".[23] Contudo, a prisão em larga escala não cria a raça na totalidade. Em vez disso, divide a raça, uma vez que a experiência real do encarceramento como acontecimento presente e concreto é destinado apenas àqueles sem curso superior. O encarceramento do grupo ou prisão em larga escala resulta não só de um elevado índice de encarceramento, mas de um elevado índice de encarceramento desigualmente distribuído.

---

[*] As leis Jim Crow eram leis estaduais e locais existentes nos Estados do Sul e nos Estados periféricos dos Estados Unidos, implementadas entre 1876 e 1965. Estas leis defendiam o estatuto de "separados mas iguais" para os americanos negros. As leis mais importantes exigiam a existência de escolas, transportes e locais públicos diferentes para os brancos e para os negros. [N. T.]

CONCLUSÃO

As provas empíricas presentes neste capítulo sustentam três argumentos: primeiro, as duas últimas décadas do século XX geraram um sistema penal sem precedentes na história americana, e também sem comparação com qualquer outra democracia desenvolvida. O aumento da prisão tem-se mantido igual ao longo das três décadas desde 1975, e os índices de encarceramento em 2000 eram cinco vezes mais elevados do que os mesmos índices que prevaleceram ao longo da maioria dos anos do século XX. Embora os índices de encarceramento nos Estados Unidos tenham sido durante muito tempo mais elevados do que na maioria dos países da Europa Ocidental, o fosso entre a Europa e os Estados Unidos relativamente a esta realidade aprofundou-se consideravelmente no período do grande aumento do número de reclusos.

Segundo, as disparidades de raça e de classes sociais nas prisões são enormes, e as desigualdades relativas a estas últimas aumentaram drasticamente. De 1980 a 2000, era seis a oito vezes mais provável um homem negro ser preso ou detido do que um branco ou do que um hispânico, cerca de três vezes mais provável. Alguns investigadores argumentam que as disparidades raciais aumentaram com o aumento do encarceramento, mas não encontrei provas suficientemente fortes que sustentassem esta ideia. Contudo, as desigualdades de classes sociais aumentaram, porque se abriu um fosso profundo relativo à prevalência da prisão, nas décadas de 80 e 90, que separou os indivíduos com curso superior daqueles que não o tinham. De facto, os riscos vitalícios da prisão, de 1979 a 1999, quase aumentaram para o dobro para todos os homens, mas quase todos estes aumentos foram vivenciados por aqueles indivíduos com apenas o ensino secundário.

Terceiro, a prisão tornou-se um acontecimento comum para os grupos mais jovens de homens negros sem curso superior. Em 1999, cerca de 30% destes indivíduos já tinham sido presos por volta dos seus 30 anos. Entre os negros que abandonaram o ensino secundário, o risco de encarceramento aumentou 60%, fazendo com que a prisão se tornasse uma pausa normal no percurso de vida. Sublinhando a novidade histórica do grande aumento da população prisional, estes riscos de encarceramento são três vezes mais elevados em 1999 do que 20 anos antes.

O sistema de justiça criminal tornou-se tão presente que devíamos passar a inserir as prisões no grupo das instituições-chave que moldam o percurso de vida dos grupos etários mais jovens de afro-americanos. Em finais da década de 90, era mais provável um indivíduo negro com pouca escolaridade estar preso ou detido, do que pertencer a um sindicato ou estar envolvido num programa governamental de apoio social ou de educação. Era mais provável que os negros nascidos no final da década de 60 estivessem, por volta de 1999, a cumprir pena numa prisão estadual ou federal, do que terem terminado um curso superior de quatro anos ou cumprido o serviço militar. Para os negros sem curso superior, o cadastro tornou-se duas vezes mais comum do que o serviço militar.

Embora as grandes intervenções institucionais do século XX, no percurso da vida, tenham tido efeitos progressistas, a prisão em larga escala ameaça o inverso. O crescimento do serviço militar durante a Segunda Guerra Mundial e a expansão do ensino superior exemplificam projectos de "mobilidade administrada" – que afastaram o destino provável dos desfavorecidos da sua origem social. As desigualdades verificadas nas prisões demonstram o efeito contrário, no qual o percurso de vida dos grupos minoritários se separou daquele dos mais favorecidos socialmente, e as desvantagens aumentaram, em vez de diminuírem. De uma forma mais notória do que os padrões de recenseamento militar, casamento ou curso superior, o tempo passado na prisão diferencia a vida adulta dos jovens negros das vidas dos outros indivíduos. O estatuto de criminoso acusado faz agora parte não da vida de criminosos individuais, mas de grupos demográficos inteiros.

Por que razão os índices de encarceramento aumentaram tanto, especialmente entre os negros com pouca instrução? Foram-nos apresentadas duas razões principais. Uma sugere que o crime aumentou. Embora os índices totais de criminalidade não tenham aumentado gradualmente ao longo das décadas de 80 e 90, alguns defenderam que a criminalidade urbana de rua proliferou à medida que o desemprego aumentou nas comunidades mais desfavorecidas. Contrapondo este argumento, outros dizem que o aumento dos índices de encarceramento deveu-se em grande parte às mudanças políticas e das medidas políticas. Neste cenário, uma repressão da criminalidade, começada na década de 70, intensificou o castigo criminal mesmo que aquela não tenha aumentado. Nos dois capítulos seguintes, irei avaliar o peso das provas acerca destas duas últimas explicações relativas à prisão em larga escala.

APÊNDICE: CÁLCULO DOS ÍNDICES E DOS RISCOS DE ENCARCERAMENTO

Os índices de encarceramento pormenorizados, relativos a grupos etários e raciais com instrução, são calculados utilizando dados provenientes do *Survey of Inmates of State and Federal Correctional Facilities* [Inquérito a Reclusos em Casas de Correcção Estaduais e Federais] (1974, 1979, 1986, 1991, 1997),[24] e do *Survey of Inmates of Local Jails* [Inquérito a Reclusos em Cadeias Locais] (1978, 1983, 1989, 1996).[25] Estes números são analisados juntamente com contagens da população livre, proveniente do Inquérito sobre a População Actual, e contagens do pessoal militar, de modo a determinar o número da população.

As estimativas que se servem de cálculos baseados em aspectos da vida, presentes nos gráficos 1.3 e 1.4., são descritas ao pormenor por Becky Pettit e Bruce Western.[26] Os riscos cumulativos da prisão servem-se dos inquéritos a reclusos em casas de correcção estaduais e federais (1974 a 1997) para calcular os riscos relativos à idade das admissões prisionais quanto aos grupos etários de 1945 a 1949, a 1965 a 1969.

Como auxílio para a avaliação da qualidade destes cálculos, comparou-se os riscos cumulativos a duas outras estatísticas. Primeiro, o Gabinete de Estatística da Justiça revelou os riscos vitalícios da prisão utilizando os dados de um inquérito de 1991 feito a reclusos.[27] Estes riscos da prisão não foram definidos para nenhum grupo etário em particular, nem tão-pouco foram calculados para os diferentes níveis de instrução. Ainda assim, são cálculos que fornecem uma orientação sobre a prevalência da prisão em grupos etários mais jovens. A segunda fonte de dados provém de um inquérito de equipa, o Inquérito Nacional Longitudinal sobre Jovens (INLJ), que entrevistou uma amostra nacional de jovens, todos os anos, até 1994, e depois todos os anos depois deste (Centro para Investigação de Recursos Humanos 2004). O inquérito revelou os índices de escolaridade dos indivíduos, e se foram entrevistados na prisão. O INLJ apenas fornece dados relativos a um grupo etário, nascido entre 1957 e 1964, e a uma pequena amostra de reclusos. Ainda assim, e como calcula o Gabinete de Estatística da Justiça, são inquéritos que comprovam que os meus cálculos vão ao encontro de outras fontes de dados e metodologias.

O quadro 1A.1 revela o risco cumulativo de nunca se ter estado preso, por volta de 1979, relativo aos homens nascidos entre 1945 e 1949, e por volta de 1999 para aqueles nascidos entre 1965 e 1969.

Quadro 1A.1 – Risco cumulativo de encarceramento

	Total (1)	Instrução abaixo do Ensino Secundário (2)	Escola Secundária ou GED (3)	Total dos Não-Universitários (4)	Alguns anos de Ensino Universitário (5)
Homens Brancos					
GEJ	3,0	—	—	—	
INLJ	4,3	11,3	3,7	5,1	1,5
Nascidos entre 1945 e 1949	1,4	4,0	1,0	2,1	0,5
Nascidos entre 1965 e 1969	2,9	11,2	3,6	5,3	0,7
Homens Negros					
GEJ	24,6	—	—	—	
INLJ	18,7	30,9	18,8	19,3	7,2
Nascidos entre 1945 e 1949	10,5	17,1	6,5	12,0	5,9
Nascidos entre 1965 e 1969	20,5	58,9	18,4	30,2	4,9

Fontes: Dados do GEJ relatados por Bonczar e Beck (1997) utilizando grupos sintéticos do Inquérito de 1991 *Survey of Inmates of State and Federal Correctional Facilities* (GEJ 1993). Os dados do INLJ dão a percentagem de inquiridos com 35 anos de idade entrevistados numa instalação de correcção (brancos N = 2171, negros N = 881). O grupo INLJ nasceu entre 1957 e 1964.

Com toda a certeza, para todos os indivíduos brancos e negros, os meus cálculos estão perto daqueles feitos pelo Gabinete de Estatística da Justiça, e são parecidos com os riscos de prisão medidos pelo INLJ. Tal como nos dados do INLJ, os meus números também contemplam a enorme estratificação dos riscos de prisão por níveis de instrução, embora o INLJ tenha tendência para subestimar a prisão nos níveis muito baixos de instrução, quando comparado com os meus números.

Capítulo 2

Desigualdade, Crime e o Grande Aumento do Número de Reclusos

Os índices de encarceramento extraordinariamente elevados entre os jovens negros com pouca instrução, verificados no final da década de 90, parecem ter uma explicação óbvia: estes jovens com baixos níveis de escolaridade têm tendência para praticar vários crimes. De facto, os criminologistas demonstram a existência de elevados índices de violência entre os jovens negros, com forte incidência nos mais pobres.[1] Ainda mais sugestiva do que esta evidência, a emergência da prisão em larga escala coincidiu com um crescimento de 20 anos na desigualdade económica, que atrasou o desenvolvimento económico dos negros com pouca instrução, durante as décadas de 80 e de 90. O desemprego e os baixos salários podem ter levado estes homens para o crime. No entanto, a história é mais complicada do que sugerem estes indícios, porque as mudanças na prisão não originaram mudanças nos índices de criminalidade. Os índices de encarceramento aumentaram gradualmente desde a década de 70, através de ondas de violência nos finais dos anos 80, e ganhos importantes na segurança pública nos finais da década de 90. Se olharmos para as diferenças raciais e de classes sociais no contexto da criminalidade, numa determinada altura, verificamos que o crime e a prisão estão claramente ligados. Olhando para as mudanças nos índices gerais relativos a crimes graves, verifica-se que as mudanças ocorridas na prisão e na criminalidade não têm qualquer ligação.

Embora o grande aumento do número de reclusos não tenha sido claramente gerado pelo aumento nos índices de criminalidade, o crime pode ter-se tornado uma realidade mais grave nas comunidades pobres, ao mesmo tempo que diminuiu no seio da classe média. Sob estas condições, os índices de encarceramento podem não acompanhar as mudanças nos índices globais de criminalidade, mas o aumento do crime entre os pobres podia fazer crescer os números de detenções e prisões. A questão empírica-chave que se coloca, e que poucos investigadores estudaram directamente, é saber se os jovens pobres estavam mais envolvidos na criminalidade, no auge do grande aumento da população criminal, no ano 2000, do que 20 anos antes.

Neste capítulo, irei analisar as ligações entre a desigualdade social, a criminalidade e a prisão. Começo por perguntar por que razão os grupos sociais marginais, como os pobres ou as minorias raciais, podem estar mais envolvidos no crime. Embora muitos estudos defendam ligações entre raça, classe social e criminalidade, desconheço qualquer prova empírica que simplesmente registe se o crime terá aumentado entre os jovens pertencentes a classes baixas, no período do grande aumento do número de reclusos. Possuo alguns desses testes, e concluo que os jovens – brancos e negros – estavam muito menos envolvidos no crime em 2000 do que em 1980, apesar da probabilidade de serem presos ter aumentado bastante. Como pode a criminalidade diminuir enquanto aumenta a prisão? De modo a responder a esta questão, continuarei a prestar atenção às fases dos processos criminais, desde a prática do crime até à detenção, condenação e prisão. Esta análise mostra que o sistema de justiça criminal se tornou mais punitivo nas duas décadas que se seguiram aos anos 80, aumentando os riscos de prisão para aqueles que são detidos, e aumentando também o tempo das penas de prisão para os que estão presos.

CRIME E DESIGUALDADE

Se o grande aumento do número de reclusos reflectiu mudanças na criminalidade, poderíamos esperar que os homens com pouca instrução e que os afro-americanos infringiam a lei mais no final da década de 90 do que 20 anos antes. De facto, os sociólogos e os economistas têm frequentemente defendido que a criminalidade aumenta no seio da pobreza e da divisão racial. Como é sobejamente conhecido, Robert Merton defendeu que a frustração perante a falta de oportunidades leva os mais pobres ao crime, de modo a que possam desfrutar dos êxitos materiais apreciados legalmente pela classe média.[2] Os economistas sustentam ideias semelhantes, baseados numa perspectiva custo-benefício. Gary Becker afirmou que as tentações da criminalidade serão mais fortes quanto maiores forem os benefícios que dela advierem – ou seja, o lucro proveniente do roubo ou do tráfico de droga – e os seus custos reduzidos. Um castigo severo pode aumentar os custos da criminalidade, mas também o podem fazer as oportunidades legítimas de emprego, que proporcionam alternativas à actividade ilegal.[3] Juntamente com a influência das recompensas económicas, um trabalho gradual faz com que a vida diária fique sujeita a um controlo e a uma rotina. Os homens que têm um trabalho permanente têm menos oportunidades de se envolverem na criminalidade. Os jovens desempregados podem passar mais tempo com os seus amigos igualmente desempregados e podem estar menos inclinados para os papéis de trabalhador e de ganha-pão.

Estas explicações corroboram os motivos que levam os pobres para a criminalidade, mas a vida familiar e os bairros da classe média podem também erguer barreiras ao comportamento criminoso. Um casamento estável, tal como um emprego fixo, cria rotinas diárias a maridos que, se assim não fosse, podiam estar nas ruas, no limiar de se envolverem em problemas. Os laços sociais dos bairros ordeiros, bem estruturados, também servem de inibição à delinquência e ao crime. As comunidades a que faltam estas ligações sociais – nas quais as famílias têm relações muito frágeis com os empregadores, com as organizações de voluntariado e com os amigos – têm uma elevada inclinação para a violência e outros tipos de crime.[4]

O desemprego, a instabilidade familiar e a desordem nos bairros em que habitam, são factores que, em conjunto, levam ao surgimento de índices elevados de violência entre os jovens negros. Embora os negros tenham conseguido grandes desenvolvimentos económicos entre 1940 e 1970, os seus índices de desemprego, desde a década de 1970, têm sido o dobro, em comparação com os brancos. Os índices de desemprego elevados relativos aos negros estão a par dos inúmeros lares encabeçados por mulheres e dos bairros onde a pobreza se concentra. Devido aos baixos números de casamentos entre afro-americanos, e devido ao facto de os adolescentes negros terem mais probabilidade de crescerem em lares encabeçados por mulheres do que os brancos, os jovens negros possuem laços familiares muito mais débeis que os levam com facilidade para o mundo do crime. Os bairros pobres habitados pelos negros, nos quais a pobreza e os seus correlatos demográficos estão altamente concentrados, têm também falta de redes sociais que permitem vigiar as crianças depois da escola, vigiar as ruas e rapidamente procurar ajuda em caso de necessidade.

Vários estudos estatísticos descobriram ligações próximas entre a criminalidade violenta e a desigualdade económica e racial. Geralmente analisando as cidades ou os Estados, estes estudos revelam a existência de elevados índices de homicídio e de outros tipos de violência em zonas de pobreza extrema, com inúmeros lares encabeçados por mulheres. Um dos estudos mais completos desta natureza, feito por Kenneth Land e pelos seus colegas, revela que, entre 1960 e 1980, nas cidades principais, áreas metropolitanas mais vastas, e nos maiores Estados, os índices de homicídio mais elevados encontram-se nas localidades com os mais elevados índices de pobreza, desemprego e divórcio.[5] Também podemos ver os efeitos de uma estrutura familiar e do ambiente de bairro, quando o alvo do estudo é a violência urbana. O grande número de famílias negras encabeçadas por mulheres, nas áreas metropolitanas, parece explicar a existência de uma grande percentagem de homicídios entre os adolescentes negros.[6] Os bairros pobres segregados, com laços comunitários frágeis e concentração da falta de oportunidades, também surgiram como grandes centros de homicídio, roubos e assaltos.[7] Embora os estudos quantitativos encontrem fortes provas de que a violência criminal está estratificada por raças e classes sociais, estas revelam saber pouco acerca do papel da criminalidade na rotina diária dos pobres.

A etnografia das áreas urbanas pobres aparece como uma imagem mais clara da presença forte do crime e da sua ligação próxima com a prisão. O tráfico de droga nos centros urbanos mais problemáticos ocupa um lugar de destaque neste estudo, dando aos jovens dos bairros com elevados índices de desemprego oportunidades económicas que doutra forma não teriam. Na sua obra etnográfica sobre gangues ligados ao tráfico de droga em Nova Iorque, Philippe Bourgois defende que "o insulto de trabalhar por um salário de principiante num ambiente de opulência extraordinária é especialmente doloroso" para os jovens espanhóis do bairro nova iorquino de Harlem.[8] Esta desigualdade confina os jovens porto riquenhos "às fronteiras do seu bairro segregado e à economia *underground*."[9] Sudhir Venkatesh e Steven Levitt analisam a importância económica do tráfico de droga para o "capitalismo fora--da-lei" de Chicago. O tráfico de droga vingou na inexistência de emprego legítimo dos bairros da parte sul desta cidade. Os jovens de Chicago falaram a Venkatesh e a Levitt sobre "o facto de serem membros de gangues, e sobre a sua inclinação para ganhar dinheiro através de formas que se assemelham a representações de trabalho na empresa corporativa mais bem aceite. Muitos ligaram-se aos gangues porque estes funcionavam como um caminho socioeconómico institucionalizado de ascensão social para os jovens marginalizados e sem recursos."[10] Na opinião de Elijah Anderson, a violência segue o tráfico de droga, à medida que o crime se torna uma força voraz nos bairros pobres de Filadélfia:

> Rodeadas pela violência e pela indiferença em relação às vítimas inocentes dos traficantes de droga e também dos próprios toxicodependentes, as pessoas fora desse mundo estão a achar cada vez mais difícil manter uma noção de comunidade. Assim, a violência surge a controlar a vida nos bairros infestados pela droga, e os supostos chefes destas áreas são cada vez mais aqueles que controlam a violência.[11]

A imagem que surge da pesquisa etnográfica é aquela de bairros pobres, com problemas crónicos de falta de empregos legítimos, e imbuídos num mercado de drogas violento e ilegal.

Os perigos do tráfico de droga e de outros crimes incluem não só a ameaça da violência, mas também o risco da prisão. A aparente ligação mecânica entre a criminalidade e a prisão é captada no estudo feito por Sullivan acerca do modo como os roubos feitos sob a ameaça de facas, perpetrados por jovens hispânicos, levou, progressivamente, da detenção à prisão preventiva e, por fim, à prisão. Sullivan considera que a inevitabilidade da prisão ilustra os "limites do crime de rua como forma de ganhar dinheiro. Um, dois, e mesmo vários crimes podem ser perpetrados com impunidade, mas o envolvimento continuado em tais crimes violentos e visíveis não leva a sanções pesadas."[12] A grande prevalência da prisão em bairros onde os índices de criminalidade são elevados é provavelmente mais notória em Washington D.C. Donald Braman analisa a experiência de Londa, uma jovem de 20 anos, mãe de três crianças, que vive no centro do bairro. No raio de dois blocos de apartamentos da zona onde mora, Braman contou 64 detenções por posse e distribuição de droga durante um ano. Durante esse período de tempo, 120 homens que viviam nesse raio dos dois blocos de apartamentos foram admitidos no sistema de correcção de Washington. Falando das crianças do bairro, diz Londa, "olho à minha volta e nenhum destes miúdos tem pai. É uma confusão o que aconteceu."[13] Observações qualitativas como estas vão ao encontro dos meus dados estatísticos sobre a prevalência da prisão entre os jovens, particularmente entre os negros, com baixos níveis de escolaridade.

A ACTIVIDADE CRIMINAL ENTRE OS HOMENS DESFAVORECIDOS

Nota-se, geralmente, que as evoluções verificadas na prisão estão, na melhor das hipóteses, apenas ligeiramente relacionadas com as evoluções verificadas na criminalidade.[14] O gráfico 2.1 estabelece a comparação entre os índices de encarceramento e os índices de criminalidade, entre 1970 e 2000. Os índices de criminalidade são calculados com base nos Relatórios de Crime Uniforme do FBI – crimes graves participados à polícia, que incluem assassinatos, violações, roubos, ataques violentos, assaltos, furtos, roubo de veículos motorizados e fogo posto. Os índices de encarceramento aumentaram progressivamente durante os períodos de aumento da criminalidade, na década de 70, e durante os períodos de diminuição da mesma, na década de 90. A relação entre a prisão e a criminalidade é, estatisticamente, insignificante, de -0,2. Estatísticas como esta levaram alguns comentadores a minimizar qualquer tipo de relação entre o crime e a punição. Nils Christie defende este aspecto de modo cru: "O grande aumento do número de reclusos nos Estados Unidos não pode ser justificado como 'causado pelo crime'. Deve-se, pelo contrário, às políticas penais."[15]

Estes argumentos são decisivos. De acordo com estudos etnográficos recentes sobre a pobreza urbana, a prisão é um risco ocupacional da criminalidade de rua, e o crime – especialmente o tráfico de droga – tem constituído uma parte importante da economia dos guetos, pelo menos desde a década de 80. Neste contexto, a criminalidade e a prisão surgem intimamente ligadas. Mas se a criminalidade entre os pobres que vivem nos guetos fosse a maior responsável pelo aumento dos índices de encarceramento, seria de esperar que os jovens negros com baixos níveis de escolaridade estivessem mais envolvidos no tráfico de droga no ano 2000 do que em 1980, mais do que em qualquer outro tipo de crime. Para testar esta hipótese, vou concentrar-me agora na análise empírica da criminalidade entre os jovens desfavorecidos.

Surpreendentemente, existem poucos estudos empíricos sobre o desenvolvimento da criminalidade entre os jovens. Irei mostrar uma análise simples, que se serve de dados de depoimentos dos próprios criminosos acerca de crimes e de vitimações. Os grupos etários de 1979 e de 1997 que responderam aos Inquéritos Nacionais Longitudinais sobre Juventude (INLJ) não costumam fornecer dados oriundos destes depoimentos sobre a actividade criminal, em diferentes pontos

Gráfico 2.1 – *Tendência no índice da taxa de crimes e prisão*

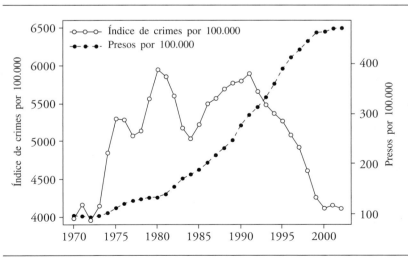

Fontes: Crime nos Estados Unidos (1977, 1991, 2004); Pastore e Maguire (2005, quadro 628).

no tempo. O INLJ inquiriu duas amostras de homens e mulheres jovens, em 1980 e em 2000, acerca da sua actividade criminal relativa ao ano anterior. Analisei a presença do crime entre os indivíduos alvo deste inquérito, com idades entre os 15 e os 18 anos. Devido ao facto dos alvos deste inquérito serem mais jovens do que os reclusos adultos, os resultados não fornecem provas directas acerca daqueles em risco de serem presos. Ainda assim, os índices de criminalidade juvenil e adulta andam mais ou menos a par e, em abstracto, todos os criminosos adultos detêm um historial de crimes perpetrados na juventude. Se a crescente criminalidade entre os homens da classe baixa aumentasse o número de reclusos, seria provável também esperar uma crescente criminalidade entre os jovens dessa mesma classe.

Os dados acerca dos jovens também têm importantes vantagens para o estudo da evolução da criminalidade. Alguns autores atribuem a grande diminuição da criminalidade adulta entre 1980 e 2000 ao aumento do número de prisões.[16] No entanto, a prisão juvenil não aumentou tanto quanto a prisão adulta. Em 1979, a população juvenil que se encontrava presa era de 71.922 indivíduos para 108.931 indivíduos em 1999.[17] Enquanto a população juvenil presa aumentou cerca de 50%, a população adulta presa aumentou cerca de 430%.[18] Se podemos verificar a existência de uma grande diminuição na criminalidade juvenil, como o podemos fazer em relação aos adultos, é muito menos provável que esta seja explicada pelo aumento do número de reclusos.

O quadro 2.1 descreve a actividade criminal entre os rapazes, com dados do INLJ. Perguntou-se aos alvos dos inquéritos se tinham atacado alguém, se tinham vandalizado propriedades, roubado alguma coisa ou vendido drogas no ano anterior. Calculei os índices de criminalidade relativos a todos os rapazes, e relativos àqueles cujo rendimento familiar se encontrava abaixo do limiar da pobreza.

Consistentes com as evoluções mais significativas, os adolescentes mais velhos, alvos do inquérito do INLJ, estavam, em 2000, muito menos envolvidos na criminalidade do que em 1980. Os índices de criminalidade diminuíram consideravelmente em relação a todos os tipos de crime. Os crimes contra a propriedade foram os que mais diminuíram, dado que o número de jovens acusados de vandalismo ou roubo decresceu entre cerca de 65 e 75%. A diminuição do número de ataques violentos é menos significativa, mas ainda assim considerável. Em 1980, 15% dos rapazes afirmaram já terem atacado alguém com a intenção de magoar essa pessoa seriamente, ou mesmo de a matar, comparado com menos de 11% no ano de 2000.

Se a criminalidade crescente entre os mais pobres levou ao grande aumento do número de reclusos, seria de se esperar um aumento da criminalidade entre os jovens pobres. De facto, tal como o resto da população, os jovens oriundos de famílias pobres estavam menos envolvidos na criminalidade em 2000 do que em 1980. Os crimes contra a propriedade eram metade entre os brancos pobres, e eram ainda menos entre os jovens pobres oriundos de grupos minoritários, jovens estes que muitos autores consideram terem sido levados para a criminalidade devido à degradação da economia dos bairros mais pobres. Embora as pesquisas feitas sobre estes assuntos defendam que o tráfico de droga substituiu as oportunidades económicas legítimas nos guetos, os jovens pobres brancos e negros alvos do inquérito do INLJ vendiam muito menos droga em 2000 do que em 1980. Por exemplo, 16% dos adolescentes negros oriundos de famílias pobres afirmaram vender droga em 1980, em comparação com apenas 5% no ano de 2000. Apenas os crimes violentos não sofreram uma diminuição considerável. Os jovens pobres envolviam-se em lutas sérias com mais ou menos a mesma frequência com que se envolviam 20 anos antes. Em suma, os dados retirados dos depoimentos dos jovens oriundos de famílias pobres e envolvidos na criminalidade parecem ser muito semelhantes aos índices globais de criminalidade. Estes índices nos finais da década de 90 eram muito mais baixos do que no início da de 80. Não há aqui nenhuma prova de que os jovens desfavorecidos se tenham envolvido mais na criminalidade. De facto, estão menos envolvidos nela no auge do grande aumento da população prisional em 2000, do que no seu início, em 1980. Mais, dado que os índices de encarceramento juvenil não aumentaram de forma considerável, é pouco provável que a diminuição da criminalidade, evidenciada nos dados do inquérito, possa servir como um resultado do aumento do número de prisões.

Os dados do inquérito do INLJ não fornecem prova alguma acerca do aumento da criminalidade entre os jovens necessitados, mas os dados baseados nos seus depoimentos podem conter erros, uma vez que os indivíduos podem não dar a devida importância aos crimes graves que possam ter cometido. Uma outra abordagem do assunto inclina-se sobre os dados relativos às vítimas. Estes dados são tipicamente recolhidos a partir de inquéritos, nos quais é perguntado às

Quadro 2.1 – *Jovens entre os quinze e os dezoito anos, envolvidos na criminalidade*

Atacou alguém para ferir com gravidade ou matar			
Total dos jovens	15,0	10,6	–29
Brancos pobres	18,5	17,0	–8
Negros pobres	17,5	13,8	–21
Hispânicos pobres	18,8	12,8	8
Danificou ou destruiu intencionalmente propriedade			
Total dos jovens	32,8	11,3	–66
Brancos pobres	31,0	14,6	–53
Negros pobres	26,2	8,5	–68
Hispânicos pobres	31,1	9,4	–70
Furtou algo numa loja, casa ou a uma pessoa			
Total dos jovens	45,5	12,4	–73
Brancos pobres	39,8	17,3	–57
Negros pobres	40,1	12,9	–68
Hispânicos pobres	39,6	7,9	–80
Vendeu estupefacientes, incluindo marijuana, cocaína ou heroína			
Total dos jovens	17,8	10,0	–44
Brancos pobres	18,0	8,8	–51
Negros pobres	16,1	5,0	–69
Hispânicos pobres	9,7	9,9	2

Fonte: Compilação do Autor.
Nota: O crime auto-relatado foi retirado dos grupos do INLJ. Dimensões das amostras, 1980: 2.958 (total dos jovens), 740 (jovens pobres). Dimensões das amostras, 1997: 3.375 (total dos jovens), 563 (jovens pobres).

pessoas se foram atacadas, se lhes assaltaram propriedades e assim por diante. Porque a grande maioria dos crimes acontecem entre conhecidos e vizinhos, os dados sobre as vítimas relativos aos homens pobres também serão úteis para informar acerca dos níveis de actividade criminosa destes. O Inquérito Nacional sobre Crime e Vitimação pergunta, todos os anos, a uma amostra nacional, com 12 anos de idade e mais velhos, acerca das experiências que têm da vida doméstica, de propriedade e de crime violento.

Quadro 2.2 – *Vitimação criminal em jovens
entre os vinte e dois e os trinta anos*

	1980 a 1983	1997 a 2000	Evolução da percentagem
Vitimação em 1.000			
Total dos homens	568	179	–68,7
Desistências de brancos	541	215	–60,3
Desistências de Negros	466	132	–71,7
Desistências de Hispânicos	433	101	–76,6
Vitimação por cada 1.000, ajuste ao encarceramento			
Total dos homens	671	242	–63,9
Desistências de Brancos	640	293	–54,2
Desistências de Negros	550	180	–67,3
Desistências de Hispânicos	512	138	–73,0

Fonte: Compilação do Autor.
Nota: O ajuste ao encarceramento forma um índice dividindo o total das admissões prisionais por detenção. Assumindo que cada encarceramento diminui a vitimação em dez, o índice é multiplicado por dez para obter um multiplicador para as taxas de vitimação. Este ajuste aumenta as taxas de 1980 a 1983 em 18.25% e as taxas de 1997 a 2000 em 36.3%.

Calculei os índices relativos à propriedade e à vitimação violenta para os jovens, com idades compreendidas entre os 22 e os 30 anos, e para os jovens que abandonaram o ensino secundário, tentando ver qual o grupo que mais vivenciou os maiores aumentos nos números de prisões. Devido ao facto de o tamanho das amostras dos jovens que abandonaram o ensino secundário ser exíguo, juntei dados de 1980 a 1983 e de 1997 a 2000.

O quadro 2.2 mostra os índices de vitimação relativos a estes dois períodos, para todos os jovens e para aqueles que abandonaram o ensino secundário. Entre o início dos anos 80 e o final dos 90, verificou--se um grande decréscimo nos índices de vitimação criminal. Em meados dos anos 80, um em cada dois homens na casa dos 20 anos era vítima de crimes contra propriedade ou de violência. Por volta de finais dos anos 90, o resultado era menos de um em cada cinco, ou seja, verificou-se um decréscimo de cerca de 70%. Os homens com baixos níveis de escolaridade também beneficiaram no que diz respeito à segurança pública. Os índices de vitimação relativos aos jovens que abandonaram o ensino secundário diminuíram entre cerca de 60 e de 75%, em consonância com a evolução nacional.

Ao contrário do que se apurou na anterior análise acerca da criminalidade juvenil, os números relativos à vitimação entre os jovens podem ser um reflexo do aumento do número de prisões. As pessoas podem estar mais seguras nos finais dos anos 90, porque as prisões retiraram os criminosos das ruas. Ajustei os valores para este efeito de modo a chegar a esta conclusão, tendo em conta as crescentes medidas punitivas do sistema de justiça criminal. Estes dados podem ser medidos através do número de prisões verificadas em cada detenção. No início dos anos 80, havia cerca de 1,8% de prisões em todas as detenções. Por volta de finais dos anos 90, esse número aumentou para cerca de 3,6%. Com base nestes números, as medidas punitivas aumentaram para o dobro entre 1980 e 2000. Partindo do princípio de que cada pessoa presa seria responsável por 10 crimes contra indivíduos entre os 22 e os 30 anos de idade, posso ajustar os índices de vitimação de modo a que reflictam o aumento na punição criminal.

A segunda parte do quadro 2.2 mostra os índices ajustados de vitimação que se referem ao aumento do número de prisões. Embora a diminuição nos índices seja menor quando se tem em conta o aumento do número de prisões é, ainda assim, considerável. Entre os jovens brancos que abandonaram o ensino secundário, a vitimação decresceu cerca de 50%, e decresceu ainda mais entre as minorias jovens e com menores níveis de escolaridade.

Estes dados deixam-nos com um enigma. Entre 1980 e 2000, o crime denunciado pelos próprios criminosos diminuiu consideravelmente entre os jovens desfavorecidos. Os adolescentes oriundos de lares pobres, no ano 2000, estavam menos envolvidos em violência e em tráfico de droga do que 20 anos antes. Verificou-se uma diminuição no vandalismo e no roubo particularmente significativa, e esta foi acompanhada por um grande decréscimo na vitimação criminal entre os indivíduos com baixos níveis de escolaridade. É 60 a 70% menos provável que os jovens na casa dos 20 anos que abandonaram o ensino superior, e cujos índices de encarceramento são agora extremamente elevados, sejam vitimados pelo crime no ano 2000 do que em 1980. De que modo se passou a associar o grande decréscimo na criminalidade entre os jovens desfavorecidos e o grande aumento do número de prisões?

LIGANDO O CRIME À PUNIÇÃO

Podemos compreender como a diminuição da criminalidade está associada ao aumento do número de prisões se seguirmos cada etapa do processo criminal. O quadro 2.3 compara o número de crimes com os índices de detenções e prisões. Cerca de um milhão de crimes violentos são denunciados todos os anos à polícia. O número de crimes violentos aumentou de cerca de 900.000 para 1,36 milhões, de 1980 a 1990. Mas de 1990 a 2000 o nível de violência diminuiu. Apenas menos de metade das queixas feitas à polícia resultaram em prisões. No entanto, as hipóteses de uma detenção originar, por fim, uma prisão quase duplicaram, de 13 para 28%. As penas de prisão aplicadas aos criminosos violentos também aumentaram consideravelmente, de 33 meses em 1980 para, em média, 53 meses em 2001. Devido ao igual aumento da duração das penas e dos números de prisões, os índices de encarceramento relativos aos crimes violentos aumentaram de 76 para 208 por centena de milhar, apesar da redução nos níveis de violência.

Os indivíduos que praticam crimes contra a propriedade, nomeadamente os assaltantes e ladrões de carros, mostram ter um padrão semelhante em termos estatísticos. Estes crimes são cerca de oito vezes mais denunciados à polícia do que os crimes violentos. Tal como estes, os crimes contra a propriedade aumentaram de 1980 para 1990, mas diminuíram nos dez anos seguintes. Pouco menos de um em cada cinco crimes contra a propriedade resultaram em detenções, um número muito mais reduzido do que aquele relativo aos crimes violentos. De 1980 a 2001, as hipóteses de os indivíduos que praticassem crimes contra a propriedade serem presos quase duplicaram, de 6 para 11%. A duração das penas de prisão para estes criminosos também aumentou cerca de 75%. As hipóteses de uma detenção originar uma prisão, e as hipóteses do aumento da duração das penas fizeram aumentar os índices de prisão mais de o dobro.

Por fim, os números relativos aos crimes de tráfico e consumo de estupefacientes demonstram um padrão semelhante de um intensificado cumprimento da lei. Ao contrário dos crimes violentos e contra a propriedade, não existem estatísticas acerca do tráfico ou consumo de estupefacientes, nem em inquéritos sobre maus-tratos, nem nos dados da polícia do Inquérito sobre Crime Uniforme [*Uniform Crime Survey*]. Os números de detenções por tráfico ou consumo de droga estão, no entanto, reservados. Ao contrário da evolução verificada nas detenções relativas a outros tipos de crime, as detenções por uso ou tráfico de estupefacientes aumentaram cerca de 170% nas duas décadas que se seguiram a 1980. O número de prisões resultantes de cada detenção aumentou seis vezes, de dois para 12%. Muitos dos consumidores ou traficantes de estupefacientes que foram presos nos anos 90 eram indivíduos em período probatório que voltaram à prisão não por terem cometido novos crimes, mas por terem infringido as condições desse período. Não passar num teste de droga, por exemplo, é uma forma comum de infracção das regras do período probatório. Na década de 90, as revogações deste período aumentaram o dobro para os consumidores ou traficantes de droga, causando o aumento do número de pessoas que voltaram à prisão sem serem acusadas de novos crimes. A duração das penas de prisão também aumentou de forma brusca, de tal modo que, por volta de 2001, os traficantes ou consumidores de droga já em liberdade tinham cumprido cerca de dois anos em prisão estadual. Estes factores – o grande aumento das detenções por tráfico ou consumo de estupefacientes, revogações do período probatório, e o aumento da duração das penas de prisão – levaram a um aumento de mais de dez vezes dos índices de encarceramento por consumo ou tráfico de estupefacientes de 1980 a 2001.

Estes números relativos às detenções, prisões, revogações do período probatório e duração das penas de prisão explicam o motivo pelo qual as evoluções na criminalidade têm apenas uma ligação ténue com a escala do número de prisões. Em cada etapa do processo criminal, desde o controlo policial à audiência em tribunal, ao período probatório, os oficiais da justiça criminal decidem acerca da sentença dos criminosos, e os efeitos de cada etapa sobre as proporções do encarceramento encobrem em muito as flutuações nos níveis de criminalidade.

Quadro 2.3 – *Agressões, detenções e encarceramento por crimes de violência, contra a propriedade, consumo ou tráfico de estupefacientes*

	1980	1990	2001
Crime violento			
Número de agressões	914,576	1.364,705	1.131,923
Detenções por cada agressão	0,44	0,46	0,47
Admissões na prisão por cada detenção	0,13	0,17	0,28
Condicionais por cada admissão	0,17	0,18	0,19
Média de tempo prestado (meses)	33	38	53
Taxa de encarceramento por crime violento	76	125	208
Crime de propriedade			
Agressões detectadas pela polícia	8.228,506	10.759,757	8.235,013
Detenções por cada agressão	0,17	0,18	0,17
Admissões na prisão por cada detenção	0,06	0,10	0,11
Condicionais por cada admissão	0,21	0,24	0,23
Média de tempo prestado (meses)	16	24	28
Taxa de encarceramento por crime de propriedade	39	69	81
Crime por drogas			
Detenções	580,900	1.361,700	1.579,600
Admissões na prisão por cada detenção	0,02	0,10	0,12
Condicionais por cada admissão	0,11	0,11	0,22
Média de tempo prestado (meses)	14	17	24
Taxa de encarceramento por crime relacionado com drogas	8	59	86

Fonte: Compilação do Autor.
Nota: Os dados relativos às agressões e detenções foram compilados através do *Sourcebook of Criminal Statistics* (vários anos). Os dados sobre as agressões referem-se a crimes detectados pela polícia registados no *Uniform Crime Reports*. Os dados relativos às admissões na prisão, condicionais por cada admissão e tempo prestado foram tabulados pelo Programa *National Corrections Reporting Program* (1983, 1990, 2001). Os dados da primeira coluna relativos ao tempo prestado e às admissões são de 1983.

O CONSUMO E A IMPOSIÇÃO DA DROGA

De que forma podemos interpretar o grande aumento do número de detenções por consumo ou tráfico de estupefacientes, de 1980 a 2001? Pressionado por iniciativas políticas, primeiro na administração Nixon e depois na administração Reagan, o controlo do tráfico e consumo de estupefacientes aumentou consideravelmente durante as décadas de 70 e 80. Terei mais a dizer acerca do combate americano às drogas no capítulo seguinte, mas por agora podemos verificar a sua extensão quantitativa, que se reflecte no aumento em quatro vezes nos índices de detenções por tráfico ou consumo de estupefacientes desde o final dos anos 60 até 2001 (ver gráfico 2.2).

Gráfico 2.2 – *Rácio dos índices de agressões por drogas e detenções*

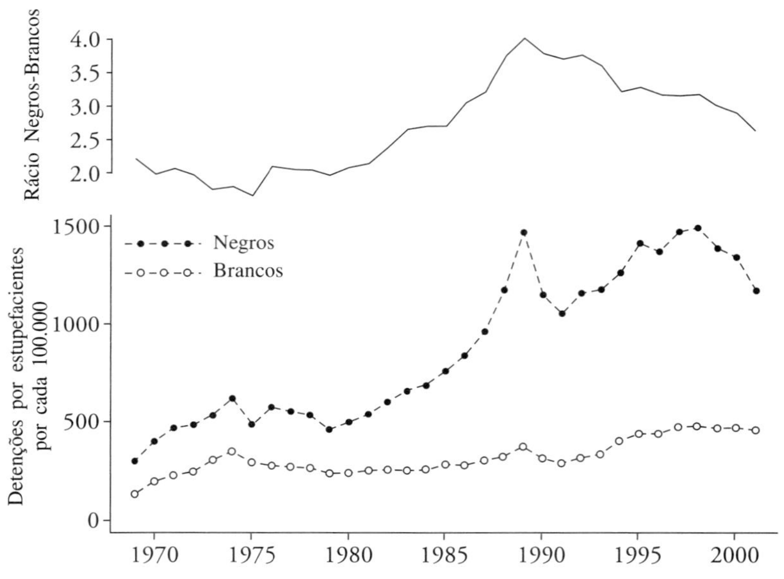

Fonte: *Federal Bureau of Investigation* (1993, 2003).
Notas: O painel em baixo mostra as detenções por agressões relacionadas com estupefacientes por cada 100.000 negros e brancos, de 1970 a 2001. O painel de cima mostra o rácio negros-brancos de taxas de detenções por estupefacientes, de 1970 a 2001.

As detenções por crimes de tráfico ou consumo de estupefacientes sempre demonstraram uma grande disparidade a nível racial. No início dos anos 70, era duas vezes mais provável que os negros fossem presos por terem cometido crimes deste tipo do que os brancos. O grande aumento no número de prisões relativas a estes crimes durante a década de 80 teve enormes consequências na vida dos afro-americanos. No auge do combate às drogas em 1989, os índices de encarceramento para os indivíduos negros subiram para 1460 por centena de milhar, quando comparados com 365 para os indivíduos brancos. Ao longo dos anos 90, os índices de encarceramento relativos a estes crimes permaneceram nestes níveis historicamente elevados. Esta evolução pode estar relacionada com a evolução verificada no consumo de drogas ou com aquela no combate à droga. Devido ao facto de não haver quaisquer dados estatísticos acerca do consumo de estupefacientes, não podemos comparar de forma sistemática os índices de criminalidade com os índices de detenções e de prisões. Contudo, podemos olhar mais além, para a ligação entre o consumo de estupefacientes e a evolução no número de prisões por esse consumo ao analisar os inquéritos sociais e os depoimentos prestados em hospitais aquando de entradas em serviços de emergência devido a problemas relativos ao consumo de estupefacientes.

Gráfico 2.3 – *Finalistas do ensino secundário relatando o consumo de drogas*

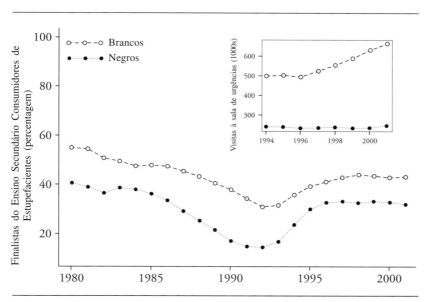

Fontes: Johnston et al. (2004), *Office of Applied Studies SAMHSA, Drug Abuse Warning Network* (2003).

O gráfico 2.3 mostra evoluções verificadas no consumo de estupefacientes com base em dados do Inquérito do Controlo do Futuro e da Rede de Alerta sobre o Consumo de Droga [Monitoring the Future Survey and the Drug Abuse Warning Network]. O inquérito teve como alvo uma amostra nacional de finalistas do ensino secundário, e perguntava-lhes se tinham consumido drogas alguma vez no ano anterior. Em 1980, apenas um pouco mais de 50% disseram que sim, em comparação com cerca de 40% no ano 2000. De forma consistente, os estudante brancos do secundário revelavam ter um consumo mais frequente de droga do que os negros. Amostras nacionais de adultos, analisadas pelo Inquérito Nacional sobre o Consumo Continuado de Droga (INCCD), mostram, de modo semelhante, que, de 1979 a 2000, o consumo de droga entre os adultos diminuiu de 20 para 11%. Tal como o inquérito feito às escolas secundárias, o INCCD mostra que os níveis de consumo de droga não diferem muito entre brancos e negros.

As respostas dadas aos inquéritos podem não fornecer uma boa indicação sobre a evolução no consumo grave de drogas. A Rede de Avisos sobre o Consumo Continuado de Droga possui um conjunto de dados referente a um período de tempo mais curto, que reúne o número de entradas em urgências hospitalares por problemas relacionados com o consumo de estupefacientes em 21 cidades. O número de entradas de indivíduos brancos era quase o dobro daquele relativo aos negros. A percentagem de cuidados hospitalares por consumo de drogas, relativa aos indivíduos brancos, aumentou durante a década de 90. Embora os dados acerca do consumo de drogas sejam um pouco desiguais, são poucas as provas que atestam que o aumento do consumo de estupefacientes ou os índices relativamente elevados de consumo dos mesmos relativos aos indivíduos negros tenham suscitado o aumento das detenções por consumo de droga durante a década de 90.

O CRIME COMO CONTEXTO EM VEZ DE CAUSA

Verificámos que, ao longo do período do grande aumento do número de reclusos, não existe qualquer relação consistente e indubitável entre os índices de criminalidade e de encarceramento. Ainda assim, vários autores defendem que as evoluções verificadas na criminalidade não são a causa, mas o contexto do aumento dos índices de encarceramento.[19] Neste sentido, o aumento da criminalidade nos anos 60, antes do grande aumento da população prisional, expôs, pela primeira vez, os indivíduos brancos da classe média aos riscos de discriminação. O aumento da criminalidade contribuiu para o aparecimento de sentimentos novos de vulnerabilidade entre os ricos, e criou uma abertura política para uma mudança nas políticas criminais que, por fim, levou ao aumento dos índices de encarceramento.

Mas em quanto aumentou realmente a criminalidade? Os índices de criminalidade só foram medidos com precisão quando o Gabinete de Censos começou o seu inquérito sobre vitimação em 1972. Ainda assim, e antes desse ano, os índices de assassinatos eram medidos de forma mais precisa do que qualquer outra estatística sobre criminalidade.[20] De 1965 a 1980, o número anual de assassinatos nos Estados Unidos aumentou de cerca de 10.000 em cada ano para mais de 20.000, um aumento de 5,1 para 9,6 mortes por 100.000 moradores. Embora tenham sido medidos com menos precisão, os índices globais de criminalidade violenta – que incluem violações, roubos e assaltos, bem como homicídios – aumentaram três vezes entre 1965 e 1980, de 200 para 597 crimes por centena de milhar.[21] O grande aumento dos índices de criminalidade é anterior ao crescimento do número de reclusos.

Embora as evoluções nos índices de encarceramento não tenham acompanhado as evoluções nos índices de criminalidade, os maiores aumentos verificados nas décadas de 60 e 70 estão a par dos maiores aumentos nos índices de encarceramento verificados 20 anos depois (gráfico 2.4). Os Estados do Sul como o Louisiana, o Mississipi, o Oklahoma e o Texas, sofreram grandes aumentos nos seus índices de homicídios. Por volta de finais da década de 90, estes quatro Estados tinham os índices de encarceramento mais elevados do país. No outro lado da balança, os Estados pequenos do Centro-Oeste e os Estados de Nova Inglaterra, apenas verificaram pequenos aumentos relativos a violência grave durante os anos 70, e os índices de encarceramento aumentaram apenas um pouco nas décadas subsequentes.

Este padrão empírico fornece-nos uma pista. Os próprios índices de criminalidade podem não ter levado ao grande aumento do número de reclusos, mas realidades como medos duradouros e outras ansiedades sociais podem funcionar como o cenário para o aumento do número de prisões.

Gráfico 2.4 – *Índices dos assassínios e encarceramento*

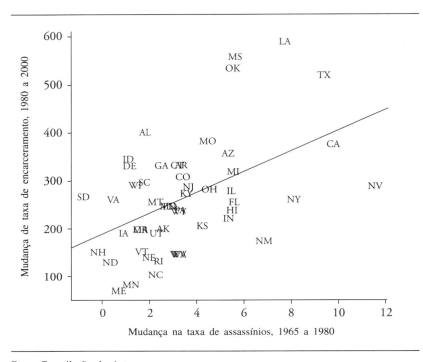

Fonte: Compilação do Autor.
Nota: A linha de regressão indica a tendência.

À medida que a criminalidade aumentava na década de 60, motins urbanos, tensões raciais e uma recessão económica encerraram um capítulo da história social americana do pós-guerra. Este período de rápida mudança social levou a uma nova economia, caracterizada por um processo de recuo industrial urbano, e por uma nova política, pautada por apelos ao cumprimento da lei feitos aos eleitores brancos dos subúrbios. Voltaremos as estas evoluções e aos seus efeitos no próximo capítulo.

CONCLUSÃO

A pesquisa e os dados que mostrei até aqui ajudam-nos a desatar os nós das ligações entre a desigualdade social, a criminalidade e o aumento do número de encarceramentos entre os homens desfavorecidos. Para tentar compreender o motivo pelo qual tantos homens com pouca instrução e oriundos de minorias sociais são presos, deveríamos distinguir com cuidado as duas partes desta história.

Primeiro, existem provas fortes de que os homens desfavorecidos estão, em qualquer altura, grandemente envolvidos na criminalidade, e que este facto está intimamente associado aos elevados índices do encarceramento. Estudos quantitativos e observações feitas no terreno em bairros pobres mostram que os jovens pobres estão muito envolvidos em violência e em outro tipo de crime. Os crimes de homicídio perpetrados por negros são disso o exemplo mais claro. Vários estudos demonstram que é cerca de sete vezes mais provável um homem negro ser preso por assassinato do que um branco, mas é também sete vezes mais provável um homem negro ser detido por assassinato ou ser assassinado do que um branco. Os elevados índices de homicídio entre os negros explicam na perfeição os iguais índices de encarceramento por assassinato. Contudo, e relativamente aos crimes menos graves, as diferenças raciais no encarceramento não são convenientemente explicadas pelos elevados índices de criminalidade. É muito mais provável que um negro seja preso por ter consumido ou traficado droga do que um branco, e que seja preso se antes tiver sido detido, mesmo que a probabilidade de um negro consumir droga não seja mais elevada do que a relativa a um branco. Os criminologistas calculam que cerca de 80% das diferenças entre os índices de encarceramento para os brancos e para os negros se devem, simplesmente, à elevada participação dos homens negros na criminalidade.[22] Este número também diminuiu com o aumento da percentagem de traficantes e consumidores de droga presos. Vimos igualmente trabalhos de investigação que mostram que os homens economicamente desfavorecidos estão também mais envolvidos na criminalidade do que os da classe média. Admite-se que uma grande parte das desigualdades entre classes sociais nas prisões também se atribua a diferenças sociais na criminalidade, mas existem muito poucas provas directas sobre este assunto.

Segundo, embora os elevados índices de criminalidade relativos aos desfavorecidos expliquem, em grande parte, o facto de estarem presos a determinada altura, as evoluções verificadas na criminalidade e na prisão estão apenas levemente ligadas ao longo do tempo. Os indivíduos pobres e oriundos de minorias sociais estavam, no ano

2000, muito menos envolvidos na criminalidade do que 20 anos antes, indo ao encontro da diminuição da criminalidade na população como um todo. Embora estes homens se tenham tornado muito mais cumpridores da lei, a probabilidade de serem presos aumentou para níveis historicamente elevados. As estatísticas sobre os processos criminais mostraram que existem três causas principais para o aumento do número de reclusos, e nenhuma está relacionada com as evoluções verificadas na criminalidade. Em primeiro lugar, houve um aumento significativo no recurso à prisão destinada àqueles que são acusados de terem praticado um crime. Em segundo lugar, os que são presos estão agora a cumprir penas mais longas. Em terceiro lugar, verificou-se um aumento drástico na perseguição e na prisão de consumidores e traficantes de droga. De facto, 45% do aumento do número de reclusos nas prisões estatais explica-se pelo aumento do número de traficantes e consumidores de droga que foram presos.[23] O crescente risco de se ser preso após uma detenção e do aumento da duração das penas mostram que os tribunais estão a ser agora mais severos para com os traficantes e consumidores de droga e para com os outros criminosos do que anteriormente. Mais ainda, as estatísticas sobre a criminalidade não medem o nível dos crimes de tráfico e consumo de estupefacientes, por isso, a maioria das estatísticas sobre criminalidade pouco esclarece acerca da área vital do aumento da população prisional estadual.

A criminalidade não se relaciona de forma consistente com as evoluções verificadas no número de prisões nos anos 80 e 90, mas os Estados que sofreram os maiores aumentos na criminalidade grave, nos anos 60 e 70, também experimentaram os maiores aumentos do número de prisões décadas mais tarde. Estas evoluções levam-nos a olhar para as medidas criminais e para o contexto económico no qual a justiça criminal é administrada.

Capítulo 3

A Política e a Economia da Justiça Criminal Punitiva

O sistema penal americano é agora o maior do mundo. Para os jovens negros dos bairros problemáticos das cidades, o governo apresenta-se como o polícia, o guarda prisional ou o técnico superior de reinserção social. Por volta de finais dos anos 90, as autoridades da justiça criminal tornaram-se uma presença constante nos bairros urbanos pobres. No entanto, tão recentemente como o final dos anos 70, os reclusos formavam apenas um quarto do total actual, e os jovens residentes em guetos não iam habitualmente para a prisão. O aumento do número de reclusos não estava directamente relacionado com a criminalidade. Os padrões evolutivos nacionais relativos ao crime não acompanhavam o aumento da população prisional. A nível individual, a prisão tornou-se uma realidade mais comum para os negros menos qualificados, mas estes homens estavam menos envolvidos na criminalidade em 2000 do que em 1980. Se os jovens que enchem as prisões e os calabouços do país não estão a cometer mais crimes do que era costume, por que razão estão a atingir recordes nas prisões?

Ir para além do crime para explicar o grande aumento do número de reclusos exige uma teoria da punição que possa explicar a razão pela qual alguns actos são considerados crime e trazem consigo uma pena de prisão. Tal teoria devia poder explicar por que motivo o risco da prisão aumentou para aqueles que foram detidos, por que razão a duração das penas de prisão aumentou, e qual o motivo do enorme aumento da perseguição aos crimes de tráfico e consumo de estupefacientes. Como acabámos de ver, são estes desenvolvimentos no processo criminal, mais do que as evoluções verificadas na criminalidade, que justificam o aumento dos índices de encarceramento nas décadas de 80 e 90.

Este capítulo aponta razões económicas e políticas para o aumento no encarceramento. As teorias económicas sobre a punição relacionam as proporções do encarceramento com a posição dos menos privilegiados na sociedade. Deste ponto de vista, a crescente desigualdade económica nos Estados Unidos e o fracasso dos mercados de trabalho urbanos para fornecerem, nos anos 70 e 80, bons empregos para os jovens menos qualificados, precipitaram o encarceramento em larga escala dos anos 90. De acordo com as teorias políticas sobre a punição, a dimensão do encarceramento é moldada através dos conflitos na definição e no estatuto dos marginais sociais. Nas décadas de 60 e 70, os políticos conservadores, na sua maioria do Partido Republicano, criaram uma mensagem de cumprimento da lei que dramatizava o problema dos crimes de rua e, no geral, salientava indirectamente a criminalidade perpetrada por negros. Mais destinados à retribuição do que à reabilitação, os criminosos eram o alvo de novas e severas medidas punitivas para com o tráfico e o consumo de drogas, a violência e a reincidência.

Subjacente a estas explicações políticas e económicas sobre o encarceramento em larga escala está um testemunho mais lato sobre a reacção à grande mudança nas relações raciais americanas durante a década de 60 e o colapso dos mercados laborais urbanos para os homens menos qualificados. As convulsões sociais desta década – uma mistura volátil de aumento da criminalidade, de protestos sociais e o surgimento dos privilégios da raça branca – aguçaram os sentimentos punitivos dos eleitores brancos. A desmoralização económica dos negros urbanos menos qualificados, nos anos 70, apresentava-se com um alvo vulnerável da mudança punitiva da justiça criminal. Estes eram os pré-requisitos básicos para o encarceramento em larga escala.

A Política e a Economia da Justiça Criminal Punitiva

Estas ideias acerca das origens do encarceramento em grandes proporções não são novas, mas ainda não foram analisadas com rigor. Vários estudos relacionaram as diferenças nos índices de encarceramento nas prisões estatais com as diferenças nas políticas levadas a cabo pelos Estados, mas estas investigações apenas compararam alguns pontos no tempo. Neste livro, apresentarei uma análise estatística acerca do encarceramento nas prisões estatais, com recurso a dados oriundos de 48 Estados, relativos a todos os anos entre 1980 e 2000. Estes dados detalhados permitem uma análise mais consistente dos efeitos políticos, dos efeitos do Partido Republicano e da lei criminal. Os estudos ao nível estadual proporcionam uma boa base para a descrição das diferenças políticas, mas não são tão úteis relativamente à descrição das desigualdades raciais e de classes sociais verificadas nas prisões. Assim, continuarei a análise sobre a desigualdade nos índices de encarceramento relativos aos homens brancos e negros, em idades diferentes e com diferentes níveis de escolaridade. Esta análise funciona como um teste consistente sobre a hipótese de o aumento dos níveis de encarceramento ser um resultado do aumento das desigualdades raciais e de classes sociais na prisão.

AS ORIGENS ECONÓMICAS DO GRANDE AUMENTO DO NÚMERO DE RECLUSOS

O estudo pioneiro do sociólogo da Escola de Frankfurt, Georg Rusche, via o crime como o resultado de uma necessidade económica, apenas desencorajado quando a severidade do castigo ultrapassava a miséria causada pela pobreza. Citando George Bernard Shaw, Rusche observa que, "se a prisão não oferece menos miséria humana do que o bairro de lata, então o bairro de lata ficará vazio e a prisão encher-se-á."[1] Ao longo dos tempos, foram moldadas formas históricas de punição – multas, tortura, prisão – através da alteração da situação económica dos mais pobres. Os desempregados, que representavam o grupo dos trabalhadores menos competentes e com maior tendência para a criminalidade, ocupavam um lugar especial nesta teoria. Os legisladores e os juízes eram mais benevolentes quando o trabalho escasseava e quando todos trabalhadores estavam empregados. A punição intensificava-se, e tornava-se ineficaz no trabalho, quando a economia atravessava uma fase menos próspera e os trabalhadores se encontravam no desemprego. A novidade de Rusche foi mostrar que os proprietários e os funcionários do Estado reagem não à criminalidade de pessoas individuais, mas à ameaça causada por toda a classe não-proprietária. Neste sentido, o sistema de justiça criminal dava corpo a um conflito social que colocava as forças da classe proprietária contra as classes mais baixas.

Os descendentes contemporâneos de Rusche alargaram a sua ideia, defendendo que os pobres no desemprego não são apenas uma ameaça criminal: também são um desafio à ordem social de uma maneira mais elementar.[2] Podem recusar-se a trabalhar, rejeitar os valores dominantes do trabalho árduo e da conquista e defender uma mudança revolucionária. Steven Spitzer descreveu os jovens com maior tendência para a criminalidade, situados no fundo da pirâmide da sociedade, como "dinamite social", invocando a sua volatilidade mais do que as suas desvantagens crónicas.[3] Conscientes desta ameaça crescente, as autoridades usam o controlo da criminalidade como parte de um projecto maior, a fim de reforçar a conformidade e manter a ordem entre os grupos sociais marginais que vieram a incluir jovens oriundos de minorias, bem como os pobres e os desempregados.[4]

Em termos abstractos, esta descrição da punição como conflito social soa a conspiração. Dirigiriam realmente os funcionários do Estado a violência estadual legítima contra os menos poderosos? A investigação sobre o castigo criminal sugere que tal acontece de três modos. Primeiro, os legisladores que entendem as populações pobres e marginais como perigosas ou ameaçadoras podem elaborar as leis criminais de modo a conter a ameaça. As leis contra a mendigagem fornecem um exemplo histórico claro sobre a criminalização da pobreza. Markus Dubber defende que a posse ilícita de objectos substituiu a mendigagem como o principal controlo legítimo sobre os pobres. Tal como a mendigagem, os crimes de posse ilícita – que englobam não só as drogas, mas toda uma parafernália à sua volta: armas, propriedade roubada, e um sem número de outros objectos – não requerem intenção criminal. A noção geral de regular a ameaça social é, assim, expressa em termos concretos na lei da possessão criminal.[5]

Segundo, a polícia pode investigar e deter os pobres com mais frequência do que os ricos. As autoridades concentram-se mais nas comunidades urbanas pobres, em parte porque a sua rotina diária e as suas actividades ilegais transparecem mais para a praça pública. Os etnógrafos sugerem que é mais provável que a compra e o consumo de drogas, a embriaguez e os problemas domésticos, aconteçam em público nas áreas urbanas, mas, por sua vez, é mais provável que estas realidades aconteçam na privacidade das casas, nos bairros ricos. Consequentemente, os moradores dos bairros urbanos pobres estão mais expostos à investigação policial e ao risco de detenção do que os seus semelhantes dos bairros ricos.[6] A grande distância social entre a polícia e as minorias urbanas pobres também leva a uma desconfiança recíproca. A polícia tem tendência para ver os negros mais desfavorecidos, os hispânicos e as comunidades onde ambos vivem como inseguros.[7] Os pobres são, assim, tratados com maior desconfiança.

Terceiro, os juízes podem lidar de modo severo com os réus pobres quando estes estão presentes no tribunal. Não são precisas penas duras sobre os mais desfavorecidos para provar que os juízes estão a agir de má fé. Tais réus podem ser tratados com menos empatia e como sendo mais dignos de culpa. Os juízes podem também encarar os réus pobres como tendo menos oportunidades e apoios sociais, tendo assim menos potencial para o êxito num processo de reabilitação.[8] Os estudos sobre sentenças criminais que controlam os factores legalmente relevantes, como a gravidade do crime e o cadastro criminal do réu, concluíram que as maiores probabilidades de encarceramento se encontram junto dos indivíduos socialmente mais desfavorecidos – quer sejam oriundos de minorias, quer sejam indivíduos residentes em áreas com elevados níveis de desemprego.[9]

Os cépticos dirão que os pobres são detidos e presos com maior frequência do que os ricos, porque cometem mais crimes. Mas este argumento falha por dois motivos. Primeiro, se só os pobres cometessem crimes, ainda teríamos de explicar a razão pela qual são punidos com maior severidade nalgumas circunstâncias do que outras pessoas. Segundo, as desigualdades nas punições não são totalmente explicadas pelas desigualdades na criminalidade. Em alguns casos, a lei é aplicada de modo mais agressivo sobre os desfavorecidos. Como vimos anteriormente, os negros e os brancos consomem droga em quantidades semelhantes, mas a polícia deteve, proporcionalmente, mais negros do que brancos.[10] Noutros casos, os indivíduos marginais estão sem dúvida mais envolvidos na criminalidade do que a população mais favorecida. Os elevados índices de homicídio e de encarceramento por homicídio entre os jovens afro-americanos são, provavelmente, o exemplo mais importante. As diferenças reais na criminalidade entre negros e brancos influenciam a percepção das autoridades relativamente à ameaça que os negros podem levantar. Mas o facto de as autoridades verem os negros como ameaçadores é acentuado pelo baixo estatuto social e económico da comunidade negra. Tal como qualquer actividade social – que se rege de acordo com determinadas regras e rotina – o cumprimento da lei e a punição são instrumentos pouco expressivos: falham na tarefa impossível de impor a justiça de um modo individualizado. As percepções acerca da criminalidade negra – em parte baseada em factos, em parte alimentada pelas desvantagens sociais – são imbuídas nas regras e rotinas da polícia e dos tribunais. Neste sentido, o cumprimento da lei e os oficiais de justiça aumentam as desigualdades na criminalidade criando grandes disparidades nas punições.

Se as proporções das punições são geradas pelos conflitos sociais nascidos das desvantagens económicas, o aumento da desigualdade nos Estados Unidos nas décadas pós-70 funcionou como uma força poderosa na expansão do encarceramento. Os maiores perdedores económicos das novas desigualdades foram os homens com apenas o ensino secundário. Sem um curso superior, estes indivíduos menos qualificados passaram ao lado dos empregos técnicos e de menor esforço físico que mantiveram o seu valor nas décadas de 70 e 80. Os jovens negros das áreas urbanas foram os mais afectados. À medida que os mercados de trabalho urbanos eram derrotados pela perda de empregos nas indústrias, os bairros minoritários do Noroeste e do Centro-Oeste começaram a ser afectados pela pobreza e por um desemprego crónico. Estas evoluções sugerem que as desigualdades, os níveis de desemprego, e talvez os níveis de desemprego entre os negros estão todos especificamente associados aos cada vez mais elevados índices de encarceramento.

O declínio económico dos guetos, em plena força por volta de meados da década de 70, coincidiu com o arranque do grande aumento do número de reclusos. Loïc Wacquant fornece uma análise histórica e institucional que considera o encarceramento em larga escala como a última das criações de várias instituições sociais que prendem e dominam afro-americanos.[11] Na sua análise, à escravatura e às lei Jim Crow do Sul sucedeu o gueto do Norte. Ao longo das sete primeiras décadas do século XX, o gueto – a cidade dos negros dentro da dos brancos – preservou a segregação racial, evitando que os negros participassem na vida social dos brancos. O colapso económico do gueto e a redução dos gastos do Estado-Providência levaram a uma nova forma institucional de domínio racial – a "prisão hipergueto". Para Wacquant, a prisão no gueto na época do desemprego funciona como armazém de uma população tornada supérflua pelo recuo da industrialização urbana, mas radicalizada pelos movimentos sociais dos anos 60.[12] Os jovens negros oscilavam entre a prisão e o gueto, marcando a vida das ruas com o estigma do controlo sobre a custódia, levando a vida nas ruas para a instituição. Neste cenário, a prisão "cria raças" – é uma instituição que contribui para uma estigmatização única das experiências colectivas vividas pelos afro-americanos pobres.[13]

Claro que há lacunas nesta história. A supremacia dos brancos é mais uma suposição feita na análise do que uma conquista histórica dependente dos agentes de conservadorismo racial. Assim, vemos poucos indícios de que as forças políticas concretas conduzem a mudanças institucionais. Ainda assim, a perspectiva histórica é válida e, mais ainda, sugere uma hipótese: se o encarceramento em larga escala é uma fase da evolução institucional do domínio racial americano, o grande aumento do número de reclusos terá então, muito provavelmente, caído de forma mais pesada sobre os negros economicamente mais desfavorecidos. O encarceramento não terá apenas aumentado, mas as desigualdades raciais e de classes sociais verificadas nas prisões ter-se-ão aprofundado. Este é o sentido pelo qual se atribui ao encarceramento em larga escala a formação de raças, ligando o estigma do falhanço moral à experiência colectiva de todo um grupo social.

AS POLÍTICAS DO GRANDE AUMENTO DA POPULAÇÃO PRISIONAL

O argumento económico que associa as evoluções no mercado laboral ao grande aumento do número de reclusos causa nervosismo, mas é incompleto. O gueto sem emprego fornece um enorme número de possíveis reclusos, mas quem elaborava as medidas políticas tinha também de decidir que o crime, e os crimes de rua em particular, mereciam cadeia. No início dos anos 70, esta decisão não era de todo óbvia. De facto, os peritos em justiça criminal começaram a duvidar da utilidade do encarceramento. Os apoiantes dos direitos dos reclusos protestavam contra os tratamentos desumanos nas prisões e contra os abusos de um sistema judicial marcado por enormes disparidades raciais.[14]

Praticamente durante todo o século XX, o principal objectivo oficial da justiça criminal era a correcção.[15] Esta era aplicada adaptando as penas aos casos individuais. Este sistema de penas sem data da libertação marcada começou com legislaturas que davam aos juízes grandes margens para determinar se um criminoso devia ir para a prisão ou não. Não era frequente uma acusação levar a uma pena de prisão. Pelo contrário, os criminosos eram encarregados de controlar as comunidades, sob a vigilância de um técnico superior de liberdade condicional. Se o criminoso fosse condenado à prisão, a sua libertação era normalmente decidida por um grupo de decisores sobre o período probatório que teria em conta as circunstâncias do crime perpetrado por aquele indivíduo, o seu cadastro, e que mediria o seu potencial num futuro processo de reabilitação. O próprio controlo do período probatório existia com a intenção de reinserir os criminosos na sociedade.[16] Tradicionalmente, os técnicos superiores do período probatório funcionavam em parte como trabalhadores do campo social, ligando os seus "reclusos" aos serviços sociais e às oportunidades de emprego. David Garland descreveu esta combinação entre penas sem a data da libertação marcada, métodos de correcção e controlo das comunidades como "medidas sociais penais".[17] Para a grande maioria dos criminosos condenados, o sistema de justiça criminal funcionava como uma extensão do Estado-Providência – um esforço patrocinado pelo governo com o fim de proporcionar oportunidades e de restituir os mais desfavorecidos à sociedade mais afortunada.

Na prática, os juízes e os chefes de polícia adaptaram os ideais das medidas sociais penais às realidades administrativas do processo criminal, ficando o objectivo da reabilitação, com frequência, comprometido.[18] As prisões americanas podiam ser caóticas, podiam ter falta de pessoal e podiam ser insuficientemente geridas.[19] No Sul, o projecto de reabilitação nunca foi totalmente aceite, e as prisões permaneciam geralmente como instrumentos de domínio racial e de trabalhos forçados. Os gangues do Sul que construíam as estradas e geriam as quintas que cultivavam o algodão mostravam pouca adesão à filosofia do projecto de reabilitação oficialmente adoptado por todo o país.[20] Ainda assim, os princípios do tratamento e da reabilitação individualizados foram consagrados nas instituições formais das penas sem a data da libertação marcada e do período probatório. A prisão não era ainda a punição para os criminosos condenados e o isolamento penal era reservado para os mais perigosos e incorrigíveis.

Os anos 70 foram uma década de transição na história americana da justiça criminal. A filosofia oficial da reabilitação foi substituída por medidas punitivas. Dois projectos políticos – o combate à criminalidade e o combate às drogas – deram origem ao aparecimento de um novo papel para as prisões e de um novo conjunto de crimes e de procedimentos para o processo criminal. Numa altura de aumento da criminalidade e de cepticismo académico em relação aos programas de reabilitação, as prisões estavam destinadas a um objectivo mais modesto. Deveriam incapacitar os criminosos que, de outra forma, estariam nas ruas, e desencorajar aqueles que podiam ser tentados a cometer um crime. Os consumidores de drogas e o tráfico de droga eram considerados as maiores fontes de crimes violentos.[21] Se os tratamentos com vista a curar toxicodependentes não evitavam o vício, o governo devia concentrar-se em reduzir o fornecimento de drogas ao desmantelar o seu tráfico. Embora o consumo de drogas não estivesse a crescer, os índices de detenções por consumo e tráfico de estupefacientes aumentaram em cerca de 250% de 1980 a 1996, levados por um enorme aumento no número de detenções entre as minorias.[22] Por volta de finais dos anos 90, perto de 60% de todos os reclusos em prisões federais tinham cometido crimes de tráfico ou consumo de estupefacientes, e a percentagem de presos em prisões estatais aumentou mais do dobro.[23] Não sendo mais uma extensão do Estado-Providência, o novo sistema penal dos anos 90 fortaleceu a sociedade contra as incursões feitas pela classe criminal.

A transformação da justiça criminal americana, através dos combates à criminalidade e às drogas, necessitava de um agente de mudança e de um método para implementar a nova filosofia punitiva. O maior agente era o Partido Republicano. O método-chave para fazer expandir as proporções do encarceramento era o novo regime de sentenças criminais, que rejeitava a filosofia da reabilitação e os seus métodos conjuntos de penas individuais.

As Políticas do Cumprimento da Lei

Embora o grande aumento do número de reclusos tenha incrementado mais nos anos 80, a sua origem política é frequentemente apontada como a corrida presidencial de Barry Goldwater em 1964.[24] Ao aceitar a nomeação republicana, Goldwater fez um aviso "à crescente ameaça no nosso país... sobre a segurança pessoal, a vida, o próprio corpo, a propriedade." Goldwater notou que o crime e a desordem eram ameaças à liberdade humana, e a liberdade devia ser "equilibrada para que a liberdade, sem ordem, não se torne na autoridade da máfia nem da selva." Nessa altura, o apelo de Goldwater tinha pouco fundamento relativamente às evoluções da criminalidade e à opinião pública. Os índices de homicídio em 1964 não eram mais elevados do que cinco anos antes, e menos de 4% dos Americanos apontavam a criminalidade como sendo um dos principais problemas do país, quando comparado com grandes maiorias que consideravam os negócios estrangeiros e os direitos civis como tal.[25] Ainda assim, a campanha política republicana de 1964 relacionou o problema da criminalidade de rua com o protesto dos direitos civis e a crescente ansiedade entre os brancos em relação à violência racial. Embora Goldwater tenha sido derrotado por Lyndon Johnson por uma grande percentagem, os mais conservadores dentro do Partido Republicano tomaram a importante iniciativa de introduzir novas políticas. Historicamente, as responsabilidades relativas ao controlo da criminalidade estavam divididas principalmente entre o Estado e as agências locais. Os republicanos colocaram o tema da criminalidade claramente na agenda nacional. Mais, por se encarar o protesto dos direitos civis como uma corrente da desordem social, foram traçadas ligações veladas entre o problema da criminalidade, por um lado, e os protestos sociais dos negros, por outro.

Apesar da derrota de Goldwater, a mensagem do cumprimento da lei vingou mais tarde, especialmente entre os brancos do Sul e os eleitores das classes trabalhadoras do Norte, de descendência irlandesa, italiana e alemã, que se afastaram do Partido Democrata na década de 70.[26] O problema social da criminalidade tornou-se uma realidade, à medida que os índices de homicídios e outros tipos de violência aumentavam na década que se seguiu às eleições de 1964. Ao longo dos anos 60, motins urbanos em Los Angeles, Nova Iorque, Newark, Detroit e em dezenas de outras cidades, geraram uma mistura socialmente ambígua de desordem e política. Os progressistas viram nestes motins aspirações frustradas em relação à igualdade racial. Os conservadores, no entanto, condenaram a manifestação da intenção dos militantes negros de incitamento à violência.[27] A violência urbana, ao longo dos anos 60, acentuou o medo racial dos brancos, desde já agitados pela desagregação, desencorajou os direitos de voto dos negros e outras vitórias dos direitos civis.

Os índices de criminalidade elevados e as relações raciais reajustadas do período que se seguiu ao movimento dos direitos civis proporcionaram um contexto receptivo para as ideias de cumprimento da lei defendidas pelo Partido Nacional Republicano. Esta mensagem de defesa do cumprimento da lei era aperfeiçoada e afinada pelos candidatos republicanos em cada época eleitoral ao longo dos 20 anos que se seguiram. No seu discurso de 1970 sobre o Estado da Nação, Richard Nixon declarou guerra "aos elementos criminosos que cada vez mais ameaçam as nossas cidades, os nossos lares e as nossas vidas." Em 1982, Ronald Reagan alargou a campanha contra a criminalidade declarando uma guerra às drogas que iria condenar estes criminosos a penas efectivas em prisões federais.[28] Na eleição de 1988, o candidato republicano George Bush assumiu uma posição de grande apoio à pena de morte e acusou o seu adversário Michael Dukakis de despreocupar os criminosos perigosos. A campanha publicitária Willie Horton de Bush apontava para os perigos da criminalidade negra e para a cumplicidade democrática presente nessa ameaça. A ortodoxia das medidas sociais penais e os democratas ficaram debaixo de fogo, por se mostrarem mais compreensivos para com os criminosos do que para com as vítimas da criminalidade: "Existem alguns... que se afastaram do caminho límpido do senso comum e que se perderam na mata da sociologia liberal... No que diz respeito ao crime e aos criminosos, estas pessoas parecem sempre 'Culpar primeiro a Sociedade'... [A justiça criminal de acordo com Dukakis é] o mundo marginal onde 'o direito à privacidade' dos reclusos tem mais peso do que o direito de um cidadão à segurança."[29] Oriundas do protesto social dos direitos civis, e alimentadas pelo aumentos dos índices de criminalidade violenta, as políticas presidenciais de defesa do cumprimento da lei rejeitaram, em larga medida, a possibilidade, e talvez mesmo o desejo, da reabilitação.

As políticas nacionais ilustram a crescente severidade das medidas republicanas em relação à criminalidade, mas os governantes e os legisladores estaduais esforçaram-se para reconstruir o sistema penal. As medidas políticas do cumprimento da lei por parte dos Partidos Republicanos estaduais podem ser vistas na comparação feita por Joseph Davey em relação às evoluções no encarceramento, em Estados adjacentes, nos anos 80 e início dos 90. Na altura em que o número de reclusos em prisões estaduais aumentava muito rapidamente, cinco em cada seis Estados com os índices de encarceramento mais elevados eram governados por republicanos. Estes governantes lideravam em menos de metade dos Estados onde os índices de encarceramento comparados pouco haviam mudado.[30] Os exemplos mais claros das políticas mais severas de cumprimento da lei provêm dos Governadores John Ashcroft do Missouri e de Carroll Campbell da Carolina do Sul. Entre 1985 e 1993, período em que Ashcroft foi governador, os índices de encarceramento no Missouri aumentaram cerca de 80%. Durante os seus dois mandatos, Ashcroft cortou nos serviços do Estado em mais de mil milhões de dólares, mas gastou apenas 115 milhões de dólares na construção de novas prisões e aumentou o orçamento anual destinado aos programas de correcção de criminosos de 87 milhões de dólares para 208 milhões de dólares. A legislatura do Missouri foi responsável por medidas punitivas severas e Ashcroft perseguiu o objectivo de aumentar o número de penas duras para quem consumisse ou traficasse drogas.[31] Na Carolina do Sul, o Governador Campbell supervisionou um aumento de 39% no número de penas de prisão de 1986 a 1990. Tal como Ashcroft, Campbell apoiou a existência de penas severas para os consumidores e traficantes de drogas. Durante a governação de Campbell, também foram adoptadas medidas contra o período probatório e de penas efectivas de prisão para este tipo de criminosos.

Embora os políticos republicanos defendessem e promovessem a expansão das prisões e a severidade nas novas sentenças criminais, os democratas também apoiavam a existência de medidas da justiça criminal cada vez mais punitivas. Os liberais sempre se opuseram à pena de morte desde o seu recomeço em 1974, mas por volta do início dos anos 90, os democratas congressistas introduziram leis que traziam dezenas de crimes com direito à pena capital. Em 1991, o senador democrata Joe Biden louvar-se-ia de: "A lei criminal de Biden que temos à frente defende a pena de morte para 51 crimes... A lei do Presidente defende a pena de morte para 46." Biden também deu voz à sua defesa da pena de morte "sem a provisão da justiça racial nela presente", referindo-se a uma proposta para evitar a pena capital onde existissem provas estatísticas de disparidades raciais.[32] A Lei relativa ao Cumprimento da Lei e ao Controlo da Criminalidade Violenta de 1994, proposta pelo presidente Clinton, autorizava o apoio financeiro às polícias locais e impôs uma proibição à posse de armas – medidas populares entre os presidentes de câmara das grandes cidades – mas também reservou 9,9 mil milhões de dólares para a construção de prisões e acrescentou penas perpétuas para os criminosos presos em instituições federais por três vezes.[33] A nível estadual, Mario Cuomo, o governador democrata liberal de Nova Iorque, dirigiu um processo de enorme aumento da capacidade das prisões. No Texas, os índices de encarceramento aumentaram mais rapidamente sob o governo de Ann Richards do que sob o governo do seu sucessor republicano George W. Bush.[34] Em resumo, os democratas também se juntaram na rejeição das medidas sociais penais, embora mais tarde tenham regressado, e com menos entusiasmo, às políticas da justiça criminal punitiva.

Podem ser elencadas, em ambos os lados, histórias que relacionam partidos com as políticas criminais. São necessárias mais provas sistemáticas para avaliar o peso da influência dos republicanos e dos democratas no grande aumento do número de reclusos. David Jacobs e Ronald Helms analisaram estudos nacionais relativos a diferentes períodos de tempo, e concluíram que os índices de encarceramento aumentaram rapidamente sob o governo dos presidentes republicanos, mas de modo mais lento sob o domínio dos democratas.[35] Os dados nacionais são sugestivos, mas um teste mais aprofundado analisa as grandes diferenças políticas e penais entre os Estados. Jacobs e Jason Carmichael calcularam os efeitos da força eleitoral republicana nos índices de encarceramento estaduais.[36] Descobriram que estes eram mais elevados em Estados com legislaturas e governadores republicanos, mais nos anos 90 do que nos anos 80. No entanto, o assunto permanece por resolver. David Greenberg e Valerie West, servindo-se de dados parecidos oriundos dos censos de 1970, 1980 e 1990, foram incapazes de encontrar qualquer efeito significativo que os governadores republicanos tenham tido nos índices de encarceramento estaduais.[37]

Penas Criminais

A cadeia legal dos processos criminais – o sistema das penas e do período probatório – foi um alvo fácil e vulnerável para as novas políticas de cumprimento da lei. Antes de meados da década de 70, as penas sem data da libertação marcada permitiam aos juízes decidir se um criminoso deveria ser preso, bem como o tempo máximo da sua pena. A duração das penas realmente cumprida, regra geral, não era decidida no julgamento, mas era determinada na prisão, ao ouvir o corpo responsável pelo período probatório. Teoricamente, a grande discrição dos juízes e dos corpos responsáveis por este período proporcionava tratamentos correccionais que podiam ser adaptados a cada caso individual. Embora tal permitisse a incapacitação indefinida dos reclusos tidos como perigosos ou incorrigíveis, também possibilitava a libertação mais cedo daqueles vistos como tendo um grande potencial para o êxito num programa de reabilitação.

Por volta de finais dos anos 60, a discrição dos juízes e dos corpos responsáveis pelo período probatório era violentamente atacada, tanto por políticos de esquerda como de direita. Os críticos de esquerda acusavam a polícia e a discrição judicial de criarem favoritismos raciais e de classes.[38] O Comité de Serviço dos Amigos Americanos [*The American Friends Service Committee*] defendia no seu artigo *The Struggle for Justice*, que "muitas das distorções e corrupção da justiça – tais como o uso discriminatório de sanções penais... dependem da existência de grandes margens de poderes discricionários".[39] De modo a remediar o abuso da discrição, este comité recomendava o estabelecimento de penas curtas e fixas, a abolição do período probatório e da livre circulação de criminosos pelas ruas sem controlo policial.

Embora os activistas de esquerda se preocupassem com o facto da discrição judicial levar ao encarceramento excessivo, os conservadores temiam que o encarceramento não estivesse a ser uma solução usada com a frequência que merecia. No seu livro *Thinking About Crime*, o analista político James Q. Wilson defende que os criminosos não se criam nos lares pobres e desfeitos que preenchiam as teorias da criminologia tradicional; pelo contrário, nasceram num mundo mau e invejoso. A reabilitação era uma ilusão sentimental para esta análise realista e resoluta. O encarceramento podia diminuir a criminalidade apenas privando da liberdade os casos mais difíceis ou desencorajando os oportunistas.[40] De modo a conseguir este desencorajamento, a punição teria de ser certeira, e não ser deixada à mercê das mudanças incontroláveis do juiz sobre a pena e do determinador do período probatório.

A oposição feita às penas sem a data da libertação marcada espoletou uma actividade legislativa que limitava a discrição judicial no castigo criminal.[41] Em 1978, num esforço de diminuir as disparidades raciais e entre os sexos, os legisladores do Minnesota e da Pensilvânia criaram as primeiras comissões de penas que desenvolveram linhas orientadoras para os juízes. Mais 20 Estados adoptaram, nos 50 anos que se seguiram, estas linhas orientadoras. O castigo arbitrário seria minimizado por uma estrutura que determinava a sentença de um criminoso tendo apenas em conta o crime cometido e o cadastro criminal da pessoa em questão. Em pelo menos nove Estados, estas linhas orientadoras destinavam-se a controlar o aumento do número de reclusos, e o encarceramento, de facto, aumentou mais lentamente, ao longo dos anos 80, para estes casos.[42] As linhas orientadoras, no entanto, podem ter tido o efeito oposto de aumentar a severidade nas punições. A "psicologia da estrutura bidimensional" leva a uma abordagem mais punitiva das decisões das penas, porque o contexto social do réu não é tido em consideração.[43] A grande ambição da existência de um tratamento uniforme evita que os juízes considerem factores menores como o emprego, a educação e a situação familiar – factores estes que podiam diminuir as penas decididas sob um esquema em que a data da libertação não é marcada. O cadastro é também tido muito em conta, de tal modo que os criminosos recorrentes podem cumprir penas de prisão mais longas.[44]

As linhas orientadoras das penas foram por vezes introduzidas como um lado de uma reforma com duas facetas que também abolia a libertação mais cedo através do período probatório. O exame preliminar que vigiava o comportamento do criminoso e o seu potencial para o êxito num programa de reabilitação foi criado como fazendo parte do modelo correccional de tratamento individualizado. Os que defendiam a abolição do período probatório eram por vezes motivados a diminuir a discrição de modo a evitar tratamentos injustos, especialmente para com réus oriundos de minorias sociais. No entanto, este período foi abolido como uma medida que fazia parte de um projecto que pretendia combater duramente a criminalidade, projecto este que rejeitava a reabilitação e o tratamento individualizado.[45] O Estado de

Maine acabou primeiro com o seu corpo responsável pelo período probatório em 1976, e 15 outros Estados seguiram esta medida ao longo dos 20 anos que se seguiram. Outros cinco Estados acabaram com o período probatório para apenas crimes violentos ou pessoais. Nos lugares onde este período foi abolido, os reclusos podiam ser libertados mais cedo se acumulassem tempo de bom comportamento. Tal como as linhas orientadoras das penas, a abolição do período probatório pode levar ao aumento do número de reclusos. Ao ter em conta, com o fim da libertação dos reclusos, padrões mais vastos do que o bom comportamento, o período probatório pode atenuar o aumento do número de reclusos. Os corpos ligados a este período podem também funcionar como uma válvula de segurança, ajustando as decisões sobre a libertação de criminosos às condições das enchentes nas prisões.[46] Contudo, as provas relativas a estes efeitos não são claras. Thomas Marvell e Carlisle Moody descobriram índices de encarceramento elevados em apenas um dos dez Estados que foram objecto do estudo realizado sobre libertação obrigatória.[47] Os criminosos violentos passam também mais tempo na prisão nos Estados onde existe período probatório discricionário.[48]

Novas penas mínimas efectivas também afectaram a libertação dos reclusos das prisões. Estas penas obrigam os criminosos a cumprir período de tempo fixo antes da possibilidade de uma libertação prévia ao cumprimento total da sentença. Embora estas penas mínimas já se encontrassem registadas em livros em vários Estados antes de 1970, não eram apreciadas pelos juízes, e poucos pareciam cumprir o mandato.[49] A partir da década de 70, as penas efectivas tornaram-se uma realidade popular entre os legisladores sedentos de mostrar as suas capacidades de combate rigoroso ao crime. A nova geração destas penas mínimas foi adoptada primeiro pelo governador de Nova Iorque, Nelson Rockefeller. Sendo um republicano moderado, Rockefeller deu o seu apoio a alguns dos principais programas nacionais de controlo da droga nos anos 60. Por volta do início da década de 70, desiludiu-se com o fracasso destes programas, em Nova Iorque, em conseguir parar a corrente de novos viciados. Em 1973, Rockfeller propôs a criação de penas efectivas de prisão perpétua para aqueles que vendessem ou participassem na venda de heroína, anfetaminas, LSD, ou qualquer outra droga pesada. Estas penas de prisão perpétua não se destinavam apenas aos traficantes de droga. A posse de mais de 30 gramas de heroína ou cocaína podia igualmente levar a uma pena deste tipo.⁵⁰ As leis de Rockfeller relativas aos estupefacientes foram aprovadas em Maio de 1973. Os grandes traficantes de droga tiveram de cumprir longas penas de prisão sob estas novas leis, mas os seus efeitos foram também sentidos por traficantes mais pequenos. Jennifer Gonnerman conta a história de Elaine Bartlett, uma cabeleireira de 26 anos e mãe de quatro filhos, a quem foram oferecidos 2.500 dólares para levar de Nova Iorque 120 gramas de cocaína para vender no Estado da Albany. Sendo uma correio de droga novata, Bartlett foi apanhada numa rusga e foi condenada, em 1984, a 20 anos de prisão. Foi libertada 16 anos depois, com uma "decisão de clemência".⁵¹ Embora as leis de Nova Iorque permanecessem entre as mais severas do país, por volta de meados dos anos 90, 35 outros Estados adoptaram penas efectivas mínimas para posse ou tráfico de drogas.⁵²

Estas penas mínimas foram também adoptadas um pouco por todo o país punindo os criminosos recorrentes. A lei *three-strikes** da Califórnia, aprovada em 1994, é o exemplo mais conhecido. No entanto, *three-strikes* não foi um nome bem escolhido. A lei da Califórnia aumenta para o dobro o número das penas aplicadas aos criminosos graves que tenham cometido crimes por duas vezes. O terceiro crime já leva o criminoso a cumprir prisão perpétua. O caso mais evidente de castigo desproporcionado aplica-se aos criminosos que cometeram três crimes não violentos. A obra de Sasha Abramsky, *Hard Time Blues*, conta a história do terceiro crime de Billy Ochoa, um viciado em heroína que sustentava o seu vício roubando, e através de fraudes feitas a programas sociais. Após 31 detenções e seis condenações por roubos, Ochoa esteve em período probatório aos 53 anos, e foi apanhado a fornecer nomes falsos quando recebia ajuda alimentar do governo e entradas para abrigos de emergência. Estas fraudes aos programas de ajuda social, calculadas em 2100 dólares, valeram-lhe uma sentença de 326 anos na grande prisão New Folsom.⁵³ Estes casos de três crimes, como o de Ochoa, eram os mais severos, mas o fardo mais

---

* «Three-strikes laws» são estatutos tornados leis pelos governos estatais dos Estados Unidos. Estes estatutos exigem que os tribunais estaduais apliquem penas efectivas e alargadas a indivíduos que tenham sido acusados de crimes graves por três ou mais vezes. [N.T.]

pesado da lei da Califórnia recai sobre os criminosos que cometem dois crimes. Um ano após a aprovação da lei *three-strikes*, calculava-se que 65% daqueles que podiam ser alvo desta lei – cerca de 10.000 dos reclusos californianos – podiam receber as penas após o seu segundo crime.[54]

Quadro 3.1 – *Discrição judicial limitada nas sentenças criminais*

Estados com:	1980	1990	2000
Linhas directrizes de sentença[a]	2	10	17
Condicional abolida ou limitada[b]	17	21	33
Leis *three-strikes*	0	0	24
Verdade nas leis de sentença[c]	3	7	40

Fonte: Compilação do Autor.
[a]Inclui as linhas directrizes voluntárias e presumíveis.
[b]Inclui os Estados que limitam a liberdade condicional apenas aos agressores violentos.
[c]Inclui os Estados que atribuem mandatos de pelo menos 50% das sentenças para algumas agressões.

Alargando o tempo das penas de inúmeros réus com apenas uma acusação por um crime cometido, a lei *three-strikes* da Califórnia é, provavelmente, a mais dura do país. Muitos outros Estados também adoptaram algumas versões desta lei e, por volta de meados dos anos 90, 40 Estados tinham sentenças com pena efectiva para criminosos recorrentes.

Estas penas mínimas efectivas diminuíram a existência de uma vertente aparentemente desonesta de penas sem a data da libertação marcada: as penas potencialmente severas estavam previstas na lei, mas raramente eram aplicadas pelos juízes. As tão famosas medidas que requeriam a verdade nas penas procuraram uma maior transparência através de uma maior severidade, exigindo que os criminosos cumprissem a maior parte da sua pena de prisão. Esta verdade na pena foi aplicada, na sua grande maioria, aos crimes violentos, embora na Flórida, no Mississipi e no Ohio tenha sido aplicada a todos os reclusos.[55] O esquema mais recente de verdade na pena foi introduzido no Estado de Washington em 1984. Medidas como estas proliferaram após a lei federal de 1984 ter autorizado o apoio financeiro para mais prisões e cadeias, nos Estados em que 85% do total de tempo definido nas penas de prisão relativas a crimes violentos graves tinha de ser cumprido. Por volta de 1998, 25 Estados adoptaram este padrão dos 85%. Outros sete exigiam que pelo menos metade da pena devia ser cumprida.[56]

De forma a medir as evoluções nos processos de sentenças criminais, fiz um cálculo acerca da presença de linhas orientadoras das penas, do período probatório, das leis *three-strikes* e das leis relativas à verdade na pena, em todos os Estados, entre 1980 e o ano 2000. Com estas medidas, as penas e a libertação de criminosos alteraram-se profundamente ao longo das duas décadas do período de grande aumento do número de reclusos (quadro 3.1). O período probatório foi largamente abolido, ainda numa fase inicial, em 17 Estados, por volta de 1980. Inovações como as leis *three-strikes* e a verdade na pena foram amplamente adoptadas apenas na década de 90. As legislaturas de cada Estado, ao criarem penas mínimas efectivas e ao limitarem o papel dos juízes e dos corpos responsáveis pelo período probatório, cada vez mais asseguravam o controlo sobre a punição dos criminosos. Na sala de audiências, muito do poder para prender criminosos saiu das mãos dos juízes para as mãos dos advogados de acusação. Ao escolher as acusações, estes advogados controlavam, em grande parte, as hipóteses do réu ir preso.

Até aqui, fiz a descrição dos dois principais motivos que explicam o aumento do número de reclusos nos 30 anos que se seguiram a 1970. Uma explicação económica aponta para o aumento gradual das desigualdades económicas nos Estados Unidos e dos elevados níveis de desemprego para os negros pobres das cidades. Uma explicação política aponta para a influência de um novo sistema duro de penas. Investigadores analisaram estes índices e variações nos vários Estados e ao longo dos tempos. Os estudos a nível estadual salientam as grandes diferenças nos sistemas penais nas várias jurisdições. Os dados de estudos mais recentes, no entanto, eram pouco coesos, analisando apenas censos realizados de dez em dez anos, e fornecendo apenas medidas de mudanças nas decisões das sentenças criminais pouco fiáveis. Estas limitações nos dados e nos cálculos não geraram consenso nos estudos estatísticos. Alguns encontraram provas fortes acerca dos efeitos da desigualdade económica e das forças políticas. Outros não.[57]

A seguir, forneço um estudo empírico mais completo que analisa o encarceramento em cada Estado, servindo-me de dados anuais de 1980 ao ano 2000. A análise também introduz um cálculo detalhado acerca das mudanças na decisão das sentenças criminais.

O ENCARCERAMENTO NOS 50 ESTADOS

O encarceramento varia mais entre os 50 Estados americanos do que entre os Estados Unidos e a Europa. O gráfico 3.1 mostra a distribuição dos índices de encarceramento, em cada ano, de 1970 a 2003. Cada caixinha mostra os índices existentes nos 25 Estados do meio (do 25.º ao 75.º percentis). O índice médio de encarceramento é marcado pela linha existente no meio de cada caixa. As linhas que saem de cada caixa mostram a localização do primeiro e do último percentis, com os valores extremos marcados além das linhas. Os índices de encarceramento estaduais tornaram-se mais dispersos ao longo do tempo. O número de reclusos estatais aumentou em toda a parte, mas mais rapidamente em alguns Estados do que noutros. O Louisiana, o Mississipi e o Texas salientam-se pelos extraordinários aumentos neles verificados. Nestes três Estados, os índices de encarceramento aumentaram cerca de mais de 500 por cem mil, entre 1980 e 2003. Por volta deste ano, os índices de encarceramento do Louisiana com valores de 801 por cem mil, eram quase dois terços mais elevados do que a média nacional. A população do Texas é 7,5% da população americana, mas alberga 13,1% do número de reclusos estaduais nacionais.

As variações nos índices de encarceramento ao longo dos Estados, entre 1980 e o ano 2000, ajudam-nos a compreender os efeitos das mudanças nas condições políticas e económicas. Se o encarceramento em larga escala proveio do mau mercado de trabalho para os negros, os índices de encarceramento teriam também de ter aumentado mais em Estados com os maiores aumentos nos níveis de desemprego e de desigualdade. Se as políticas do cumprimento da lei e das penas severas dilatassem as populações prisionais, poderíamos esperar o aumento dos índices de encarceramento nos Estados que elegeram legisladores republicanos e que instauraram as penas com a data da libertação determinada.

O quadro 3.2 faz uma lista das condições socioeconómicas e dos factores legais e políticos que podem afectar os índices de encarce-

Gráfico 3.1 – *Taxas anuais de encarceramentos estatais*

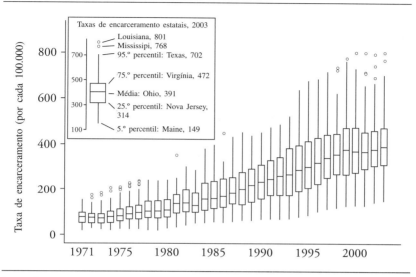

Fonte: Compilação do Autor.
Nota: Dados para os cinquenta Estados.
Gravura inserida: Pequena caixa para taxas de encarceramento estatais, cinquenta Estados em 2003.

ramento de um Estado. Muitas condições distintas do mercado de trabalho podem afectar os níveis de encarceramento, mas os investigadores centraram-se no desemprego e nas desigualdades de rendimentos.[58] Estas – medidas através do índice Gini* relativo aos rendimentos individuais – aumentaram ao longo dos anos 90 e podem reflectir melhor o estatuto económico dos homens desfavorecidos do que o desemprego. Se o grande aumento da população prisional nasce da falta de emprego, os índices de desemprego relativos aos homens negros

---

* "Gini index", no original. O coeficiente Gini é uma medida da desigualdade na distribuição dos rendimentos ou da desigualdade na distribuição da riqueza. O índice Gini é o coeficiente Gini expresso em percentagem. [N. T.]

Quadro 3.2 – *Taxas de encarceramento e previsões, cinquenta estados*

	1980	1990	2000
Encarceramento a nível estadual			
Prisão por cada 100.000	120,1	241,6	388,2
Previsões socioeconómicas			
Taxa de desemprego (percentagem)	6,8	5,4	3,8
Taxa de desemprego, homens negros (percentagem)	12,4	11.0	7.0
Jovens rapazes não-universitários sem trabalho (percentagem)	1,2	1,6	1,5
Índices Gini de rendimento	45,2	44,6	46,2
Percentagem de negros na população estatal	9,4	10,1	10,9
Previsões legais e políticas			
Índice de determinação de sentença (0 a 4 pontos)	0,3	0,6	2,0
Percentagem de governadores Republicanos	37,5	43,8	66,7

Fonte: Ver apêndice.
[a] Homens não-universitários com idades entre os dezanove e os quarenta e cinco anos e que não contam para a força de trabalho como percentagem de homens não--institucionais com idades entre os dezanove e os quarenta e cinco anos.

podem também funcionar como uma melhor variável para a estimativa do encarceramento do que os níveis de desemprego gerais. Estes aumentam e diminuem de acordo com o ciclo dos negócios, e não conseguem captar o desemprego crónico associado à pobreza dos guetos. De modo a evidenciar este desemprego duradouro, também calculei a percentagem de homens com menos de 45 anos, na população, com apenas o 12.º ano de escolaridade e que abandonaram os seus empregos.

A visão do castigo como um conflito social levou um número de investigadores a estudar não só o estatuto económico dos marginalizados, mas também a sua raça. Os Estados com uma vasta população composta por negros são aqueles que têm os índices mais elevados de encarceramento.[59] A proporção de afro-americanos varia mais ao longo dos Estados do que ao longo do tempo. Ainda assim, mudanças recentes na distribuição geográfica da população negra reflectem uma importante modificação. A diminuição do emprego nos centros manufactores do Centro-Oeste e do nordeste, nos anos 60 e 70, mudou o sentido de uma migração do Norte que data das primeiras décadas do século XX. Os negros regressaram ao Sul nas duas décadas pós-1980, aumentando as populações em Estados como a Geórgia, a Carolina do Norte e a Flórida.[60]

Dois tipos de medidas atravessam o contexto político em mudança do processo criminal. Primeiro, o realinhamento republicano é indicado pelas mudanças no número de governadores deste partido. Mais de metade do total de governadores em 1980 eram democratas, mas este número diminuiu para um terço por volta do ano 2000 (quadro 3.2).[61] As penas com a data da libertação determinada proliferaram à medida que os republicanos ganharam poder. Uma escala com quatro pontos, que combinava a informação sobre as linhas orientadoras das penas, a abolição do período probatório, as leis de verdade na pena e as leis *three-strikes,* aumentou de 0,3 para 2,0 entre 1980 e 2000. Enquanto as medidas das penas com a data da liberdade determinada eram comuns em 1980, a maioria dos Estados adoptou pelo menos dois tipos de limites na discrição judicial por volta do ano 2000.[62]

As origens económicas e políticas do encarceramento podem ser confundidas com os efeitos da criminalidade, a urbanização e o aumento dos gastos com a polícia. Assim, foram considerados todos estes factores na análise dos dados. Também se faz referência ao liberalismo político dos cidadãos, que pode levar os Estados a implementar uma política de justiça criminal menos severa e a eleger governadores e legisladores democratas.

Um conjunto de dados como este, que varia de acordo com o espaço e o tempo, leva à execução de um estudo empírico acerca das suas causas. Em conjunto com as variáveis explicativas que podem influenciar o encarceramento, a análise pode levar ao ajuste de características estaduais duradouras, mas não observadas, que não variam ao longo do tempo. Estes efeitos estaduais servem de referência a todos os factores que não se alteram com o passar dos anos, mas que foram deixados fora da análise e que podem ser relacionados com as variáveis explicativas. Por exemplo, os índices de encarceramento podem ter tido, historicamente, níveis bastante elevados nalguns Estados do Sul, como a Geórgia e o Mississipi, devido a uma cultura sulista de violência que deseja a punição severa dos criminosos.[63] Esta cultura de violência é uma característica relativamente típica dos Estados desta região e a sua influência é absorvida pelos efeitos estaduais. Podemos levar a análise um pouco mais adiante, fazendo-a ajustar a factores que variam ao longo do tempo, mas não de Estado para Estado. Estes efeitos anuais podem ser verificados, por exemplo, através da tendência nacional de aumentar o encarceramento. Os efeitos estatais e anuais em conjunto fornecem uma análise empírica limitadora dos efeitos das origens políticas, legais e socioeconómicas do encarceramento estadual.

O quadro 3.3 fornece dados sobre os resultados regressivos. A sua análise mostra uma prova desigual dos efeitos do mercado de trabalho nas proporções do encarceramento. Quando os efeitos estaduais são tidos em conta, os efeitos negativos dos níveis de desemprego e dos níveis de desemprego relativos aos negros indicam que o aumento do desemprego está associado a um decréscimo nos índices de encarceramento (quadro 3.3, coluna 1). Os efeitos negativos do desemprego devem-se ao mercado de trabalho exíguo e limitado de finais da década de 90: os índices de encarceramento aumentaram enquanto o desemprego diminuía.

Quadro 3.3 – *Análise de regressão das taxas de encarceramento, 1980 a 2000*

	Efeito do encarceramento estadual (percentagem)	
	(1)	(2)
Efeitos socioeconómicos		
Aumento de 1 ponto na taxa de desemprego	–4,5*	–1,1*
Aumento de 1 ponto na taxa de desemprego dos homens negros	–1,0*	–0,2*
Aumento 1 por 1.000 em parte de jovens rapazes não-universitários e sem trabalho	–2,3*	4,6*
Aumento de 1 unidade no índice Gini relativo a rendimentos	–1,4*	–0,7*
Aumento de 1 ponto em parte da população negra	–1,6*	–0,3*
Efeitos legais e políticos		
Mudança do governador de Democrata para Republicano	–13,8*	–5,7*
Aumento de 1 ponto em 4 pontos determina a escala de sentença	–12,8*	–4,8*
Incluindo efeitos estaduais?	Sim	Sim
Incluindo efeitos anuais?	Não	Sim

Fonte: Compilação do Autor.
Nota: Os cálculos referem-se a quarenta e oito Estados, desde a regressão nas taxas de encarceramento de nível estadual em relação ao assassínio, crime violento não-letal, crime de propriedade, não-universitários sem trabalho, percentagem de negros, percentagem de urbanos, escala de determinação da sentença, governador Republicano, despesas estaduais com a polícia e a ideologia liberal do cidadão (N = 1008, R^2 = .86 com efeitos estaduais, R^2 = .96 com efeitos anuais e estaduais). Outros cálculos foram obtidos substituindo os desempregados não-universitários pelos desempregados, homens negros desempregados, ou o índice Gini. Todas as previsões, excepto o índice de sentença, são feitos a um ano.
* $p < .01$

Acrescentar os efeitos anuais retira da análise estas evoluções nacionais relativas ao desemprego e ao encarceramento (quadro 3.3, coluna 2). Devido ao facto de os Estados com elevados níveis de desemprego terem também elevados índices de encarceramento, o ajuste aos efeitos anuais traz o resultado já esperado: as condições precárias do mercado de trabalho estão associadas ao crescimento do castigo prisional. A medida mais apurada em relação ao desemprego dos jovens sem curso superior chama a atenção para uma prova mais evidente e concreta acerca da ligação entre o desemprego e o encarceramento. Se a quantidade de jovens desempregados e menos qualificados aumentar cerca de um décimo de ponto percentual, calcula-se que os índices de encarceramento aumentem entre cerca de 2 e 4%. No Texas, por exemplo, a população criminal aumentou cerca de metade de ponto percentual entre 1980 e o ano 2000, gerando um aumento no encarceramento estadual calculado entre 10 e 20%. Devido ao aumento dos índices de encarceramento do Texas em cerca de mais de 200% nas duas décadas que se seguiram a 1980, o seu efeito na população desempregada menos qualificada é, de facto, pouco expressivo.

Os efeitos socioeconómicos que restam – o coeficiente Gini relativo às desigualdades e a dimensão da população negra de um Estado – não são suficientemente sustentados pela análise dos dados. Os efeitos calculados das desigualdades no encarceramento são quase nulos. O modelo dos efeitos estaduais mostra que, nos locais onde aumentaram as populações negras, os índices de encarceramento também tiveram tendência para aumentar. Tal facto sugere que o regresso dos negros das cidades industrializadas do Nordeste e do Centro-Oeste para Estados como Geórgia, Louisiana, Maryland e Mississipi contribuiu para o aumento do número de reclusos. No entanto, nos casos em que os efeitos anuais são acrescentados, calcula-se que o efeito seja negativo, em vez de positivo, e não é estatisticamente relevante.

Os efeitos socioeconómicos são apenas modestamente sustentados pelas estatísticas, mas as provas são mais fortes em relação aos efeitos criados pelos partidos políticos. Há fortes provas de que os índices de encarceramento aumentaram mais rapidamente em governos republicanos. Estudos realizados sobre os efeitos estaduais mostram que estes índices são cerca de 14% mais baixos em governos republicanos do que em governos democratas. O efeito calculado é apenas um terço do valor que permanece quando lhe são acrescentados os efeitos anuais, mas os resultados continuam a ser estatisticamente significativos.

No modelo dos efeitos estaduais, a redução de 20 anos, na discrição judicial, na decisão das penas e libertação está intimamente relacionada com o aumento do número de reclusos (quadro 3.3, coluna 1). Os baixos índices de encarceramento em Estados como Maine e Minnesota levaram à adopção de penas com a data da libertação determinada, mas foram aqueles Estados que seguiram este caminho que tiveram os maiores aumentos no encarceramento. Por exemplo, um Estado que acaba com o seu grupo responsável pelo período probatório (um aumento de um ponto percentual na escala de penas) teve um aumento de 13% nos seus índices de encarceramento. Devido ao facto de os Estados com índices de encarceramento baixos terem adoptado prematuramente penas com a data da libertação determinada, acrescentar os efeitos anuais produz uma relação negativa entre este tipo de penas e os índices de encarceramento (quadro 3.3, coluna 2). Assim, os dados quantitativos falham em fornecer um sinal claro que mostre que este tipo de penas aumentou os índices de encarceramento estaduais.

Os dados sobre o encarceramento estadual mostram com veemência os efeitos dos legisladores republicanos e do desemprego sobre os indivíduos menos qualificados. Se a percentagem dos jovens sem curso superior e sem emprego e o número de governadores democratas tivessem mantido os seus valores de 1980, teriam os índices de encarceramento sido mais baixos ao longo das décadas de 80 e 90?

Podemos prever as evoluções no encarceramento se tivermos em conta que as condições do mercado laboral e político de 1980 permaneceram iguais nos 20 anos seguintes. O gráfico 3.2 mostra o decréscimo percentual nos índices estaduais de encarceramento atribuíveis às condições do mercado laboral e político, em relação aos modelos de efeitos estaduais e anuais. Uma análise estatística mostra que, por volta do ano 2000, os índices de encarceramento teriam tido valores entre cerca de 4 e 12% mais baixos se os democratas tivessem mantido a sua vantagem eleitoral e se a percentagem da população de homens desempregados e pouco qualificados se tivesse mantido nos seus baixos valores de 1980. Estes efeitos são algo modestos e sugerem que muito do aumento no encarceramento teria acontecido mesmo sem o crescente domínio do partido republicano e sem a deterioração da situação do mercado de trabalho para os jovens menos qualificados.

Gráfico 3.2 – *Redução no encarceramento quando o compadrio político e as percentagens não se alteram*

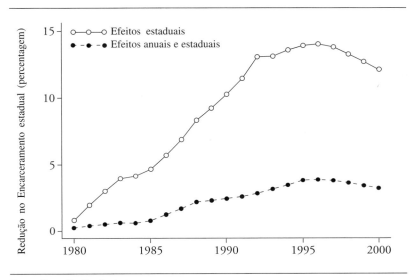

Fonte: Compilação do Autor.

Muitas das medidas relativas às condições do mercado de trabalho falharam em mostrar uma relação forte com o número das punições. Várias medidas relacionadas com o desemprego e com o coeficiente Gini de desigualdade não se relacionavam de forma consistente com os índices de encarceramento estaduais. Outros estudos de pesquisa apresentaram resultados igualmente pouco satisfatórios. Vários trabalhos recentes calcularam os efeitos dos níveis de desemprego, dos níveis de desigualdade e pobreza, mas mostraram provas pouco convincentes acerca dos efeitos destas condições económicas no encarceramento estadual.[64] Em parte, este é um problema de estruturação das pesquisas. A análise ao nível estadual concentra-se nos índices gerais de encarceramento e nos indicadores do mercado de trabalho, e não no estatuto económico e de não liberdade dos mais desfavorecidos. A abordagem geral da análise a nível estadual esquece, assim, uma implicação central das teorias de encarceramento do mercado de trabalho: que as desigualdades económicas ampliam o castigo criminal entre os mais desfavorecidos ao aumentar as desigualdades no encarceramento.

A DIVISÃO DOS ÍNDICES DE ENCARCERAMENTO

De modo a estudar se as desigualdades económicas estão relacionadas com os níveis de encarceramento através dos seus efeitos nas desigualdades nele verificadas, necessitamos de uma estrutura de pesquisa diferente. Em vez de analisar o conjunto dos índices de encarceramento, calculámos o risco de homens brancos e negros serem presos, com idades diferentes e com diferentes níveis de escolaridade. Estes índices individualizados relativos às entradas em prisões estão relacionados com medidas igualmente individualizadas relativas aos salários e emprego.

As estatísticas globais analisadas até aqui escondem as disparidades raciais e de classes sociais existentes. De forma a analisar estas disparidades no encarceramento, elaborei gráficos detalhados, utilizando dados a partir do censo anual relativo às entradas em prisões e do Programa Nacional de Registo de Correcções (PNRC) [*National Corrections Reporting Program* (NCRP)]. Os dados, disponíveis sobre os anos entre 1983 e 2001, incluem informações relativas à idade, instrução e raça de cada recluso libertado em 38 Estados, cobrindo 80 a 90% do número total de reclusos.[65] Calculei os índices de entradas em prisões, separadamente, relativos a homens negros e brancos, com idades compreendidas entre os 20 e os 24, entre os 25 e os 29, entre os 30 e os 34 e entre 35 e 39 anos, relativos a indivíduos que abandonaram o ensino secundário, aos que o terminaram, e àqueles com pelo menos alguns anos de ensino superior. As maiores desigualdades a nível educacional verificadas nas entradas em prisões, entre os jovens, são mostradas no gráfico 3.3. Não tendo em conta a raça, aqueles que abandonaram o ensino secundário têm cinco vezes mais probabilidades de irem para a prisão do que os que o terminaram. Os índices de entradas em prisões aumentaram significativamente para os homens com menos instrução, desde os inícios dos anos 80 até ao final dos 90, mas aumentaram pouco para aqueles com curso superior. A combinação de desigualdades raciais e educacionais afecta de modo evidente os jovens negros que abandonaram o ensino secundário. Um em cada seis destes jovens, por ano, foi preso no final da década de 90. Os efeitos protectores de uma educação superior são igualmente evidentes: menos de 1% dos negros com curso superior deram entrada em prisões no final dos anos 90.

De modo a isolar os efeitos do controlo social dirigido aos mais desfavorecidos, a análise destes índices de entradas em prisões devem também ter em conta os efeitos da criminalidade.

Gráfico 3.3 – *Homens não-institucionais que entram anualmente na prisão*

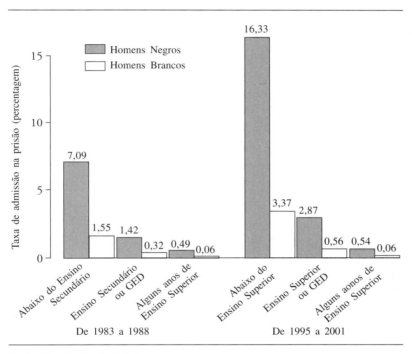

Fonte: Compilação do Autor.

A criminalidade foi medida através de dados individualizados sobre vitimação. Porque o crime violento geralmente envolve vítimas e criminosos com estatuto social semelhante, a criminalidade entre brancos e negros, com diferentes níveis de escolaridade, pode ser evidenciada a partir de dados oriundos do Inquérito Nacional sobre Crime e Vitimação (INCV) [*National Crime Victimization Survey* (NCVS)]. O INCV interroga anualmente pessoas acerca da sua exposição a actos de violência durante o ano anterior. Os dados podem ser usados para elaborar índices de vitimação violenta – o número de vítimas de violência dividido pela população – relativos a crimes diferentes e a subgrupos distintos.[66] Tal como na análise estadual, também usei por vezes efeitos fixos, neste caso de modo a identificar a propensão para o crime, que varia de acordo com a idade, a raça e a instrução. A análise dos índices gerais das entradas em prisões e o ajuste feito de acordo com os efeitos fixos introduz muito mais pormenores acerca dos riscos de encarceramento do que em pesquisas anteriores. Se o aumento da desigualdade tem influência no encarceramento, aumentando-o, em grande parte, para os mais desfavorecidos, esta análise individualizada tem mais possibilidades de detectar o efeito.

Gráfico 3.4 – *Desigualdade nas taxas de admissão*

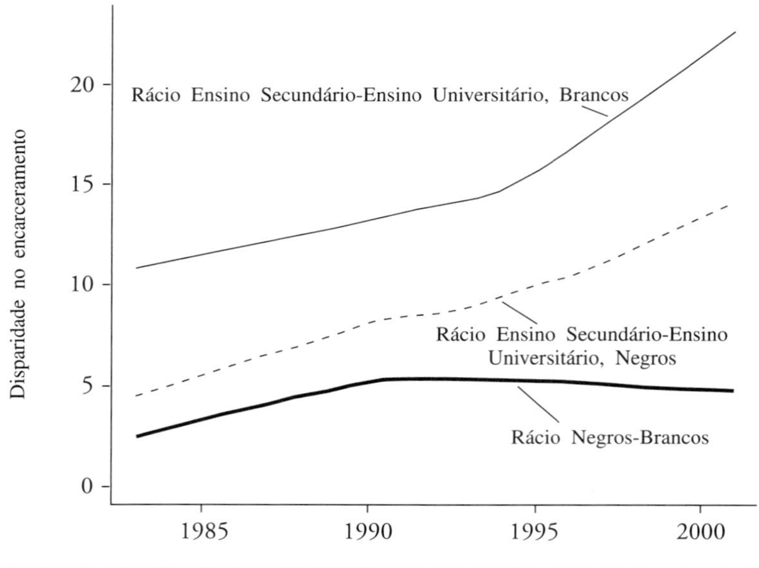

Fonte: Compilação do Autor.

De forma a demonstrar como a desigualdade no encarceramento mudou ao longo do tempo, começo por calcular, para cada ano, as hipóteses de um negro ser preso, comparando-as com as de um branco, entre aqueles com o ensino secundário (terminado ou incompleto), comparando-as com aqueles com curso superior, tendo em conta a idade e prática de crimes violentos. Podemos encarar estas proporções como medidas que atestam a favor das desigualdades raciais e de classes sociais no encarceramento. O gráfico 3.4 evidencia as evoluções destas desigualdades nas entradas em prisões, nos Estados Unidos, entre 1983 e 2001, para os homens com idades compreendidas entre os 20 e os 39 anos. As desigualdades raciais verificadas nas entradas em prisões aumentaram um pouco nos anos 80 mas, durante a maior parte desse período era cinco vezes mais provável um negro ser preso do que um branco. As desigualdades de classes sociais no encarceramento aumentaram de modo significativo. Enquanto era cinco vezes mais provável um negro com o ensino secundário ser preso em 1983, por volta de 2001 a relativa disparidade que existia no encarceramento aumentou três vezes. Embora os índices das entradas em prisões sejam cinco vezes menores para os brancos do que para os negros, as desigualdades de classes sociais no encarceramento são mais elevadas para os brancos. Por volta de 2001, era 20 vezes mais provável um branco, apenas com o ensino secundário, ser preso, do que um semelhante seu com um curso superior, verificando as diferenças de idade e de instrução presentes na criminalidade violenta.

Gráfico 3.5 – *Taxas de admissão na prisão*

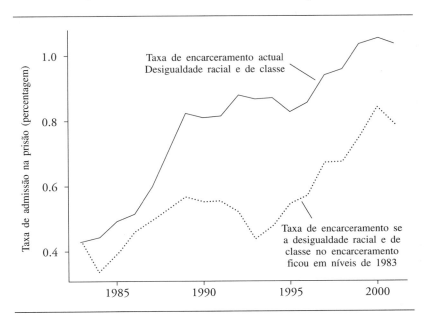

Fonte: Compilação do Autor.

Com o aumento dos níveis de instrução, os indivíduos com o ensino secundário podem agora ser menos aptos e mais marginais do que no passado. As evoluções nas desigualdades educacionais presentes na prisão podem apenas ser o reflexo de uma crescente propensão para a criminalidade num ambiente de poucas oportunidades cada vez mais assustador. No entanto, é pouco provável que as mudanças nas desigualdades nas prisões sejam um resultado do aumento dos níveis de escolaridade. Embora o número de jovens que abandonaram o ensino secundário tenha diminuído entre 1983 e 2001, a percentagem daqueles que o concluíram aumentou, significando que a proporção destes não decaiu muito, certamente até pouco, para justificar os grandes aumentos nas desigualdades educacionais. Também a universidade se tornou menos selectiva ao longo do tempo. Assim, podemos contar com um aumento da existência de reclusos entre os homens com o ensino superior. Contudo, todo o aumento no número das entradas nas prisões concentra-se nos indivíduos sem curso superior.

Parte do aumento dos índices das entradas em prisões atribui-se ao grande crescimento das desigualdades de classes sociais indicado pelo aumento do encarceramento entre os homens com baixos níveis de instrução. Digamos que as entradas nas prisões, para aqueles com o ensino secundário, seguiram o seu caminho real, um aumento de quase o dobro, mas as desigualdades a nível educacional nas entradas em prisões permaneceram nos níveis de 1983. Quanto é que o aumento das desigualdades no encarceramento fez acrescentar ao aumento geral do número das entradas em prisões? O gráfico 3.5 responde a esta pergunta ao mostrar estas entradas apresentando evoluções observadas acerca das desigualdades a nível educacional e tendo em conta que estas desigualdades no encarceramento não se alteraram desde 1983. Por volta de 2001, os índices das entradas em prisões relativas aos homens com idades compreendidas entre os 20 e os 29 anos seriam 20% mais baixos se os riscos de encarceramento relativos não tivessem aumentado tanto entre aqueles que abandonaram o ensino secundário.

Podemos levar esta análise mais além, ao relacionarmos as desigualdades no encarceramento com as evoluções no mercado de trabalho. O aumento dos riscos de encarceramento entre os homens com níveis de instrução mais baixos pode estar relacionado com as evoluções nos seus salários e emprego. Analisei a ligação entre o estatuto no mercado laboral destes homens e os riscos de irem para a prisão, calculando a média de ganhos salariais semanais e dos índices de emprego relativos a homens negros e brancos, com idades e níveis de instrução diferentes.[67]

As estimativas acerca dos efeitos dos salários e emprego sobre as entradas em prisões estão presentes no quadro 3.4. Quando os dados relativos a homens negros e brancos são analisados em conjunto, um aumento de cem dólares no pagamento semanal – quase a diferença de rendimentos entre aqueles com o ensino secundário e os que o abandonaram – está associado a uma redução de 32% nas hipóteses de serem presos.

Quadro 3.4 – *Regressão das taxas de admissão, 1983 a 2001*

	Efeito da admissão na prisão (percentagem)
Todos os homens	
Aumento de 100 dólares no pagamento semanal	–31,5*
Aumento de 10 pontos percentuais no emprego	–10,4
Homens brancos	
Aumento de 100 dólares no pagamento semanal	–41,1*
Aumento de 10 pontos percentuais no emprego	17,5
Homens negros	
Aumento de 100 dólares no pagamento semanal	–29,9*
Aumento de 10 pontos percentuais no emprego	–15,6*

Fonte: Compilação do Autor.
Nota: A regressão para os homens também inclui controlos para crime violento e efeitos de raça-idade-instrução. Resultados para o controlo de homens negros e brancos relativamente ao crime violento e efeitos de idade-instrução.
* Estatisticamente relevante no nível $p < .01$

Um aumento de 10% nos níveis de emprego – quase igual à diferença existente nos níveis de emprego entre os indivíduos brancos com o ensino secundário ou que o abandonaram – está associado a uma redução de 10% no número de entradas em prisões, embora este resultado não seja estatisticamente significativo.

Existem diferenças raciais evidentes nos efeitos do estatuto do mercado de trabalho no encarceramento. Entre os brancos, as crescentes hipóteses de serem presos estão apenas associadas de modo significativo aos salários, e não ao emprego. Calcula-se que um aumento de cem dólares nos salários pode reduzir, em cerca de 40%, as hipóteses de estes homens serem presos. Entre os negros, as evoluções tanto nos salários como no emprego estão associadas, de modo significativo, à prisão. Calcula-se que um aumento de cem dólares nos salários destes homens pode diminuir em cerca de um quarto as possibilidades de serem presos e que a diminuição de 30 dólares nos salários dos negros que abandonaram o ensino secundário, entre meados dos anos 80 e o final dos 90, aumentou o número das entradas em prisões em cerca de 8%. As evoluções verificadas no emprego não estavam relacionadas de modo significativo com a prisão entre os brancos mas, entre os negros, um aumento de 10 pontos percentuais nos níveis de emprego está associado a um aumento de 15% nas hipóteses de serem presos. Entre meados da década de 80 e o final de 90, os níveis de emprego relativos aos indivíduos negros que abandonaram o ensino secundário diminuíram 7 pontos percentuais, aumentando cerca de 11% a hipótese de serem presos. Calcula-se, então, que o decréscimo nos salários e nos níveis de emprego relativos aos jovens negros pouco qualificados durante os anos 80 e 90 tenha aumentado a hipótese de serem presos em cerca de 20%. Em suma, existem provas fortes de que o deterioramento do estatuto do mercado laboral esteja intimamente ligado aos crescentes riscos de prisão.

CONCLUSÃO

Este capítulo fornece provas em relação ao facto de o grande aumento do número de reclusos ser o produto de mudanças económicas e políticas fundamentais na sociedade americana. O rápido aumento do encarceramento entre os jovens negros sem curso superior seguiu de perto o colapso dos mercados laborais urbanos e a criação de guetos onde o desemprego imperava, nos bairros mais problemáticos das cidades americanas. O método de investigação tradicional, procurando as diferenças existentes nos números relativos ao encarceramento nos vários Estados, fornecia poucos dados que comprovassem que o grande aumento da população prisional tivesse sido alimentado pela falta de prospecção laboral para os negros menos qualificados. No entanto, ao mudar o alvo da investigação para as desigualdades raciais e de classes sociais no encarceramento, pôde observar-se que este aumentou de forma dramática entre 1983 e 2001, contribuindo em cerca de 20% para o aumento no número de entradas em prisões. Por volta de inícios da década de 2000, as hipóteses de uma pessoa ser presa estavam mais intimamente ligadas aos fracassos raciais e escolares do que em qualquer outra altura nos 20 anos anteriores.

O contexto político para a alteração demográfica no encarceramento é fornecido por um partido republicano renascido e por uma reforma fundamental na decisão das sentenças criminais. As políticas republicanas de cumprimento da lei cresceram sem ter em consideração os ganhos vindos do movimento dos direitos civis e da ansiedade em relação ao aumento da criminalidade entre os eleitores brancos. Os governantes republicanos rejeitaram a ideia da reabilitação, aumentaram a capacidade das prisões e transformaram o sistema penal em dois papéis gémeos de incapacidade e hostilidade. Penas sem a data da libertação marcada foram sendo descartadas à medida que os legisladores trabalhavam no sentido de limitar o poder discricionário judicial e os órgãos responsáveis pelo período probatório. As provas quantitativas mostravam que estas penas tinham levado ao aumento dos índices de encarceramento. Os efeitos do compadrio político eram menos ambíguos: existem indicações quantitativas fortes de que os governadores republicanos promoveram o crescimento do sistema penal.

Claro que estes argumentos políticos e económicos relativos ao grande aumento do número de reclusos estão intimamente ligados. As causas políticas e económicas deste aumento estão interligadas de modo vital com as promessas desilusórias do movimento dos direitos civis. O aumento da violência entre os pobres residentes nos guetos durante os anos 60 e 70 acicatou o medo dos eleitores brancos e escondeu-se na retórica dos discursos do cumprimento da lei. No entanto, a criminalidade não levou directamente ao aumento do encarceramento, mas criou a base para um novo estilo de políticas e do castigo. À medida que o desemprego e os baixos salários se tornavam características constantes da economia dos bairros problemáticos e pouco qualificados das cidades, os efeitos de um sistema de justiça criminal punitiva concentravam-se nos mais desfavorecidos.

APÊNDICE: ANÁLISE DO ENCARCERAMENTO ESTADUAL

As variáveis utilizadas na análise regressiva do encarceramento estadual incluíam:

ÍNDICES DAS ENTRADAS EM PRISÕES: os números sobre os reclusos estatais por cada cem mil residentes provêm dos dados do GEJ acerca dos índices de encarceramento relativos aos reclusos sob jurisdição estadual.[68]

ÍNDICES DE ASSASSINATOS, CRIMES VIOLENTOS E CRIMES CONTRA O PATRIMÓNIO: os índices relativos a estes crimes provêm dos Relatórios sobre Criminalidade Uniforme.

AS MEDIDAS DO MERCADO DE TRABALHO: os índices relativos ao desemprego e ao coeficiente Gini foram calculados utilizando os *Outgoing Rotation Group Files* do Inquérito sobre a População Actual [*Current Population Survey*].[69]

ÍNDICE DAS PENAS SEM A DATA DA LIBERTAÇÃO MARCADA: a informação acerca da abolição do período probatório, verdade na pena e linhas orientadoras das mesmas foi compilada a partir do Gabinete de Apoio à Justiça [*Bureau of Justice Assistance*], de Paula Ditton e Doris Wilson, Michael Tonry e Tamasak Wicharaya.[70]

GOVERNADORES REPUBLICANOS: os dados foram recolhidos a partir de Carl Klarner[71] e de fontes estaduais.

Com dados globais e um grande número de covariáveis possíveis, o número de modelos plausíveis é muito vasto. Os resultados presentes neste capítulo foram calculados com resultados mínimos. As margens de erro mais pequenas são obtidas fazendo ajustes à autocorrelação. A autocorrelação residual na média das regressões é de 0,63 nos vários Estados. Uma primeira diferença de especificação elimina a autocorrelação e aponta para efeitos significativos, embora mais pequenos, para os governadores republicanos e para as penas sem a data da libertação marcada.

APÊNDICE: ANÁLISE DOS ÍNDICES DE ENCARCERAMENTO INDIVIDUALIZADOS

ÍNDICES RELATIVOS ÀS ENTRADAS NAS PRISÕES: estes índices são definidos a partir do número anual de pessoas que entram numa prisão estadual ou federal como percentagem da população civil e militar não-reclusa. As proporções anuais relativas à idade, raça e instrução dos reclusos foram calculadas a partir do PNRC.[72] Estas proporções foram depois multiplicadas pelos totais globais do número de entradas em prisões obtidos através da Série Nacional de Estatísticas sobre Reclusos (SER-1) [National Prisoner Statistics Series (NPS-1)] do Gabinete de Estatística da Justiça. Os dados do PNRC apontam para distribuições equitativas de raça e idade presentes no *Survey of Inmates of State and Federal Correctional Facilities*. No entanto, os níveis de instrução do PNRC têm tendência para serem mais baixos do que no inquérito sobre os reclusos (*inmate survey*). O denominador dos índices de entrada em prisões – a população em risco de ser presa – foi calculado a partir dos ficheiros dos *Outgoing Rotation Groups* do CPS, e de contagens do pessoal militar obtidas a partir do Ministério da Defesa.

RENDIMENTOS: os rendimentos são medidos anualmente pela quantia média semanalmente recebida por cada porção de idade-raça-instrução relativa a todos os homens activos, deflacionada pelo CPI--U. Estes rendimentos são números calculados a partir dos ficheiros do *Outgoing Rotation Group* do CPS. Também está presente a análise adicional estudando os rendimentos dos trabalhadores a tempo inteiro e durante todo o ano, e as medidas dos rendimentos relativos aos diferentes percentis da distribuição dos mesmos, mas estas especificações alternativas apontam para resultados idênticos àqueles presentes no estudo.

EMPREGO: o emprego é medido através do rácio emprego--população por cada porção idade-raça-instrução de população masculina militar e civil não-reclusa. Os níveis de emprego são calculados a partir de dados dos ficheiros do *Outgoing Rotation Group* do CPS e de contagens do pessoal militar do Ministério da Defesa.

CRIMINALIDADE VIOLENTA: a criminalidade violenta é medida através do número total de crimes pessoais sofridos proporcionalmente à população civil não-reclusa. O número de vitimações criminais é--nos dado pelos ficheiros sobre incidentes criminais do Inquérito Nacional sobre Crime e Vitimação.[73] As vitimações são calculadas separadamente para brancos e negros, com idades compreendidas entre os 20 e os 50 anos, com diferentes níveis de escolaridade. Os denominadores dos índices de vitimação são oriundos dos ficheiros do *Outgoing Rotation Group* do CPS.

Segunda Parte

As Consequências do Encarceramento em Larga Escala

Capítulo 4
Desigualdade Invisível

Embora existam em grande número, os pobres são invisíveis na sociedade rica americana. As dificuldades diárias vividas pelas famílias com baixos rendimentos passam despercebidas para aqueles que têm uma vida economicamente estável. Os pobres são muito raramente retratados na cultura popular, nos filmes ou na televisão. São particularmente invisíveis em períodos de prosperidade económica. No final dos anos 90, os níveis de desemprego diminuíram para números historicamente muito baixos, mas, ainda assim, um grande número de trabalhadores permaneceu pobre, ganhando apenas o salário mínimo. Num contexto de prosperidade no mercado de acções e de aumento dos rendimentos entre os ricos, o crescimento do número de trabalhadores com baixos rendimentos era a excepção à regra de uma evolução económica diária. Katherine Newman escreveu que os trabalhadores pobres "têm atraído muito pouco as atenções. Não têm qualquer efeito sobre a consciência nacional."[1] David Shipler tem uma opinião semelhante, notando que os trabalhadores com os salários mais baixos "confundem-se na multidão e, consequentemente, passam despercebidos. Formam a América invisível e silenciosa que os analistas ignoram sem grande preocupação."[2] Parece que uma riqueza cíclica apaga os pobres da consciência pública.

Uma economia forte também escondeu os pobres do conhecimento público no início dos anos 60. Os níveis de desemprego eram, por essa altura, muitíssimo baixos, e os Estados Unidos gozavam então de um período de crescimento económico estável, no qual mesmo os salários dos trabalhadores menos qualificados aumentaram de forma considerável. O ambiente de optimismo económico tornou-se menos eufórico quando Michael Harrington desvelou a pobreza americana com a publicação, em 1962, de *The Other America*. Durante esse período de expansão económica, Harrington descobriu também que os pobres não constavam das preocupações dos legisladores nem da classe média. Na sociedade abastada do início dos anos 60, "os milhões de pessoas que são pobres nos Estados Unidos têm tendência para ser cada vez mais invisíveis. É uma enorme quantidade de pessoas, mas é preciso um grande esforço intelectual ou mesmo vontade para que possam ser vistos."[3] Por que razão são os pobres invisíveis? Harrington nota que "a pobreza está geralmente isolada de tudo o resto."[4] A obra *The Other America* alargou, assim, a Apaláchia rural*, os quartos arrendados e os lares de idosos e os guetos urbanos das grandes cidades para documentar as vidas de milhões de Americanos sem um emprego ou subsistência estáveis.

Em parte devido à defesa de políticas anti-pobreza na obra, nos anos 60, a demografia dos pobres alterou-se de modo significativo. Entre 1959 e 1998, os níveis de pobreza entre os mais idosos diminuíram de 35 para 10%, devido a um grande aumento das ajudas da Segurança Social. As mudanças estruturais na economia diminuíram o número de pobres nas áreas rurais, ao mesmo tempo que o emprego nos campos diminuía de modo significativo ao longo das últimas quatro décadas do século XX. No entanto, e tal como acontecia no início dos anos 60, a origem da invisibilidade dos pobres de hoje permanece na distância social e física existente entre os negros e os brancos. A segregação residencial, dividindo os bairros por limites raciais, rejeitava a integração legalmente autorizada e o progresso económico dos negros.[5] Os negros urbanos pobres são os mais isolados. Os dados

---

* A Apaláchia ("Appalachia" no original) é um termo utilizado para descrever uma região do Este americano, que cobre o sul do Estado de Nova Iorque, o Alabama, o Mississipi e a Geórgia.

mais recentes oriundos do censo de 2000 revelaram que os negros eram mais discriminados e isolados nas cidades em que as desigualdades a nível de orçamento racial *per capita* eram maiores.[6] A classe mais desfavorecida, um conceito vital para uma geração de investigadores do fenómeno da pobreza, salienta a profunda separação dos negros em relação ao resto da sociedade americana. Esta classe mais desfavorecida, sendo cronicamente afectada pelo desemprego, não faz parte da estrutura de classes da sociedade. Não sendo apenas pobre, ela mostra ter um comportamento marginal, estando envolvida na criminalidade e experimentando rupturas familiares. Assim, esta classe é definida pelo seu isolamento social, pela sua invisibilidade, bem como pela sua privação do essencial da vida. Este isolamento reflecte-se em termos físicos (os pobres vivem separados da classe média), e numa realidade social (as rotinas e as experiências diárias dos pobres em nada se comparam às da classe média).

A invisibilidade dos pobres não resulta da miséria, mas da desigualdade. Os pobres são invisíveis não porque se encontram em situações desesperantes de carestia, mas porque estão para lá do horizonte das experiências sociais da classe média. Se a pobreza e o desemprego fossem lugares comuns, tal como o foram durante a Grande Depressão, as famílias da classe média também saberiam o que era sentir ansiedade e privações pela perda de emprego e por experimentarem as filas dos subsídios de desemprego. Sob o desemprego em massa, o infortúnio económico é palpável e atribuído com mais frequência pela classe média aos fracassos da sociedade, e não a problemas e a insuficiências individuais. Orwell, por exemplo, ao escrever *The Road to Wigan Pier*, em 1937, foi surpreendido não pelo isolamento social e pela segregação em larga escala que caracteriza a pobreza urbana hodierna, mas pelo desemprego presente em toda a parte no Norte de Inglaterra. "Mesmo as classes médias," escreve Orwell, "começam a aperceber-se de que existe algo chamado desemprego."[7] Os sociólogos que estudam o percurso da vida vêem o período da Grande Depressão como uma época que moldou as experiências de um grupo etário inteiro. A pobreza, nesse caso, era formativa, impressa na biografia colectiva de uma geração que atingia a meia-idade após a Segunda Guerra Mundial. A geração da Grande Depressão de algum modo experimentou uma linha de vida algo desordenada. A pressão das circunstâncias económicas fazia adiar frequentemente o casamento, mas o período da adolescência foi encurtado pela necessidade de encontrar um emprego.[8] Contudo, a pobreza de hoje é um efeito secundário de uma desigualdade que coloca os menos afortunados, a nível económico, fora do caminho da restante sociedade.

O grande aumento do número de reclusos dá, de uma forma profunda, um novo contributo para a invisibilidade dos pobres. A prisão esconde os criminosos ao retirá-los das comunidades pobres que alimentam o sistema penal. Estes criminosos ocupam um estatuto velado que afecta um grande número de estatísticas oficiais registando o bem-estar económico da população. Em muitos casos, os reclusos e os detidos não fazem parte das medidas governamentais sobre a actividade económica, o desemprego ou a pobreza. A invisibilidade dos reclusos nos nossos relatórios oficiais salienta a profunda desigualdade gerada pelo encarceramento. O objectivo deste capítulo é tornar os reclusos e os detidos visíveis na nossa avaliação das evoluções económicas e na desigualdade ao longo dos últimos 20 anos. Como iremos ver, muito do optimismo acerca do declínio nas desigualdades raciais e do poder do modelo americano de crescimento económico perder-se-á quando tivermos em conta os pobres invisíveis, por detrás dos muros das prisões e dos calabouços americanos.

O ENCARCERAMENTO E AS ESTATÍSTICAS OFICIAIS

A prisão torna os desfavorecidos literalmente invisíveis, porque os reclusos e os detidos não constam das bases de dados utilizadas na análise das evoluções económicas. As estatísticas governamentais, tal como os índices de pobreza, de desemprego e de salários são compilados em vastos inquéritos conduzidos com regularidade pelo Centro de Censos. Os inquéritos são obtidos de uma grande lista de lares americanos. As pessoas que vivem em qualquer tipo de instituições, tal como um lar de terceira idade ou em acampamentos militares, são deles excluídas. A institucionalização mais comum entre os jovens, como é de esperar, é a prisão ou a detenção. Os criminosos presos ou detidos, como já vimos, são na sua grande maioria jovens oriundos de minorias sociais, com níveis de escolaridade baixos. Quando contamos os pobres ou os desempregados, um vasto número de jovens desfavorecidos é esquecido pelo facto de estarem presos.

Até certo ponto, este é um facto impressionante. Os níveis de emprego, por exemplo, são definidos apenas para a população não-reclusa. Os indivíduos presos ou detidos ficam fora desta definição e fora também das estatísticas oficiais do mercado laboral. No entanto, as estatísticas sobre o emprego e os salários são importantes porque, no geral, nos dizem algo sobre o estatuto económico da população e não só da população oficialmente definida. O demógrafo Clifford Clogg fez esta observação em relação aos níveis de desemprego. Embora o desemprego oficial se refira apenas à força laboral sem emprego, mas activamente à procura dele, os níveis de desemprego são também um indicador importante, mas imperfeito, da utilização laboral – o nível que mede até que ponto uma população é produtiva.[9] É relativamente simples medir os níveis de desemprego, mas uma medida mais completa da utilização laboral mediria com precisão a auto-suficiência económica e o bem-estar de toda a população.

O sistema penal influencia de forma dramática a distribuição do trabalho. Os criminosos presos ou detidos, na sua maioria jovens fisicamente aptos, não têm empregos pagos. Fora do alcance dos inquéritos às famílias, estes jovens privados da liberdade não têm qualquer estatuto económico, quer seja produtivo ou improdutivo. Como devemos classificar o estatuto económico dos reclusos? Alguns podem dizer que os programas laborais das prisões são uma forma de emprego e que os criminosos envolvidos nestes programas deveriam, portanto, ser contados como fazendo parte da população empregada. No entanto, o trabalho nas indústrias prisionais não confere nenhum dos direitos ou independência económica que associamos ao emprego pago. Os programas laborais das prisões não contemplam o salário mínimo, nem são cobertos por leis relativas às relações industriais; o padrão de vida de um criminoso não melhora através do trabalho nas indústrias prisionais, e claro que não são livres de largar os seus trabalhos e procurarem outros noutros lugares. Assim, o Centro de Censos encara de forma pertinente a população privada de liberdade como não-activa, reservando a classificação de activa e empregada para aqueles que têm empregos remunerados no mercado laboral comum.

Se os reclusos são classificados como desempregados, o sistema penal distribui o trabalho, deixando os presos e os detidos invisíveis nas estatísticas oficiais. Podemos medir de forma mais precisa o estatuto económico da população e o efeito da distribuição do trabalho no sistema penal ao calcular números alternativos que incluam os reclusos.

Que diferença faz contar simplesmente estes homens presos ou detidos quando pretendemos avaliar o estatuto económico da população? Uma abordagem simples compara uma medida comum de emprego, o rácio emprego-população dos não-reclusos, com um número alternativo que inclui na população os presos e os detidos. De forma menos óbvia, os reclusos também afectam as desigualdades medidas em relação aos salários, ao retirar os trabalhadores com os salários mais baixos da cauda da distribuição salarial. Os dados relativos ao emprego e aos salários presentes neste capítulo mostram que o encarceramento em larga escala gerou uma desigualdade invisível substancial ao longo dos anos 90, quando parecia que um forte crescimento económico estava a melhorar de forma generalizada os padrões de vida de todos os Americanos.

O ENCARCERAMENTO E O DESEMPREGO VELADO

O emprego de uma população é geralmente medido através dos índices de desemprego e de um rácio emprego-população. Os níveis de desemprego são demasiado restritivos se quisermos estudar os grupos socialmente marginalizados, porque não conta os desempregados a longo prazo que não são motivados a procurar emprego. O rácio emprego-população é uma medida mais simples, que conta apenas aqueles efectivamente empregados, mostrando-os como uma fracção da população. Dado que o meu interesse se centra naqueles que não têm emprego, apresento aqui um rácio desemprego-população – um rácio sem o típico emprego-população. Se confiarmos nos inquéritos habituais sobre a força laboral, os desempregados são aqueles que não têm emprego e aqueles não presentes na força laboral por uma série de razões, incluindo os inválidos, os estudantes e outros que não estejam à procura de emprego. Faço dois acertos nas estatísticas-modelo, baseadas nos dados dos inquéritos feitos às famílias, de modo a fornecer um relatório mais completo acerca da população. Primeiro, e de forma a medir a percentagem da população com empregos remunerados, incluo os militares. Segundo, acrescento os presos e os detidos à contagem daqueles que não estão empregados.

A percentagem dos reclusos entre os desempregados aumentou com os índices de encarceramento. O gráfico 4.1 mostra os níveis de desemprego relativos aos indivíduos brancos, hispânicos e negros, com idades compreendidas entre os 22 e os 30 anos, em 1980 e no ano 2000. A parte acinzentada de cada barra do gráfico representa a fracção da população desempregada e presa. Em 1980, 90.000 presos e detidos representavam apenas um em cerca de 20 jovens brancos desempregados. Por volta do ano 2000, o número dos jovens brancos atrás das grades aumentou para 185.000, e um em cada oito dos indivíduos desempregados estava preso. No ano 2000, os níveis convencionais de desemprego relativos aos jovens brancos eram de 10,6%; este número aumenta para 12,0% quando os reclusos são contados.

O contributo da prisão para o desemprego é maior para os hispânicos e para os negros. Entre 1980 e o ano 2000, o número de jovens hispânicos presos aumentou de 25.000 para 130.000. Por volta do ano 2000, os reclusos representavam 30% de todos os hispânicos desempregados, com idades entre os 22 e os 30 anos.

Gráfico 4.1 – *Jovens desempregados*

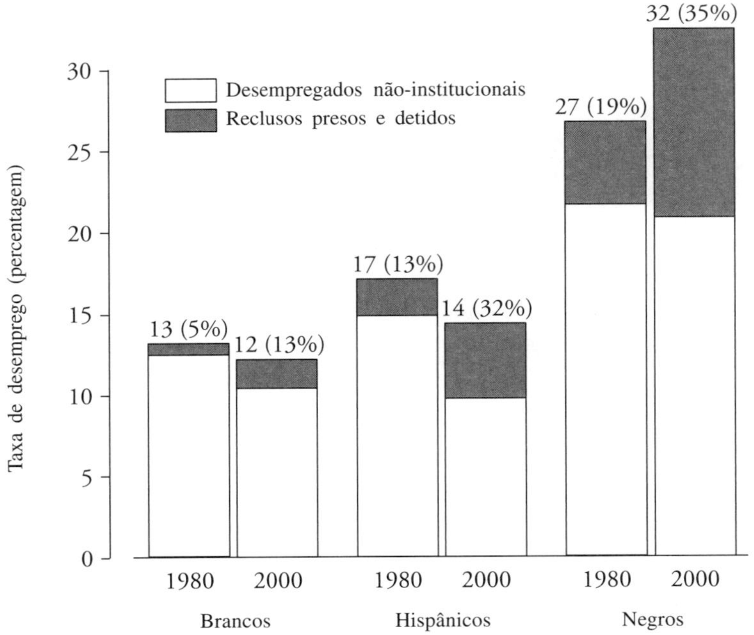

Fonte: Compilação do Autor.
Nota: Os dados entre parêntesis correspondem à percentagem de reclusos entre os desempregados.

Estes níveis de encarceramento fazem subir os níveis convencionais de desemprego de 10,3 para 14,3% no ano 2000. Os níveis gerais de desemprego mais baixos são relativos aos afro-americanos, independentemente de os presos ou detidos serem contados entre os desempregados. Em 1980, apenas na população não-reclusa, 22,9% dos jovens negros não tinham trabalho, quase o dobro dos valores de desemprego relativos aos brancos nessa altura. O desemprego entre os jovens negros aumenta para 26,7% em 1980 quando os presos e os detidos são acrescentados na população. Entre 1980 e o ano 2000, a população de jovens negros presos aumentou de 110.000 para 285.000. Um em cada três jovens negros sem emprego, no ano 2000, estava preso ou detido. Os dados dos inquéritos às famílias indicam que o desemprego permaneceu a 23,7% relativo aos jovens negros no ano 2000, mas ajustando este valor aos valores do encarceramento fez aumentar os verdadeiros valores para 32,4%. Os jovens negros foram o único grupo a experimentar um grande crescimento no desemprego entre 1980 e o ano 2000, e tal deveu-se ao aumento do número de reclusos.

AS DESIGUALDADES EDUCACIONAIS NO DESEMPREGO VELADO

A contribuição do sistema penal para a redução dos níveis de desemprego entre os jovens negros é maior se nos centrarmos apenas naqueles que nunca frequentaram o ensino superior, ou seja, os que abandonaram e os que terminaram o ensino secundário. O gráfico 4.2 mostra, em relação aos jovens, e para o ano 2000, os níveis de desemprego e a fracção de criminosos presos e detidos entre os desempregados. O desemprego é mostrado apenas entre aqueles sem curso superior e os que abandonaram o ensino secundário. (Tal como antes, os militares também são considerados nestes números). Ter em conta os reclusos pouco acrescenta ao nosso conhecimento acerca da prevalência do emprego entre os brancos sem curso superior. Os níveis convencionais de desemprego situam-se nos 12%, e nos 15% após os reclusos serem tidos em conta. A discrepância é um pouco maior relativamente aos indivíduos hispânicos. As estatísticas convencionais mostram-nos que 10% de todos os jovens hispânicos sem curso superior não tinham trabalho no ano 2000. Este valor aumenta para 15% quando

Gráfico 4.2 – *Desempregados com ensino secundário em 2000*

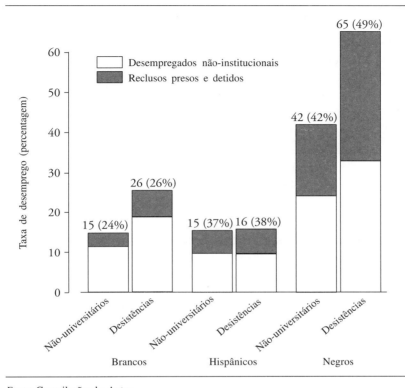

Fonte: Compilação do Autor.
Nota: Os dados entre parêntesis correspondem à percentagem de reclusos entre os desempregados.

temos em conta o desemprego que deriva da prisão. Os níveis de desemprego relativos aos negros são consideravelmente elevados. Embora as fontes de dados padrão mostrem que o desemprego entre os jovens negros sem curso superior se manteve nos 30% no ano 2000, os verdadeiros níveis de desemprego da população, incluindo os presos e os detidos, eram de 42%. Entre os jovens negros menos qualificados, dois em cada cinco dos que não estavam a trabalhar estavam presos.

No último degrau da escada da instrução escolar, entre os jovens que abandonaram o ensino secundário, a percentagem de desemprego velado no sistema penal é, ainda assim, mais elevada. Os números relativos aos jovens negros que abandonaram o ensino secundário indicam que os níveis de desemprego dos não-reclusos aumentaram de 34 para 49% nos 20 anos que se seguiram a 1980. Se incluirmos os presos e os detidos entre aqueles sem trabalho, os verdadeiros níveis de desemprego aumentam de 41 para 65%. Tendo em conta apenas os reclusos, vemos que dois em cada três jovens negros que abandonaram o ensino secundário não estavam a trabalhar no período máximo da expansão económica dos anos 90. Desses que não se encontravam a trabalhar, aproximadamente metade estavam presos ou detidos.

As diferenças entre os níveis convencionais de desemprego e os níveis ajustados, que incluem os criminosos presos e detidos, apontam para a enorme parcialidade presente nos cálculos de emprego baseados nos inquéritos feitos a famílias. De forma a salientar esta parcialidade, estes inquéritos são estruturados de maneira a gerarem cálculos precisos sobre emprego, em fracções de pontos percentuais.

Ao omitir os reclusos, os cálculos padrão calculam por defeito os verdadeiros níveis de desemprego, por tanto quanto 24 pontos percentuais relativos aos homens com níveis de escolaridade mais baixos.

Gráfico 4.3 – *Rácio de negros-brancos nas taxas dos sem trabalho, jovens sem curso superior*

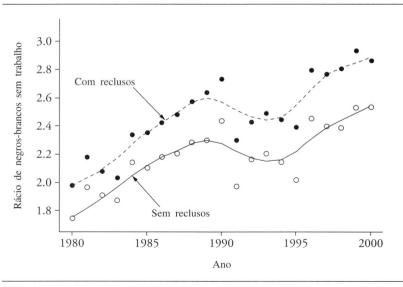

Fonte: Compilação do Autor.

Estes cálculos revelam-nos várias coisas. Primeiro, os dados padrão relativos à força laboral calculam por excesso, e de modo significativo, a prevalência de emprego entre os jovens negros, em particular entre aqueles sem curso superior. Os níveis de desemprego entre os jovens negros, desde já elevados nas estatísticas oficiais, são na realidade de um quinto a um quarto mais elevados, dada a grande quantidade destes indivíduos presos e detidos. Segundo, e devido às enormes disparidades raciais nas prisões, não é dada, nas bases de dados padrão, e de forma significativa, a devida importância às desigualdades raciais no emprego.

AS DESIGUALDADES RACIAIS NO DESEMPREGO

A desigualdade pode ser medida através do rácio entre os níveis de desemprego dos brancos e dos negros. De forma a analisar a maneira como a prisão esconde as desigualdades, vamos centrar-nos apenas na situação de emprego dos homens sem curso superior, com idades compreendidas entre os 22 e os 30 anos. O gráfico 4.3 mostra a evolução no rácio entre os níveis de desemprego negros-brancos relativa à população não-reclusa, e relativa aos níveis corrigidos, que incluem os criminosos presos e detidos. As linhas evolutivas mostram que as desigualdades raciais no emprego aumentaram de forma significativa, tanto para a população não-reclusa como para a população geral que inclui os presos e os detidos. As estatísticas padrão sugerem que o rácio brancos-negros aumentou para cerca de 2,5 por volta do ano 2000; isto é, é 2,5 vezes mais provável que os jovens negros sem curso superior não tenham trabalho do que os seus semelhantes brancos. Incluir o número de criminosos presos e detidos nestes cálculos aumenta o rácio para 2,9, indicando que as bases de dados padrão não atribuem a devida importância às desigualdades raciais entre os jovens com apenas o ensino secundário, fazendo um cálculo com um defeito de cerca de um quinto.

REVISÃO DA EXPANSÃO ECONÓMICA DOS ANOS 90

Incluir os reclusos nos nossos cálculos relativos aos níveis de desemprego também proporciona uma compreensão mais precisa da ligação entre o estatuto económico dos homens socialmente marginalizados e as evoluções na economia como um todo. Num famoso comentário, que se tornou uma hipótese para os inúmeros investigadores do fenómeno da pobreza, o Presidente Kennedy afirmou que uma "maré-alta faz levantar todos os barcos." Sugeriu também que uma economia forte poderia proporcionar vantagens mesmo para os mais desfavorecidos. Durante a maior parte do período pós-guerra até ao início dos anos 70, este argumento parecia ser verdadeiro. Um forte crescimento económico estava associado ao aumento dos salários dos trabalhadores menos qualificados e com menos instrução escolar. A hipótese da maré-alta pareceu perder importância e pertinência após a recessão de 1973. Durante os 20 anos que se seguiram, ao longo dos altos e baixos do ciclo económico, as desigualdades relativas aos rendimentos *per capita* aumentaram gradualmente e os trabalhadores mais mal pagos foram perdendo cada vez mais poder económico.

A hipótese da maré-alta adquiriu outra vez importância no novo ciclo de progresso económico dos anos 90. Entre 1992 e o ano 2000, os Estados Unidos viveram o seu período mais longo de expansão económica. Os níveis de desemprego baixaram de 7,5% em 1992 para 4% no ano 2000 e foram criados cerca de 18 milhões de postos de trabalho. Estes efeitos da expansão económica foram festejados um pouco por toda a parte, sobretudo devido aos efeitos vantajosos ganhos nos extremos do mercado laboral, entre os trabalhadores menos qualificados. Parecia então que um forte crescimento económico e um desemprego diminuído podiam melhorar, de maneira significativa, os padrões de vida dos mais desfavorecidos da sociedade. Em Fevereiro de 1999, o *Washington Post* publicou uma notícia conhecida: "Os níveis de desemprego entre os negros e os hispânicos atingiram, no mês passado, os seus valores mais baixos desde que o governo federal começou a combatê-lo no início dos anos 70, dado que a economia nacional crescente gerou mais postos de trabalho que o esperado, melhorando as condições de vida dos desempregados que tinham sido esquecidos durante outros períodos de expansão económica."[10] O *New York Times* também noticiou que "após cerca de oito anos de crescimento, o mercado laboral mais apertado durante décadas está a ter um efeito notável na participação activa dos jovens negros na força laboral e na vontade dos empregadores de os contratar." Numa avaliação não tão optimista do mercado de trabalho, o *Times* acrescentou de forma cautelosa que "os números relativos ao emprego não reflectem o aumento da percentagem de jovens negros presos e detidos, por isso não fica claro até que ponto a situação terá evoluído tanto quanto os dados relativos ao emprego o mostram."[11] De facto, os reclusos eram invisíveis nos dados do governo relativos ao emprego e não foram publicados quaisquer números relativos à contagem dos presos e dos detidos entre os desempregados em estatísticas oficiais ou pelos meios de comunicação social.

Terá o emergente mercado de trabalho dos anos 90 melhorado a situação laboral dos jovens menos qualificados? Os níveis de desemprego são o barómetro mais comum para a avaliação da actuação do mercado de trabalho como um todo. Podemos estudar até que ponto os barcos dos jovens pertencentes a minorias sociais foram levantados pela maré-alta do aumento do emprego ao comparar os níveis de desemprego gerais da força laboral com os níveis de desemprego relativos aos jovens sem curso superior. O gráfico 4.4 coloca os níveis nacionais de desemprego em contraponto com os níveis de desemprego dos não-reclusos e ajustados ao número de presos e detidos relativos aos indivíduos brancos, hispânicos e negros, na casa dos 20 anos, que não têm um curso superior. O canto superior esquerdo mostra os níveis de desemprego para os brancos sem curso superior na população não-reclusa. Existe uma clara relação entre o desemprego geral e falta de trabalho entre os jovens brancos menos qualificados. A linha decrescente indica que uma queda de 1 ponto no desemprego está associada à queda de 1 ponto nos níveis de desemprego relativos aos jovens brancos na população não-reclusa. Ter em conta os presos e os detidos entre os desempregados enfraquece um pouco esta relação, de tal forma que uma queda de 1 ponto no desemprego acompanha um queda de 0,7 pontos nos níveis de desemprego relativos aos jovens brancos sem curso superior. Os níveis de emprego para os jovens hispânicos estão mais intimamente ligados ao desemprego geral. Independentemente da forma como o desemprego é medido, a queda nos níveis de desemprego no final dos anos 90 está associada ao aumento dos níveis de emprego relativos aos indivíduos hispânicos sem curso superior na casa dos 20 anos.

No entanto, a ligação entre os níveis gerais e parciais de desemprego relativos aos jovens negros menos qualificados é muito fraca (gráfico 4.4). Se olharmos apenas para os homens da população não-reclusa,

Gráfico 4.4 – *Taxas de desemprego e de falta de trabalho em jovens sem curso superior, com idades entre os 22 e os 30 anos, 1980 a 2000*

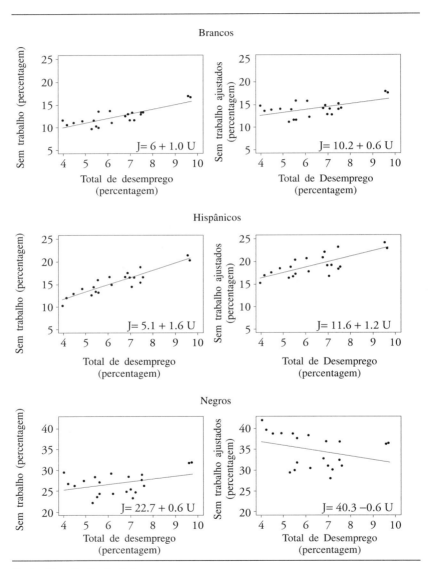

Fontes: Compilação do Autor.
Nota: As linhas de regressão indicam a tendência (nas taxas daqueles que estão sem trabalho o pessoal militar é contabilizado como estando empregado).

a linha evolutiva sobe, indicando que uma queda de 1 ponto nos níveis totais de desemprego está associada a uma queda de 0,6 pontos nos níveis de desemprego entre os jovens negros sem curso superior. Se forem contados, entre os desempregados, os presos e os detidos, a linha evolutiva desce, indicando que as possibilidades económicas dos jovens negros se distanciaram grandemente do caminho geral do mercado de trabalho. No final dos anos 90, o desemprego aumentou de forma significativa entre os jovens negros sem curso superior, quando, de uma forma geral, as condições económicas estavam a melhorar para o resto da população.

Em suma, os presos e os detidos são invisíveis nas estatísticas laborais oficiais que descrevem o bem-estar económico da população. No momento em que os reclusos são acrescentados às estatísticas relativas ao desemprego, a prevalência do desemprego pode ser vista a ser grandemente sobrestimada em relação aos jovens negros menos qualificados.

Mais do que isto, ignorar os reclusos também nos leva a subestimar o aumento das desigualdades raciais no emprego. Por volta do ano 2000, era cerca de três vezes mais provável os jovens brancos com apenas o ensino secundário terem um emprego do que os seus semelhantes negros. Por fim, ligar as evoluções nos níveis de desemprego ajustados ao encarceramento aos níveis nacionais de desemprego mostra que as conquistas económicas dos homens para os quais os riscos de serem presos eram mais elevados ficaram totalmente desligadas das evoluções gerais no mercado de trabalho. Porque os níveis de desemprego desceram a valores historicamente baixos (só comparáveis aos do período pós-guerra) nos anos 90, os níveis de desemprego relativos aos jovens negros sem curso superior, na casa dos 20 anos, atingiram os seus valores mais elevados de sempre. Este aumento do desemprego foi despoletado por índices de encarceramento historicamente elevados.

O ENCARCERAMENTO E O FOSSO RACIAL NOS SALÁRIOS

Os números relativos ao desemprego são apenas um dos indicadores do estatuto económico de uma população. Podemos também ter em consideração o modo como as evoluções nos salários são afectadas pelas desvantagens veladas geradas por elevados índices de encarceramento. Se todas as coisas fossem iguais, os níveis de salários e de emprego andariam a par. Quando a economia atravessa um período de expansão, as ofertas de emprego são abundantes e os empregadores competem entre si para contratar os trabalhadores, fazendo aumentar os níveis dos salários e o número de empregos. Contudo, o risco de desemprego não está distribuído de forma igual pelo mercado de trabalho. O emprego entre os homens menos qualificados avança mais lentamente do que entre a restante força laboral. Se aqueles com mais probabilidades de ganhar salários baixos deixassem de fazer parte da força laboral, o nível médio dos salários podia mesmo aumentar. Isto é, a média dos salários aumenta porque o último degrau da escada da distribuição salarial é eliminado pelo desemprego. Neste caso, o aumento na média dos salários deve-se não a uma melhoria real na situação económica dos trabalhadores, mas é apenas uma consequência de menos emprego no fundo da escada salarial. Este é um tipo de efeito de selecção de uma amostra populacional. Se aqueles que foram seleccionados para um emprego não forem uma amostra comum de todos os trabalhadores, a média dos salários não será mais o reflexo do estatuto económico tipo deles.

A análise da selecção de uma amostra ajuda-nos a compreender o *puzzle* da perda de emprego para os homens negros ao longo dos anos 60, uma altura em que os salários estavam a aumentar de forma considerável. Muitos investigadores atribuíram o rápido aumento nos salários dos negros relativamente aos dos brancos à aprovação da Lei dos Direitos Civis e de outras medidas que fizeram diminuir a discriminação racial no mercado de trabalho. Richard Butler e James Heckman notaram que os benefícios da transferência de salários aumentaram concomitantemente à aprovação da Lei dos Direitos Civis. Estes autores defendem que um aumento nos benefícios vindos das medidas de apoio social retirou da força laboral os homens. Um aumento médio nos salários dos negros relativamente aos dos brancos deveu-se a uma diminuição nos empregos entre os trabalhadores negros mais mal pagos, e não a uma mudança positiva na distribuição salarial.[12]

Outros investigadores interrogaram-se se os salários são uma boa medida para avaliar o progresso económico dos negros, dada a existência de baixos níveis de emprego entre os trabalhadores desta raça. O economista Finis Welch questiona se " a melhoria no rácio dos salários negros-brancos não será uma ilusão." Gerald Jaynes nota que "o problema mais importante" para as investigações sobre as relações raciais "é explicar o porquê de o emprego entre os negros ter diminuído se os seus salários aumentaram."[13] Estas observações reflectem uma desconfiança sobre o facto de o aumento dos salários ser um produto da diminuição dos empregos. Se aqueles que ganham pouco não são encorajados a procurar emprego, ou se estão presos, a média dos salários aumenta, não porque se paga mais, mas porque aqueles no fundo da escada salarial deixaram de fazer parte da força laboral.[14] Sob estas condições, as desvantagens económicas, cada vez mais acentuadas, podem ser mal interpretadas como progresso económico.

A análise de selecção de uma amostra desvela as desigualdades invisíveis presentes no contexto do grande aumento do número de reclusos. Tal como o encarceramento em larga escala exclui os presos e os detidos das estatísticas oficiais sobre o emprego, também os exclui da distribuição salarial. A análise de selecção dá uma nova luz às evoluções salariais dos anos 80 e 90. Desde meados dos anos 80 até ao final dos 90, o fosso salarial entre brancos e negros estava a diminuir para os jovens com idades compreendidas entre os 22 e os 30 anos (gráfico 4.5). Em 1985, a média dos salários ganhos à hora dos indivíduos brancos na casa dos 20 anos ultrapassava a média dos salários dos negros em cerca de 30%. Por volta do final dos anos 90, as desigualdades raciais presentes nos salários ganhos à hora diminuíram para 21%. No entanto, o desemprego entre os negros aumentou de forma gradual durante este período, em grande parte porque os índices de encarceramento também aumentaram. Será a diminuição das desigualdades salariais o resultado de uma melhoria real na situação do mercado de trabalho dos trabalhadores negros, ou será apenas o produto dos cada vez mais elevados índices de encarceramento e de desemprego entre aqueles com fraco poder económico?

Avalio em valores salariais o efeito do encarceramento e do desemprego nas desigualdades raciais, ao fazer uma previsão dos salários dos desempregados e dos presos e detidos. Esta previsão de salários pode ser interpretada como a oferta salarial que os desempregados teriam recebido se fizessem parte da força laboral. Esta previsão inclui--se então nos salários dos trabalhadores, de modo a poder servir de explicação para o efeito de desemprego na média de salários. Ajustar a média de salários desta maneira pode ser entendido como uma forma de cunhar o estatuto económico dos elementos marginalizados da população que são tipicamente ignorados nos estudos sobre desigualdades económicas.

Gráfico 4.5 – *Salários pagos à hora e rácio dos salários dos homens que trabalham*

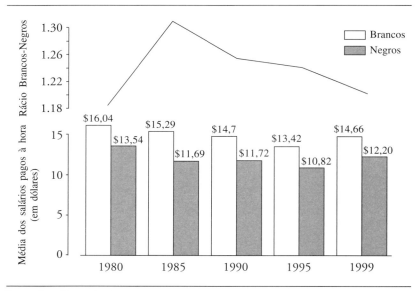

Fonte: Compilação do Autor.
Nota: Os salários são em 2003 dólares para homens entre os 22 e os 30 anos de idade.

Uma pesquisa feita anteriormente sobre a selecção e média de salários centrava-se nas evoluções verificadas nestes aspectos entre os anos 60 até aos 80. Estudo aqui as desigualdades salariais ao longo dos anos 80 e 90 ao fazer uma análise dos dados oriundos do Inquérito sobre a População Actual (IPA) [*Current Population Survey* (CPS)] e dos inquéritos feitos aos presos e detidos em programas de correcção. Tal como na pesquisa anterior, os salários dos desempregados são previstos dadas a idade e a instrução que funcionam como os principais meios de diferenciação salarial humana (ver o apêndice no final deste capítulo para uma informação mais detalhada).[15] A análise restringe-se aos indivíduos não-hispânicos, não-camponeses e civis com idades compreendidas entre os 22 e os 30 anos.

A análise divide os homens desempregados em duas categorias: na primeira estão aqueles que não estão a trabalhar e que procuram emprego, e os que não estão a trabalhar mas que não procuram emprego. De forma a relacionar os salários dos desempregados, faço uma comparação entre eles e os salários dos trabalhadores, de acordo com a idade e instrução. As ofertas salariais que os desempregados podem vir a receber serão mais baixas do que aquelas relativas aos indivíduos que estão empregados. Um cálculo mais realista podia simplesmente pegar numa fracção dos salários observados entre os trabalhadores.

Gráfico 4.6 – *Salários dos empregados e dos detidos na prisão*

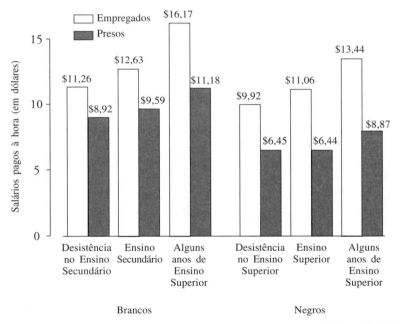

Fonte: Compilação do Autor.
Nota: Os salários são em 2003 dólares para os homens entre os 22 e os 30 anos de idade.

Parto do princípio de que os desempregados receberiam apenas 80% do salário pago aos trabalhadores. Este é um pressuposto conservador, quando comparado com outros estudos realizados.[16] Os meus cálculos acerca dos efeitos da inactividade laboral no fosso salarial entre brancos e negros são provavelmente um pouco conservadores como resultado. Na segunda categoria, estão os presos e os detidos. É provável que as ofertas salariais hipotéticas para os presos e para os detidos sejam muito mais baixas do que aquelas para os desempregados. Felizmente que podemos aceder aos inquéritos correccionais feitos aos presos e detidos, perguntando-lhes acerca dos salários que recebiam imediatamente antes de serem privados de liberdade (ver gráfico 4.6). Quando tal aconteceu, cerca de um terço dos criminosos não estava a trabalhar. Tem-se informação acerca dos salários que recebiam antes da prisão ou do calabouço através de cerca de 30 a 50% dos alvos dos inquéritos, em cada um dos nove inquéritos correccionais feitos entre 1979 e 1997. Estes dados são utilizados para calcular os salários hipotéticos que os criminosos receberiam se lhes fosse oferecido emprego no mercado de trabalho normal.

Gráfico 4.7 – *Rácios do salário pago à hora e ajustado*

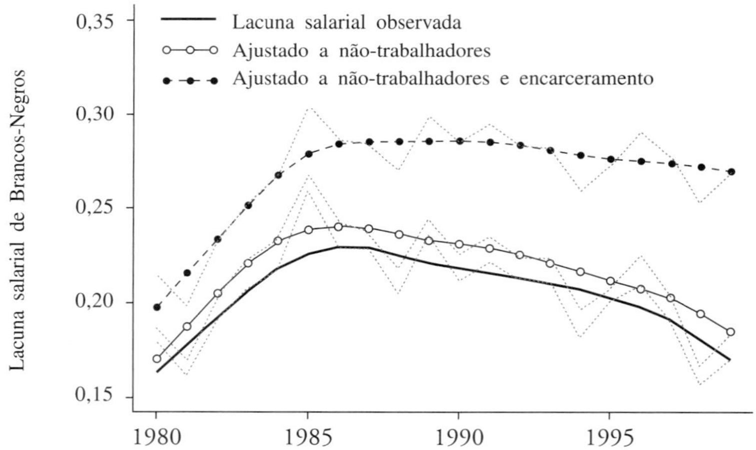

Fonte: Compilação do Autor.
Nota: As lacunas salariais foram suavizadas para salientar a tendência. Os cálculos da lacuna no salário foram indicados através das linhas cinzentas (a lacuna no salário foi medida pelas diferenças da média de registo dos salários pagos à hora).

De forma a salientar os seus baixos níveis de competências e fracos registos de empregos, os presos e os detidos ganham significativamente menos na altura em que são privados de liberdade do que qualquer outro jovem com idade compreendida entre os 22 e os 30 anos com o mesmo nível de instrução (ver gráfico 4.6). Os jovens brancos que abandonaram o ensino secundário ganhavam pouco mais de 11 dólares por hora. Em comparação, os jovens brancos presos ou detidos ganhavam, em média, apenas 8,92 dólares por hora no momento em que foram privados de liberdade. O fosso salarial aumenta com os níveis de instrução. Os jovens brancos que frequentam o ensino superior ganhavam mais de 16 dólares por hora em 1999, comparado com 11,18 dólares ganhos pelos presos ou detidos com curso superior. Existe também um enorme fosso salarial entre os trabalhadores e entre os presos ou detidos no seio dos indivíduos afro-americanos. Apesar dos salários relativamente baixos dos trabalhadores negros, os seus salários ultrapassavam os dos presos ou detidos em cerca de 70%.

O gráfico 4.7 mostra três medidas das desigualdades raciais nos salários dos jovens com idades compreendidas entre os 22 e os 30 anos. A linha mais baixa mostra o nível observado de desigualdade, calculado a partir do inquérito comum feito às famílias. Em 1980, o salário por hora dos jovens brancos ultrapassava em cerca de 17% o dos negros. As desigualdades raciais presentes nos salários à hora aumentaram ao longo dos anos 80, e atingiram o seu máximo em 1985, altura em que os brancos ganhavam cerca de 26% mais do que os negros. No entanto, ao longo dos 15 anos que se seguiram, as desigualdades salariais diminuíram gradualmente. No auge da expansão económica dos anos 90, em 1999, as diferenças dos salários à hora entre brancos e negros eram de 16%. Entre 1985 e 1999, este rácio diminuiu cerca de 9 pontos percentuais, ou mais de um terço do rácio salarial observado. Terá sido esta conquista nos salários relativos dos negros uma melhoria real relativamente aos brancos, ou terá apenas resultado da diminuição do emprego alimentada pelo aumento dos índices de encarceramento?

A série de dados relativos ao período mais recente, presente no gráfico 4.7, começa a responder a esta questão ao mostrar cálculos acerca do nível de desigualdade salarial que poderíamos observar se os desempregados e os presos e detidos estivessem todos a trabalhar. Se contarmos os desempregados e aqueles que não fazem parte da força laboral, os cálculos indicam que, em 1980, os jovens brancos ganhariam cerca de 22% mais do que os jovens negros, 4% mais do que a diferença observada. Ao longo dos cinco anos seguintes, estes níveis ajustados de desigualdades salariais aumentaram mais rapidamente do que os níveis observados. Em 1985, calcula-se que os indivíduos brancos ganhem salários à hora 31% mais elevados do que os dos negros. Embora se calcule que o fosso dos salários ajustados entre os negros e os brancos tenha diminuído a partir de meados dos anos 80 até ao final dos 90, a desigualdade pode ser vista como mais duradoura quando as diferenças raciais no desemprego são tidas em conta.

A série de dados superior no gráfico 4.7 mostra os níveis de desigualdade salarial entre os brancos e os negros, ajustando-se ao número de desempregados e de presos e detidos. Como seriam as evoluções na desigualdade salarial se os desempregados tivessem todos trabalho e os presos tivessem trabalho no mercado laboral comum? Devido aos seus baixos níveis de instrução e de salários, os presos e os detidos contribuem ainda mais para o alargamento do fosso salarial. Reflectindo o grande número de homens pobres presos, a desigualdade salarial entre os jovens teria sido cerca de 30% mais elevada (34 comparados com 26%), se toda a população estivesse empregada. Ajustar estes valores aos desempregados e aos presos e detidos também mostra que o estatuto económico dos jovens negros não melhorou, quando comparado com o dos brancos, desde meados dos anos 80. Após este ajuste, calcula-se que a desigualdade racial nos salários diminua apenas 9% (de 0,34 para 0,31 pontos logit), em vez da diminuição observada de 35% (de 0,26 para 0,17 pontos logit). Por volta de 1999, o rácio observado dos salários à hora dos brancos e dos negros evidenciava o estatuto económico relativo dos jovens negros em cerca de 45%, dada a enorme quantidade de negros menos qualificados desempregados ou presos.

Em suma, o fosso racial nos salários funciona como um fraco indicador do estatuto económico dos jovens negros. Muitas das desvantagens sofridas por estes, devido aos seus elevados níveis de desemprego e de encarceramento, são omitidas das estatísticas padrão relativas ao fosso salarial. Se tivermos em conta o grande número de homens menos qualificados, sem emprego ou presos, as desigualdades raciais em 1999 teriam tido o dobro do valor do nível efectivamente observado. O ajuste feito às disparidades raciais no desemprego e no encarceramento também sugere que os jovens negros não experimentaram qualquer ganho económico real que os jovens brancos puderam experimentar nos quinze anos após 1999. De facto, cerca de três quartos dos ganhos aparentes nos salários relevantes foram atribuídos não a uma melhoria real na situação económica dos afro-americanos, mas aos cada vez maiores níveis de desemprego e de encarceramento.

O PROGRESSO ECONÓMICO ENTRE OS JOVENS NEGROS NOS ANOS 90

Existem fortes provas sobre as grandes desigualdades raciais no emprego e salários entre os jovens ao longo dos anos 80 e 90. Estas estatísticas, sem grandes mostras de esperança, exageram na descrição positiva do estatuto económico dos jovens negros e subestimam as desigualdades. As estatísticas padrão acerca da força laboral proporcionam uma imagem optimista do progresso económico dos negros, porque muito poucos jovens desta raça estão presos ou detidos, consequentemente, não fazem parte dos cálculos do mercado de trabalho. Os que investigam o fenómeno da pobreza já afirmaram várias vezes que os pobres são invisíveis: estão além das consciências e das experiências sociais da classe média. A invisibilidade dos reclusos é ainda mais acentuada, sendo totalmente eliminada da realidade económica.

Os efeitos do grande aumento da população prisional na desigualdade invisível são particularmente importantes para a interpretação das evoluções económicas ocorridas ao longo dos anos 90. Acrescentar os presos e os detidos aos números relativos ao emprego e aos salários sugere que a expansão económica ocorrida nesta década não melhorou a situação do mercado de trabalho dos jovens negros sem um curso superior. O desemprego para estes jovens aumentou durante os finais dos anos 90, altura em que o aumento do emprego atingia o seu ponto máximo, e os níveis de emprego relativos aos negros decaíram de modo significativo quando comparado com os dos brancos. As desigualdades raciais nos salários diminuíram entre 1985 e 1999, mas cerca de dois terços desta diminuição parecem dever-se à igual diminuição de pessoas na população activa, em grande parte causada pelo aumento dos índices de encarceramento.

O desempenho do mercado de trabalho americano no final dos anos 90 atraiu a atenção dos legisladores e críticos políticos nos Estados Unidos e na Europa ocidental. A partir de estudos padrão, verificou-

-se que os mercados de trabalho da Europa ocidental estavam a ter um desempenho muito fraco quando comparado com o americano. A França, a Itália e a Alemanha experimentaram períodos de elevados níveis de desemprego ao longo dos anos 90. Os elevados níveis de desemprego oficial acompanharam uns níveis igualmente elevados de desemprego de longa duração, uma estagnação no crescimento do emprego, elevados índices de pessoas com incapacidades legais e níveis consideráveis de desemprego juvenil. O mercado de trabalho em expansão dos Estados Unidos criou um grande número de postos de trabalho e o desemprego deu lugar a um emprego generalizado. Embora fosse claro que o desempenho do mercado de trabalho americano fosse melhor do que o Europeu, os pedidos mais difíceis estavam reservados para os negros. Os jovens europeus com menos instrução estavam encurralados em longos períodos de desemprego, mas o mercado de trabalho americano – assim parecia, pelo menos – proporcionava vantagens económicas consideráveis para os grupos economicamente mais vulneráveis.

Os investigadores chamaram a atenção para as diferenças institucionais, para explicarem a razão pela qual os Estados Unidos estavam a demonstrar um desempenho tão bom e o motivo por que a Europa estava, pelo contrário, a mostrar tão maus resultados. As análises institucionais dos mercados de trabalho centravam-se nos efeitos das políticas sociais e das relações industriais.[17] Os Estados Unidos proporcionavam um modelo de desregulamentação do mercado. Os sindicatos americanos eram fracos e a acção do Estado-Providência atingia apenas aqueles situados nos limites do mercado de trabalho. Pelo contrário, na Europa, as relações laborais eram seriamente regulamentadas. Os sindicatos decidem os salários para economias inteiras, e os Estados-Providência influenciam, de forma significativa, as possibilidades e a procura de trabalho.

A expansão económica americana sugeria que os mercados de trabalho desregulamentados, aqueles sem fortes unidades sindicais nem Estados-Providência generosos, podiam diminuir fortemente o desemprego, particularmente para os trabalhadores menos qualificados. Sem sindicatos nem vantagens sociais, os trabalhadores eram obrigados a procurar emprego, mesmo aqueles com salários muito baixos, de modo a poderem ter dinheiro para pagar as suas despesas. A concorrência do mercado, não limitada pelas medidas de protecção social, trabalhava para melhorar as condições daqueles com menos poder de mercado. Os analistas defendem que, na Europa, as instituições introduziram a ineficácia: grandes Estados-Providência e fortes unidades sindicais evitavam a procura de trabalho, evitavam também que os salários atingissem os níveis do mercado em que a quantidade da procura igualasse a da oferta, e diminuíam os incentivos de trabalho.[18] Em suma, o mercado de trabalho desregulamentado dos Estados Unidos gerou grandes níveis de emprego para os menos qualificados, ao passo que os seus semelhantes europeus permaneciam sem emprego, devido à ineficácia das distorções do mercado de Estados-Providência em expansão e de fortes unidades sindicais. Um crescimento económico robusto podia então, aparentemente, proporcionar as oportunidades económicas que os programas de apoio social não permitiam.

As desvantagens invisíveis geradas pelo encarceramento em larga escala desafiam esta linha de pensamento, pondo em questão a (in)suficiência das medidas de protecção social em relação aos trabalhadores menos qualificados. No final dos anos 90, nos Estados Unidos, estes homens não foram encorajados pelo mercado de trabalho para procurarem empregos com salários baixos. Em vez disso, a marginalidade económica em que viviam expô-los ao sistema de justiça criminal. Muitos foram presos. O governo, em vez de deixar em paz as vidas dos jovens negros mais desfavorecidos, passou a controlá-las cada vez mais. Os legisladores, que noutros contextos congratulariam o valor de um governo de acção limitada e o valor dos mercados livres, adoptaram medidas políticas que regulavam as vidas dos pobres de forma massiva e coerciva. Vimos neste capítulo que tal levou a uma profunda exclusão social, e que o estatuto económico dos jovens mais desfavorecidos foi claramente sobrestimado. No entanto, esta atitude não exigiu qualquer tipo de conspiração por parte dos legisladores. As desigualdades invisíveis foram a consequência não intencionada de um processo de encarceramento em larga escala gerado por uma mistura explosiva de elevados índices de criminalidade, por uma grande mudança nas relações raciais e por um défice crónico de emprego nas comunidades pobres e problemáticas. No contexto controverso do mérito das políticas americana e europeia de modelos de mercado de trabalho, podemos verificar que o desemprego crónico é um facto tanto político como económico. Faltando talvez alguns dos apoios sociais do tipo europeu, a violência, o caos e o desemprego floresceram nos guetos americanos, criando para o governo não só um problema económico, mas um problema de controlo e ordem sociais.

CONCLUSÃO

Muitos sociólogos gostam de lembrar os economistas que "as instituições têm importância", e que nem toda a vida social é como um mercado competitivo com compradores e vendedores racionais. Muitos economistas indignam-se, com razão, perante tais argumentos, porque sabem melhor do que ninguém da importância das instituições. Qualquer texto de economia argumentará ao pormenor acerca dos efeitos das unidades sindicais ou dos subsídios de desemprego nos salários e no emprego, por exemplo. A mensagem presente neste capítulo não pretende apenas transmitir que as instituições têm importância, mas que as instituições não-económicas têm também importância. A realidade económica está profundamente imbuída nas relações sociais que determinam quem faz parte e quem está fora da economia, quem detém um estatuto económico e quem não o detém. Nesta perspectiva, o cenário institucional relativo aos trabalhos mais mal pagos não é formado apenas pelas unidades sindicais nem pelos programas governamentais. No período do encarceramento em larga escala, temos de ter igualmente em conta os efeitos significativos de distribuição laboral do sistema penal americano.

Podemos pensar nas desigualdades invisíveis do sistema penal como o efeito imediato do encarceramento, a consequência primeira da institucionalização massiva de homens em idade activa. Claro que quase todos estes homens acabam por ser libertados da prisão e muitos negoceiam os obstáculos existentes na procura de emprego que enfrentam como de ex-reclusos. Este efeito a longo prazo do encarceramento na vida económica dos homens libertados da prisão e dos calabouços será o tópico do capítulo seguinte.

APÊNDICE: AJUSTE DOS SALÁRIOS À SELECTIVIDADE

Esta análise foi baseada numa outra análise já feita por Western e Pettit, sendo aqui avançados outros pormenores.[19] Se os registos dos salários dos brancos e dos negros são postos como y_w e y_b, então a diferença média dos salários é-nos dada por $d = y_w - y_b$. Devido à não observação das ofertas possíveis de salários dos desempregados e da probabilidade destes virem da cauda da escada salarial, d é um cálculo parcial da diferença de salários. De modo a ajustar ao atrito de selecção do emprego, calcule-se:

$$^\wedge d = {}^\wedge y_w - {}^\wedge y_b$$

onde a média do ajuste, $^\wedge y_i$ (i=b, w), é baseada em médias salariais atribuídas aos desempregados. Omitindo as referências raciais, a média salarial ajustada é a média ponderada,

$$^\wedge y = (1 - p_N - p_I) - y_E + p_N \cdot y_N + p_I \cdot y_I,$$

onde o valor E denota a média calculada para os trabalhadores a partir de salários observados, $-y_N$ é a média do salário relativa aos desempregados (os que não têm emprego e aqueles fora da população activa), $-y_I$ é a média do salário dos presos e detidos e os valores p_N e p_I são proporções da população que não se encontram a trabalhar ou que se encontram presas ou detidas. As proporções p são calculadas a partir dos índices idade-raça-instrução, específicos do encarceramento e desemprego, calculados através da combinação de dados oriundos dos ficheiros *Outgoing Rotation Group* e do Inquérito sobre a População Actual de 1980 até 1999, dos registos administrativos da população correccional (oriundos das Estatísticas Nacionais de Reclusos e das séries de Inquéritos nos Calabouços), e de dados oriundos do *Survey of State and Federal Correctional Facilities* e do *Survey of Local Jails* (de 1978 até 1997).

Tal como num estudo anterior, os salários dos desempregados são previstos em função da idade e instrução de cada indivíduo.[20] A idade é medida separadamente em duas categorias: entre os 22 e os 25 anos, e entre os 26 e os 30. A instrução é dividida em três categorias: menos de um diploma do ensino secundário ou equivalente, diploma do ensino secundário ou GED [*General Equivalency Diploma*], e pelo menos alguns anos de frequência no ensino superior. A média de salários prevista relativa aos trabalhadores e aos presos e detidos resulta das regressões,

$$-y_j = -X'_j b_j, \ j = E, \text{ ou } I,$$

onde os dados relativos à idade e instrução são recolhidos na matriz, X_j, e $-X_j$ é um vector de média covariável. A média atribuída aos desempregados é-nos dada através de $-y_N = k - X'_N b_E$, onde a constante k é colocada ao valor de .8, onde as ofertas de salário dos desempregados são encaradas como sendo 80% daquelas obtidas pelos trabalhadores. Este valor dos 80% é-nos fornecido pelos cálculos do INLJ. (Judith Blau e Peter Beller apontam para 60%, e outros autores fazem igualmente ajustes deste género).[21] A regressão inclui a idade em interacção com a instrução, apontando salários previstos para cada subgrupo idade-instrução. Os salários previstos para os trabalhadores foram obtidos a partir dos ficheiros do *Outgoing Rotation Group* do Inquérito sobre a População Actual (de 1980 até 1999). Os salários previstos relativos aos presos e detidos provêm do *Survey of State and Federal Correctional Facilities* e do *Survey of Local Jails* (de 1978 até 1997). Se X_j consiste em colunas de 2*3 = 6 de variáveis indicatrizes indicando cada célula na tabela idade-instrução, $-X_j$ é simplesmente um vector das proporções das células relativas aos trabalhadores, desempregados e presos e detidos.

Capítulo 5
O Mercado de Trabalho Depois da Prisão

No final da década de 90, o mercado de trabalho americano foi elogiado pelo enorme crescimento verificado no emprego, que contrastou com os números estagnados, relativos ao mesmo, vindos da Europa ocidental. Para os jovens que se encontravam na cauda do mercado de trabalho, este triunfo foi prematuro. O encarceramento em larga escala dos homens menos qualificados e oriundos de minorias sociais escondia um declínio no emprego e gerava diminuições fictícias nas desigualdades salariais. Estas desigualdades invisíveis não permitiam uma avaliação optimista da prosperidade americana.

A expansão económica abrandou, mas não fez recuar um crescimento de 30 anos nas desigualdades económicas americanas. Denominada de "a nova desigualdade", a distribuição de rendimentos *per capita* atingiu mais os homens do que as mulheres e, claramente, consoante os níveis de escolaridade de cada um.[1] O fosso salarial entre os homens ricos e os pobres (medido através do rácio entre o 90.º e o 10.º percentis) aumentou em cerca de 20% entre 1973 e 2001. A vantagem salarial daqueles que tinham um curso superior sobre aqueles que apenas tinham diplomas do ensino secundário aumentou cerca de 65%.[2] Embora a pobreza e o desemprego entre os homens desfavorecidos fosse encoberta pelo sistema penal, as desigualdades económicas americanas, no início do novo século, enfrentavam os seus valores mais elevados desde a Segunda Guerra Mundial.

Os mais desafortunados economicamente dos últimos 30 anos, os jovens oriundos de minorias com baixos níveis de escolaridade, foram também vítimas do grande aumento do número de reclusos. A relação entre este aumento e a diminuição dos salários para os jovens desfavorecidos pode ser interpretada de várias maneiras. Os indivíduos com cadastro prisional têm dificuldade em encontrar empregos bem remunerados. Alguns investigadores descobriram que a prisão faz diminuir os rendimentos e o emprego.[3] Talvez o grande aumento da população prisional tenha contribuído para a desigualdade nos rendimentos *per capita* nos Estados Unidos, pelo menos entre os jovens, ao diminuir os salários e as possibilidades de emprego dos criminosos após terem sido libertados da prisão.

Claro que podia ser contada uma história diferente. Vimos no capítulo 3 que a diminuição do valor dos salários e das possibilidades de emprego estava intimamente associada ao crescente encarceramento dos jovens com baixos níveis de escolaridade. O encarceramento aumentou bastante porque o sistema de justiça criminal se tornou mais punitivo. Mas estes homens já eram, à partida, vulneráveis à detenção, porque estavam mais envolvidos em violência e em crimes de rua do que qualquer outra pessoa. Se os indivíduos com poucas oportunidades legítimas de emprego recorrem ao tráfico de droga e aos assaltos a lojas, o emprego e o baixo salário podem dever-se a um efeito de selecção. Os ex-reclusos podem enfrentar grandes dificuldades no mercado de trabalho, não porque estiveram presos, mas porque não eram suficientemente qualificados nem experientes antes de serem presos pela primeira vez.

Neste capítulo, analisarei o modo como a prisão afecta as oportunidades de emprego dos ex-reclusos, colocando estes efeitos no contexto das novas desigualdades do mercado de trabalho americano. Encaro a prisão como um acontecimento-chave na vida de um indivíduo, que dá início a uma espiral de desvantagens. A prisão não só faz diminuir o nível dos salários, mas também trava a evolução salarial ao longo da vida, bem como limita o acesso aos tipos de emprego que os ex-reclusos podem vir a encontrar. A prisão desvia o percurso de vida da sua trajectória normal de empregos estáveis com um percurso ascendente nas carreiras, e que normalmente leva ao gradual aumento salarial dos jovens. Os homens encurralados no sistema judicial tornam-se permanentes excluídos do mercado de trabalho, encontrando apenas empregos temporários ou pouco fiáveis que não proporcionam estabilidade económica. Embora esta nova classe de trabalhadores estigmatizados possa melhorar a situação dos mais seriamente desfavorecidos, muita da análise feita aqui também avalia as lacunas que os homens envolvidos no crime detêm, e cujas oportunidades de trabalho seriam, de qualquer maneira, muito precárias, mesmo nunca tendo estado presos.

OS CRIMINOSOS E O MERCADO DE TRABALHO

Os jovens desfavorecidos que enfrentam os índices de encarceramento mais elevados são empurrados para várias direcções quando tentam ganhar dinheiro para pagar as suas despesas. A pobreza concentrada nos bairros urbanos problemáticos corrói a teia de ligações sociais que frequentemente limita a existência de criminalidade nas cidades. A falta de vizinhos com os seus olhos postos nas ruas e a inexistência de um controlo adulto sobre os rapazes adolescentes fazem com que os bairros pobres estejam expostos, de forma grave, aos riscos da criminalidade e da delinquência.[4]

Os incentivos económicos também contribuem para a ligação entre criminalidade e pobreza. Com efeito, muitos investigadores relacionaram o aumento do tráfico de droga e outros crimes de rua com o colapso dos mercados de trabalho urbanos para os homens menos qualificados.[5] O crime funciona como um convite alternativo ao mercado de trabalho legítimo, no qual os níveis de desemprego são desesperantemente elevados. O tráfico de droga, o roubo, os assaltos e invasão de propriedade privada podem todos ajudar a preencher as lacunas económicas nos bairros enfraquecidos pela diminuição do número dos empregos fabris. No entanto, estas podem ser actividades perigosas e, como Levitt e Venkatesh afirmam no seu trabalho de investigação sobre os gangues de Chicago, os pequenos traficantes de droga beneficiam pouco do fantástico estilo de vida dos guetos, recebendo pouco mais do que o salário mínimo e geralmente compensando o que ganham com dinheiro legítimo.[6] Provavelmente, Freeman e Fagan caracterizam melhor a relação daqueles envolvidos na criminalidade com o mercado de trabalho: tais indivíduos não estão envolvidos nem no crime nem numa situação de emprego legítima. Pelo contrário, avançam e recuam à medida que as oportunidades de ganhos económicos legais e ilegais diminuem e desaparecem.[7]

A associação entre a criminalidade e as desvantagens no geral é reflectida nas qualificações e nos historiais de emprego dos reclusos. O quadro 5.1 estabelece a comparação entre os jovens privados de liberdade e a restante população, servindo-se de vários indicadores ligados ao êxito no mercado de trabalho. Os reclusos têm baixos níveis de escolaridade, tendo a maioria abandonado o ensino secundário.[8] Os níveis de escolaridade relativos aos reclusos hispânicos, muitos dos quais são emigrantes, são particularmente baixos. Em média, têm menos de um ano completo de escola do que os reclusos negros e brancos em prisões estatais. Mesmo tendo em conta estes seus baixos níveis de escolaridade, os reclusos obtêm também fracos resultados em testes psicotécnicos. Estas qualificações foram medidas antes do encarceramento pelo Teste de Qualificação das Forças Armadas (TQFA) [*Armed Forces Qualification Test* (AFQT)]: um teste estandardizado que avalia as aptidões verbais e matemáticas dos indivíduos. Entre os jovens que abandonaram o ensino secundário, os reclusos obtêm nestes testes resultados 20 a 50% mais fracos do que aqueles obtidos por indivíduos que nunca estiveram presos. Tendo falta de instrução e de qualificações cognitivas, os reclusos são pessoas pouco integradas no mercado de trabalho. Na altura em que foram presos, era pouco provável que os reclusos tivessem um emprego e, mesmo que tivessem, ganhariam menos do que o resto da população. Os níveis de emprego verificados antes do encarceramento são particularmente baixos para os reclusos negros. Mais de um terço não estava empregado quando foi preso. A diferença relativa aos rendimentos pessoais é também muito grande, ganhando os reclusos brancos, na altura em que foram presos, apenas metade do dinheiro mensal recebido por aqueles que nunca tinham sido presos. Em suma, estes números mostram que, mesmo antes da prisão, os indivíduos correndo o risco de serem presos têm muito menos capital humano, em forma de qualificações e de experiência no mercado de trabalho, do que o resto da população.

Quadro 5.1 – *Instrução, capacidade cognitiva e emprego*

	Presos	Homens não-institucionais	Diferença de percentagem
Brancos			
Média de instrução (anos)	10,6	13,4	21
Média de registo cognitivo para desistências	19,5	23,7	22
Percentagem de empregados	76,4	87,5	13
Rendimento médio mensal (em dólares)	1100	2000	45
Negros			
Média de instrução (anos)	10,5	12,6	17
Média de registo cognitivo para desistências	7,6	11,4	50
Percentagem de empregados	63,2	73,1	14
Rendimento médio mensal (em dólares)	900	1520	41
Hispânicos			
Média de instrução (anos)	9,4	10,8	13
Média de registo cognitivo para desistências	9,9	14,9	51
Percentagem de empregados	73,5	85,3	14
Rendimento médio mensal (em dólares)	900	1568	43

Fontes: Os dados sobre emprego, salários e instrução para homens não-institucionais foram retirados do *Current Population Survey* (1997). Empregos, salários e instrução para presos são dados na altura da admissão na prisão e são referentes ao *Survey of Inmates of States and Federal Correctional Facilities* (1997).
Nota: Os registos cognitivos são percentagens do Teste de Qualificação das Forças Armadas relativo às desistências de homens no ensino secundário do INLJ de 1979, que foram presos entre 1980 e 2000, e todos aqueles que nunca foram presos.

Os indivíduos que saem da prisão têm direito a salários baixos e a empregos pouco seguros, porque têm menos qualificações ou menos experiência de trabalho. É provável que um ex-recluso consiga um mau emprego primeiramente porque é um trabalhador pouco qualificado. Embora os indivíduos envolvidos na criminalidade corram sérios riscos de virem a ser mal pagos e mesmo de estarem desempregados, será que ir para a prisão pode piorar a situação? Pode a prisão destruir as oportunidades económicas de um indivíduo, mesmo tendo em conta as fracas oportunidades existentes para os jovens com muito poucas qualificações ou escolaridade?

A PENALIZAÇÃO ECONÓMICA DO ENCARCERAMENTO

Os investigadores descobriram de facto que os indivíduos libertados da prisão ou do calabouço ganham efectivamente menos e que têm também menos oportunidades de emprego do que aqueles que nunca estiveram presos. Os valores dos cálculos acerca das perdas de dinheiro associadas à prisão variam entre os 10 e os 30%.[9] Alguns estudos também revelam que os jovens mantidos em casas de correcção antes dos 20 anos sofrem mais com o desemprego e recebem salários mais baixos nos 10 anos ou mais que se seguem ao período de tempo passado na prisão.[10] Foram propostas três explicações para as fracas experiências no mercado de trabalho por parte dos ex-reclusos. O estigma da acusação criminal, aos olhos dos empregadores, torna os ex-reclusos uns candidatos a emprego pouco desejáveis. A experiência da prisão pode diminuir o capital humano, tornando os ex-reclusos trabalhadores menos produtivos. A prisão pode também diminuir o capital social quebrando as ligações sociais com o emprego legítimo.

Uma condenação criminal alerta os possíveis empregadores para o facto de aquele homem ser pouco fiável ou mesmo perigoso. Vários estudos feitos anteriormente analisaram os efeitos do estigma da criminalidade ao enviar aos empregadores candidaturas fictícias que continham o estatuto de condenado do candidato.[11] Os empregadores davam menos respostas positivas aos ex-condenados do que aos candidatos com o cadastro limpo. Os inquéritos feitos aos empregadores mostram também que estes preferem contratar pessoas que recebem benefícios sociais, que abandonaram o ensino secundário ou alguém com pouca experiência de trabalho, do que contratar um ex-condenado.[12] Talvez a prova mais forte seja o estudo de Devah Pager. Pager seleccionou, aleatoriamente, pares de currículos de candidatos a emprego, brancos e negros, com qualificações especiais. Os currículos mostravam uma educação e experiência de trabalho idênticas, mas um dos dois currículos apresentava informação acerca de uma recente experiência de trabalho na prisão e indicava um técnico superior de reinserção social como referência. Os candidatos foram entrevistados para 350 empregos, em Milwaukee, no Verão de 2001. Pager analizou se os empregadores voltavam a marcar uma outra entrevista aos candidatos para lhes oferecer emprego, ou se marcavam uma segunda volta de entrevistas. Entre os brancos, os candidatos sem cadastro criminal recebiam respostas positivas por parte dos empregadores em 34% das vezes, comparado com 17% para aqueles que afirmaram terem estado presos. Entre os negros, os mesmos números eram agora de 14 e de 5%.[13] Ou seja, ter cadastro prisional diminuía em metade de dois terços as possibilidades de êxito de obter um emprego.

Na maioria das jurisdições, este estigma adquire uma importância legal. Um cadastro prisional pode impedir, de modo temporário, o emprego em ocupações licenciadas ou profissionais. As restrições no emprego frequentemente abrangem os trabalhos na área da saúde, as ocupações qualificadas e, por vezes, o sector público.[14] Nalguns Estados, como na Califórnia e em Nova Iorque, as leis anti-discriminação evitam que os empregadores perguntem aos candidatos acerca das detenções que não resultaram em condenação. No entanto, a maioria dos Estados permite aos empregadores e agências de emprego oficializadas obter o cadastro criminal completo dos candidatos e utilizar na contratação as informações acerca das condenações. Tomemos a Flórida como exemplo. As agências públicas de emprego neste Estado podem recusar contratar um indivíduo condenado por ter cometido um crime. Os empregadores privados e as agências oficializadas podem recusar-se a contratar alguém com uma condenação criminal. Estas barreiras legais vão além do emprego e incluem proibições de acesso a apoios públicos e subsídios alimentares para aqueles condenados por tráfico de droga.[15]

Se o estigma do cadastro criminal faz diminuir aquilo que se ganha, podemos esperar uma resposta semelhante no que diz respeito aos efeitos relativos à detenção, condenação, liberdade condicional ou prisão. Do ponto de vista do empregador, cada encontro com a lei acarreta informações semelhantes acerca da confiança ou não que um possível candidato possa merecer. Estudos diferentes fizeram a distinção entre, por um lado, os efeitos da delinquência juvenil, detenção, liberdade condicional e condenação e, por outro, da entrada numa prisão. Uma entrada numa prisão ou outro tipo de encarceramento é geralmente encarado como tendo consequências mais persistentes e significativas do que qualquer outra forma de contacto com a justiça ou comportamento criminal.[16] Tal sugere que o estigma do crime pode não ser o único mecanismo a contribuir para a diminuição das oportunidades de emprego e do valor dos salários dos homens que saem da prisão.

Esta pode também fazer diminuir as qualificações profissionais de uma pessoa. Ao passo que o estigma social descreve as percepções do empregador em relação àqueles indivíduos com cadastro criminal, a diminuição das qualificações profissionais evidencia lacunas reais, que são o resultado da prisão e que podem vir a afectar a produtividade dos ex-reclusos. A prisão pode enfraquecer as qualificações profissionais ao retirar os indivíduos do mercado onde, se aí permanecessem, poderiam adquirir experiência de trabalho. São-nos dadas provas deste facto através de uma pesquisa que mostra que os criminosos que cumprem longas penas de prisão sofrem as maiores perdas nos rendimentos.[17] A prisão pode também diminuir a capacidade de um recluso permanecer estável num emprego após ser libertado. A existência de doenças físicas ou mentais pode também ser agravada com uma estada na prisão. Muitos comportamentos adoptados para a sobrevivência na prisão – desconfiar de estranhos, agressividade, afastamento da convivência social – não são compatíveis com as rotinas de trabalho em liberdade.[18] Estas adaptações comportamentais à vida na prisão esvaziam o já pequeno apetrechamento de capital humano de um recluso e criam obstáculos que o vão impedir de gerir a rotina de um emprego estável.

    A prisão pode afectar tanto o capital social como o humano. As longas penas de prisão, geralmente cumpridas em instituições distantes, podem levar ao enfraquecimento das relações de amizade e dos conhecimentos que podem ajudar os ex-reclusos a encontrar emprego. As prisões e os calabouços aproximam mais as pessoas dos criminosos violentos. De facto, os antigos reformistas do século XIX viam a prisão como uma escola para criminosos e introduziram o isolamento precisamente como forma de evitar a propagação de más influências. Num contexto actual, os etnógrafos descreveram a difusão de contactos criminais na prisão através do recrutamento de gangues.[19] Devido ao facto de os trabalhadores geralmente conseguirem empregos através de contactos sociais, que podem servir de intermediários entre os candidatos e os empregadores, os que procuram emprego legítimo, não tendo estes contactos sociais, enfrentam desvantagens consideráveis no mercado de trabalho.[20] Os homens que regressam a casa após terem estado presos – que estão mais intimamente ligados àqueles envolvidos em crimes do que àqueles que se mantêm afastados deles – passam, assim, ao lado do bom caminho para conseguir emprego.

ANÁLISE DO ENCARCERAMENTO UTILIZANDO DADOS DE INQUÉRITOS

As pesquisas sobre os efeitos económicos do encarceramento são frequentemente baseadas em dados oficiais acerca de detenções, programas de correcção e rendimentos. Os registos dos tribunais ou dos programas de correcção estão geralmente ligados aos dados acerca dos rendimentos oriundos do sistema de subsídio de desemprego, porque poucos inquéritos acompanham o caminho dos indivíduos dentro e fora das instituições.[21] No entanto, é provável que os registos acerca do subsídio de desemprego evidenciem muita da actividade no mercado de trabalho por parte dos indivíduos envolvidos em crimes, porque estas pessoas geralmente ocupam empregos temporários.[22] Se apenas se observarem os rendimentos daqueles que encontram empregos na economia formal, a análise sugerirá que os ex-reclusos estão a ter um desempenho melhor no mercado de trabalho do que aquele que efectivamente têm. Por outro lado, os dados relativos ao subsídio de desemprego podem declarar de forma pouco enfática os rendimentos dos ex-condenados que conseguem manter um bom nível de vida através de ganhos monetários que não constam dos registos oficiais de um negócio.[23] Tirando a idade e a raça, os dados administrativos também fornecem pouca informação acerca dos criminosos. Muitos dos factores utilizados nos estudos do mercado de trabalho, tais como a instrução e a experiência laboral, geralmente não estão incluídos nestes dados.

Os dados oriundos de inquéritos são raramente utilizados, porque poucos fazem perguntas a uma população-alvo institucionalizada ou sequer perguntam sobre a prisão. O INLJ, uma excepção, detém registos sobre a detenção de jovens e a prisão de adultos e fornece dados pormenorizados acerca do emprego e rendimentos.[24] Tendo iniciado em 1979, o INLJ entrevistou uma amostra nacional de homens e mulheres jovens, que tinham entre 14 e 20 anos no final de 1978.[25] Estes indivíduos foram entrevistados todos os anos até 1994, e todos os anos seguintes.

Embora não se pergunte com frequência à população-alvo dos inquéritos se estiveram presos, o entrevistador regista o tipo de habitação em que os indivíduos moram. Na maioria das vezes, respondem que vivem na sua própria casa, mas são também registados dormitórios, bases militares e outro tipo de habitações. Todos os anos, um certo número destes indivíduos é registado como morando "na prisão". No entanto, morar numa instituição correccional não é indicativo de cumprir uma pena de prisão. Estar privado de liberdade por menos de 12 meses (em detenção) pode não ser registado nas entrevistas anuais. As penas de prisão que ultrapassam os 12 meses (tal como normalmente acontece com as penas normais de prisão) são registadas. Os índices de encarceramento do INLJ vão ao encontro dos índices nacionais de encarceramento relativos aos jovens, mostrando uma medida precisa no inquérito a criminosos acerca do tempo da sua estada na prisão.[26]

CÁLCULO DOS EFEITOS DA PRISÃO NO MERCADO DE TRABALHO

As experiências dos ex-reclusos no mercado de trabalho podem ser avaliadas de várias maneiras. Geralmente, os investigadores analisam os valores dos salários pagos à hora, dado que tais valores são um bom indicador da produtividade de um trabalhador. No entanto, muitos ex-reclusos terão apenas uma ligação muito débil com o mercado de trabalho, e tal reflectir-se-á mais nos níveis de emprego a eles referentes do que nos valores dos salários que recebem. Estudei o emprego fazendo uma análise ao número de semanas de trabalho do ano cumpridas pela população-alvo do inquérito do INLJ. Por fim, os ganhos anuais proporcionam uma medida global que reflecte o valor do salário de um trabalhador e o seu emprego. Mais do que os salários pagos à hora ou do que o emprego anual, os rendimentos anuais também fazem transparecer os padrões de vida dos indivíduos em idade activa.

O quadro 5.2 mostra a média dos salários à hora, o número anual de semanas de trabalho, e os ganhos anuais da população-alvo do inquérito do INLJ com 27 anos. Os salários pagos à hora aos indivíduos envolvidos em crimes são muito mais baixos do que os salários daqueles que nunca foram presos. A diferença salarial é maior para os brancos. Aqueles que irão mais tarde para a prisão recebem apenas três quartos do que ganham os seus semelhantes – 11,14 dólares contra 14,70 dólares. Relativamente aos negros e aos hispânicos, as diferenças salariais aumentam após os criminosos terem sido presos. A situação de emprego de todos os criminosos deteriora-se depois da prisão. Os ex-reclusos brancos, hispânicos e negros, passam todos seis meses por ano ou mais sem trabalhar. A diminuição do valor dos rendimentos após a saída da prisão é maior para os criminosos negros, com uma descida de 13,340 dólares para 7,020 dólares. Estes números cruéis

Quadro 5.2 – *Salários, emprego, rendimentos*

	Estatuto dos presos		
	Nunca	Antes	Depois
Salários pagos à hora (dólares por hora)			
Brancos	14.70	11.14	11.18
Hispânicos	13.59	12.30	10.31
Negros	12.34	10.25	9.25
Emprego Anual (semanas por ano)			
Brancos	44	37	23
Hispânicos	43	35	24
Negros	40	35	21
Rendimentos anuais (milhares de dólares por ano)			
Brancos	26.44	13.70	9.76
Hispânicos	23.90	13.29	9.14
Negros	20.37	13.34	7.02

Fontes: Compilação do Autor.
Nota: Os números são calculados com base no INLJ. "Nunca" inclui todos aqueles que não foram encarcerados por volta dos quarenta. Os salários pagos à hora e os rendimentos anuais são em 2004 dólares (N=5010).

sugerem que a prisão destrói as possibilidades de emprego para os indivíduos com cadastro criminal, mas também parece claro que aqueles confinados à prisão, mesmo antes de serem presos, têm um desempenho pior no mercado de trabalho do que o resto da população.

Devido ao facto do sistema penal se servir das camadas mais baixas da escada socioeconómica, a simples acção de medir as diferenças salariais entre os reclusos e os não-reclusos exagera na avaliação do castigo que é a prisão. Os baixos níveis de instrução, as dificuldades intelectuais e os problemas comportamentais podem explicar a razão pela qual os ex-criminosos não têm emprego. A prisão pode não aumentar em muito os problemas dos jovens envolvidos na criminalidade. Poderemos nós afirmar que os baixos salários e o desemprego entre os ex-reclusos são causados pela prisão, ou são simplesmente um resultado previsível das poucas qualificações e de uma propensão para um comportamento anti-social?

Responder a esta questão levanta um desafio para a análise causa-efeito. Num mundo caprichoso, no qual as pessoas eram presas aleatoriamente, os indivíduos com cadastro prisional partilhariam os mesmos níveis médios de instrução, os mesmos resultados dos testes psicotécnicos e assim por diante, que aqueles sem cadastro detêm. A selecção no encarceramento poderia parecer uma experiência irregular, na qual o grupo alvo do tratamento (os reclusos) era, em todos os aspectos, idêntico ao grupo dos não-reclusos, excepto no estatuto de recluso. Se os indivíduos com cadastro prisional fossem diferentes de todos os outros apenas de maneira aleatória, poderíamos calcular os efeitos da prisão através da comparação entre os salários dos ex-reclusos e aqueles dos que nunca estiveram presos. Porque a prisão não é, definitivamente, feita de modo aleatório, devemos tentar ter em conta os factores distintivos.

Os cientistas sociais têm ultimamente prestado uma maior atenção ao desafio da análise causa-efeito fora dos laboratórios, onde os tratamentos não são marcados aleatoriamente, mas em vez disso, estão intimamente associados a factores confusos. Quando os dados são recolhidos tanto a partir de tratamentos e de factores confusos, podemos estreitar a nossa comparação entre os tratamentos e os grupos dos não-reclusos para aqueles que partilham as mesmas características observadas. Os estudos de programas envolvendo ex-reclusos revelam que os grupos de controlo retirados da restante população geram inferências causa-efeito imprecisas acerca dos resultados desses programas. A escolha de um grupo de não-reclusos que seja parecido com um de reclusos (grupo em tratamento), pode melhorar de forma substancial os cálculos dos resultados.[27] De forma a tornar mais precisa a comparação entre os reclusos do INLJ, identifiquei como grupo de controlo (não-reclusos) um grupo de indivíduos no inquérito que estava envolvido em crimes, mas que nunca tinha sido entrevistado na prisão. Eram pessoas que apenas tiveram problemas com a lei enquanto jovens ou disseram que tinham sido impedidos de procurar emprego por estarem detidos. Este grupo de controlo ajuda-nos a assegurar que não iremos confundir os efeitos da prisão com os problemas já existentes dos ex-criminosos.

Uma abordagem semelhante implica uma análise regressiva, que regulamenta estatisticamente os efeitos dos factores observados associados à prisão. Vimos que os indivíduos presos partilham baixos níveis de escolaridade, resultados fracos nos testes psicotécnicos e pouca experiência de trabalho. Uma análise regressiva pode regulamentar factores como estes, de forma a poder isolar o efeito do impacto da prisão no emprego. A ênfase na prisão também nos leva a ter em conta aspectos que geralmente não estão incluídos em estudos de mercado. Por exemplo, porque é mais provável que os reclusos sejam viciados em droga e porque um vício compromete as rotinas regulares de trabalho, a análise controla o consumo de droga da população-alvo do inquérito INLJ. No entanto, em muito casos, não são observados factores importantes que são confundidos com tratamento. Os reclusos não são apenas fora do comum devido aos seus baixos níveis de escolaridade e ao seu consumo de droga. Muitos têm também problemas comportamentais e de saúde não registados nos inquéritos sociais. Estas idiossincrasias não medidas – personalidades impulsivas ou agressivas, por assim dizer – podem levar a um exagero na avaliação dos efeitos dos tratamentos.

Os dados recolhidos em vários períodos temporais podem ser utilizados para incluir factores não observados que podem tornar parcial uma análise causa-efeito. Através de observações feitas ao longo do tempo, podemos comparar indivíduos antes e depois de receberem tratamento. Comparar o salário de um indivíduo, antes e depois de ser preso, controla todos os traços contínuos de personalidade e comportamento. Os investigadores que efectuam cálculos chamam de efeito fixo a este tipo de análise. Neste contexto, os efeitos fixos são as características estáveis, mas não observadas, dos indivíduos, que são retiradas da análise, concluídas a partir do estudo da variação entre os indivíduos ao longo do tempo. Com dados retirados de parcelas temporais, a análise regressiva pode ser aumentada de forma a controlar tanto os factores observados que mudam ao longo do tempo como os efeitos fixos. Este tipo de análise proporciona um avanço significativo relativamente às outras análises regressivas comuns, que controlam apenas os factores observados.

Duas conclusões comuns relativas à criminalidade sustentam a abordagem actual. Primeiro, a criminalidade sofre gradações consoante a idade dos indivíduos: as pessoas têm tendência para cometer mais crimes na adolescência tardia, isto é, entre os 16 e os 20 anos.[28] Controlando a idade e outros factores que variam com o passar do tempo, tal como o ano escolar frequentado, será então possível ver, em grande escala, que a propensão de um indivíduo para a criminalidade varia ao longo do tempo. Segundo, e apesar de a envolvência na criminalidade variar com a idade, as pessoas demonstram ter uma tendência estável para cometer crimes.[29] Assim, os estudos que acompanham indivíduos durante longos períodos de tempo concluem que a maioria dos crimes é cometida por apenas alguns criminosos.[30] Os efeitos fixos adequam-se na perfeição a este tipo de população, capturando as diferenças que se mantêm estáveis na propensão de um indivíduo para a criminalidade.

E se os factores confusos não forem observados, mas mudarem ao longo do tempo? Neste caso, os efeitos fixos pouco ou nada poderão fazer para diminuir a parcialidade nas análises causa-efeito. Alguns métodos introduzem novas variáveis que tentam imitar a variação aleatória da experiência controlada. Para que estes métodos funcionem aqui, temos de observar as condições que estão intimamente relacionadas com o encarceramento, mas com pouco mais. Infelizmente, e como acontece em muitos casos, tais variáveis são difíceis de encontrar. Assim, a minha abordagem implica experimentar uma série de análises, com vários resultados diferentes, e analisar a estabilidade dos resultados ao longo de modelos estatísticos. Fazer o controlo dos factores confusos observados através da regressão, introduzir os efeitos fixos e restringir a análise aos indivíduos envolvidos em crimes, pode fazer avançar o processo de isolamento do impacto causal do encarceramento nas experiências de trabalho dos ex-reclusos.

OS EFEITOS DA PRISÃO NOS SALÁRIOS, NOS RENDIMENTOS E NO EMPREGO

Os cálculos são baseados nos dados do INLJ de 1983 a 2000. Começo por calcular os efeitos da prisão nos salários pagos à hora, no emprego anual e nos rendimentos por ano dos indivíduos alvo do inquérito do INLJ que estão envolvidos em crimes. Os salários e os rendimentos foram ajustados aos valores da inflação e registados nos valores que o dólar detinha em 2004.

Gráfico 5.1 – *Redução no emprego, salários e rendimentos associados ao encarceramento, 1983 a 2000*

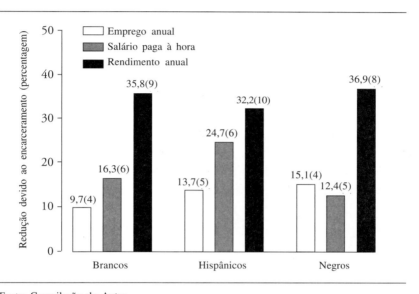

Fonte: Compilação do Autor.
Nota: Os salários e os rendimentos são medidos em 2004 dólares. Os dados entre parêntesis indicam uma margem percentual de erro estatístico de 95. Os cálculos são de modelos de efeito fixo que controlam a idade, o nível instrução, a experiência laboral, a indústria, a região do país, o emprego no sector público, o estatuto da união, o estatuto matrimonial, o consumo de estupefacientes, o envolvimento escolar, a residência urbana, o desemprego local, ano, e uma interacção educacional anual.

Os resultados mostram que os indivíduos que estiveram presos recebem salários consideravelmente mais baixos, têm menos oportunidades de emprego e rendimentos mais reduzidos do que aqueles que nunca estiveram presos (ver gráfico 5.1). Calcula-se que a prisão faça diminuir os salários ganhos à hora em cerca de 15%, mas o efeito é relativamente grande para os hispânicos (24,7%). A média do salário ganho à hora de um indivíduo hispânico, de 30 anos, que abandonou o ensino secundário é de cerca de 7,45 dólares e calcula-se que a prisão faça diminuir este valor em cerca de 1,80 dólares. O efeito é menor para os ex-criminosos negros, que recebem 12,4% menos do que os negros que nunca estiveram presos. O grande efeito da prisão nos salários de um indivíduo hispânico não consta dos dados acerca do emprego. Neste caso, tanto os indivíduos negros como os hispânicos trabalham cerca de 15% menos semanas no ano (aproximadamente oito semanas) do que os seus semelhantes. Os efeitos da prisão são relativamente menores para os indivíduos brancos, fazendo diminuir as oportunidades de emprego destes em cerca de 9,7% (cerca de cinco semanas num ano).

Os efeitos negativos nos salários pagos à hora e nos níveis de emprego anuais aliam-se para diminuir consideravelmente os rendimentos por ano. Calcula-se que os indivíduos com cadastro prisional ganhem, por ano, entre 30 a 40% menos. Um indivíduo negro de 30 anos que tenha abandonado o ensino secundário, por exemplo, recebe em média, anualmente, aproximadamente 9.000 dólares, sendo a prisão responsável por uma diminuição deste valor em cerca de 3.300 dólares. A média paralela dos rendimentos dos brancos é de 14.400 dólares e a redução com a prisão de cerca de 5.200 dólares.

A PRISÃO COMO CAMINHO PARA UM MERCADO DE TRABALHO PERIFÉRICO

Até agora, vimos provas fortes que atestam para o facto de os ex-reclusos ganharem menos à hora e terem menores rendimentos anuais, e para o facto de correrem mais riscos de sofrerem com o desemprego do que os seus semelhantes que nunca estiveram presos. Podemos levar a análise mais além, tendo em conta o modo como a prisão molda os tipos de empregos que os ex-criminosos podem encontrar.

Os sociólogos e os economistas seguiram o rasto de algumas desigualdades existentes no mercado de trabalho que levam a uma divisão estrutural, na qual alguns trabalhadores detêm postos de trabalho seguros e outros estão confinados a um emprego instável ou temporário. Talvez pressagiando as previsões de Richard Freeman de uma sociedade dual gerada pelas novas desigualdades, os economistas Peter Doeringer e Michael Piore viram uma linha afiada que dividia o mercado de trabalho americano no final dos anos 60. Por um lado, os empregos seguros e bem remunerados coexistiam no que Doeringer e Piore denominaram de mercado de trabalho principal. Por outro lado, os empregos instáveis e mal remunerados caracterizavam o mercado de trabalho periférico. No sector principal, as grandes empresas criaram relações de emprego de longa duração com trabalhadores que desenvolviam aptidões e evoluíam em carreiras bem definidas, ou alcançaram postos seniores em trabalhos sindicais que os protegiam de uma saída definitiva do mercado de trabalho. Trabalhos em sindicatos, negócios qualificados e postos no sector público são exemplos de empregos do sector principal disponíveis para trabalhadores apenas com o ensino secundário como habilitações máximas. No mercado periférico, os empregos não eram seguros e eram mal pagos.[31] Arne Kalleberg e os seus colegas, a partir do Inquérito sobre a População Actual de 1995, fornecem uma imagem actualizada do mercado de trabalho periférico através de um catálogo com as características dos maus empregos. Empregos em *part-time* ou temporários, pagando salários baixos e não proporcionando benefícios de saúde ou pensionistas, faziam parte de um em cada sete de todos os empregos nos Estados Unidos em 1995, e eram desempenhados na grande maioria por mulheres e pessoas oriundas de minorias sociais.[32]

Nos empregos do sector principal, as relações a longo prazo são a base e o alimento das relações de confiança entre trabalhador e patrão. Para investir em qualificações e estágios, os patrões têm de acreditar que os trabalhadores vão permanecer na empresa e que acabam por pagar o investimento neles feito. Por outro lado, os trabalhadores devem acreditar que os patrões lhes vão proporcionar um emprego seguro e uma ascensão na carreira, especialmente no início, se os salários do sector principal forem mais baixos do que os salários oferecidos no mercado de trabalho comum. George Akerlof descreveu esta ética de obrigações mútuas como uma troca de presentes parcial, na qual o trabalho árduo e a lealdade são trocados por um emprego seguro e pela promessa de salários elevados.[33] Se os empregos do sector principal dependem parcialmente destas mútuas obrigações e confiança entre patrão e trabalhadores, de onde vem esta confiança?

Se uma empresa confiar os seus recursos a uma relação profissional a longo prazo, terá de encontrar uma forma que pague este compromisso. Parece que, parcialmente, esta é uma consideração estreitamente económica. Os trabalhadores altamente qualificados podem ser vistos como a melhor aposta para os empregos no sector principal. Os empregadores podem também confiar nas referências dos seus trabalhadores vindas de amigos e conhecidos. Uma intervenção de um conhecido em relação um candidato a emprego poderá plantar a semente que virá a gerar um emprego a tempo inteiro. De facto, concluiu-se que as redes de referências são importantes na entrada para empregos do sector público, para empregos intelectuais e que exigem qualificações.[34] Em contrapartida, nos empregos no mercado de trabalho periférico, os empregadores pagam apenas o suficiente para atrair os que procuram trabalho e não fazem qualquer promessa a longo prazo de um emprego estável ou da existência de uma carreira. É menos provável que aqueles que conseguem encontrar emprego no mercado dos trabalhos menos bem remunerados não cheguem ao conhecimento dos empregadores.

Um cadastro prisional evita que as relações profissionais de longo prazo e de confiança se desenvolvam. Um cadastro afasta os ex-criminosos das carreiras profissionais pelos efeitos que tem nas aptidões, nas relações sociais e no estigma criminal. Este estigma da prisão não impede totalmente que um indivíduo consiga um emprego, apenas limita a entrada para empregos de elevado nível e a possibilidade de uma carreira. Os investigadores descobriram que indivíduos com ocupações de confiança e com elevados rendimentos, antes da condenação criminal, conseguem voltar a ocupar esses cargos e experimentam nomeadamente grandes perdas nos rendimentos após a libertação.[35] As lacunas civis que limitam a entrada dos ex-reclusos em ocupações licenciadas e em actividades qualificadas, mais tarde reduzem o seu acesso ao sector principal do mercado de trabalho. O estigma da acusação criminal, nos seus contornos formais e informais, restringe assim o acesso dos ex-condenados a posições que exigem confiança e que oferecem um emprego seguro.

A reduzida produtividade dos ex-criminosos também limita as suas hipóteses de emprego no mercado de trabalho principal. Os empregadores deste sector investem em estágios profissionais, na expectativa de que o investimento sirva de pagamento à medida que os trabalhadores progridem na carreira. Sem grandes níveis de escolaridade nem aptidões intelectuais, os ex-reclusos parecem ser maus investimentos. Muitos deles estão, assim, limitados a trabalhos no sector periférico, onde o emprego é precário e os salários não evoluem.[36]

Por fim, os contactos sociais que vão fornecendo informações acerca das oportunidades de trabalho podem deixar de existir com uma estada na prisão. Os laços sociais podem proporcionar a base para a confiança que leva um empregador a contratar quem procura emprego. Longos períodos passados na prisão enfraquecem os laços existentes entre os reclusos e as suas comunidades, e com contactos sociais vitais que podem servir de intermediário entre eles e o mercado de trabalho. De facto, se a prisão fortalece os laços existentes entre um indivíduo e aqueles que estão envolvidos na criminalidade, a rede de contactos sociais de um ex-recluso pode muito bem diminuir as hipóteses deste conseguir um bom emprego.

Embora muita da investigação se centre na média da perda de rendimentos associada à prisão, alguns estudos observam que o sistema penal direcciona os ex-reclusos para empregos instáveis com pouco crescimento salarial. Assim, Robert Sampson e John Laub descobriram que o tempo cumprido na prisão, por jovens com idades entre os 17 e os 25 anos, estava negativamente relacionado com os compromissos laborais quando atingissem as idades de 25 a 32 anos.[37] De modo semelhante, os etnógrafos urbanos afirmam que o sistema prisional proporciona um caminho para os mercados de trabalho periféricos e para as economias informais.[38] O trabalho de campo de Mercer Sullivan revela como os problemas com as autoridades desviavam os jovens hispânicos da cidade de Nova Iorque dos empregos qualificados. Sullivan escreve que, enquanto adolescentes, "a participação em crimes com vista à obtenção de dinheiro, e o consequente envolvimento no sistema de justiça criminal, por seu turno, mantinha-os afastados da escola e obrigava-os a abandonar os seus objectivos profissionais. Gaspar Cruz e Mario Valdez desistiram dos programas vocacionais para os quais tinham sido aceites."[39] Os encontros com os oficiais da liberdade condicional, a falta de qualificações profissionais e o estigma de um cadastro criminal conspiravam contra a obtenção de um emprego estável à medida que as idades destes rapazes avançavam.

> No final da adolescência, muitos destes jovens tinham já encontrado e perdido muitos empregos, e participavam, de forma insegura mas definitiva, no mercado de trabalho. Os salários, embora irregulares, substituíam o roubo como a principal fonte de rendimentos... No entanto, ainda se encontravam com frequência no desemprego, e geralmente recebiam salários baixos quando efectivamente trabalhavam.[40]

Robert Evans, analisando a situação profissional dos que estavam em período probatório, fez uma afirmação semelhante: "Conseguir um emprego não era um grande problema; pelo contrário, o problema era o tipo e a qualidade dos empregos."[41] Embora os ex-reclusos consigam com frequência encontrar trabalho, têm grandes falhas de confiança, de qualificações e de contactos sociais que abrem as portas aos empregos do sector principal.

Se a prisão impede o acesso aos empregos deste sector, é provável que os efeitos do encarceramento ultrapassem as penas salariais e de emprego que calculei até agora. No mercado de trabalho periférico, os empregos não são apenas mal remunerados: são também inseguros. Para além dos baixos salários e da insegurança, os empregos no mercado de trabalho periférico não pagam aos trabalhadores salários que variem de acordo com as suas idades, não contemplam aspectos relativos a trabalhos seniores em sindicatos nem progressão na carreira, características que levam ao aumento gradual dos salários dos jovens empregados no mercado de trabalho principal. Em suma, o aumento dos salários é lento para os trabalhadores no mercado de trabalho periférico. Se a prisão é meio caminho para este mercado de trabalho, deveríamos então verificar muitas mudanças de emprego e um lento aumento dos salários para os ex-criminosos.[42]

Conduzi dois testes adicionais a fim de analisar o envolvimento dos ex-reclusos no mercado de trabalho periférico. De modo a estudar as mudanças de emprego, calculei se tinham passado mais tempo no trabalho que têm actualmente do que aqueles sem cadastro prisional. O segundo teste analisava em que circunstâncias os salários aumentavam mais lentamente. Tal como aconteceu com a análise relativa aos salários e ao emprego, tentei aperfeiçoar os cálculos dos efeitos da prisão, analisando apenas os dados relativos a indivíduos envolvidos na criminalidade, controlando os efeitos fixos e as variáveis relacionadas com o tempo passado na prisão, com as consequências de um mau emprego.

De modo a descrever os efeitos da prisão na posse de um emprego, calculei o tempo passado a trabalhar no emprego actual para dois indivíduos hipotéticos. Com excepção do estatuto de recluso, estes dois indivíduos são idênticos em termos observacionais, trabalhando na mesma área, tendo a mesma idade, instrução, historial de consumo de drogas, e assim por diante. A diferença no encarceramento relativa à posse de um emprego não é estatisticamente relevante para os indivíduos brancos (gráfico 5.2, parte de cima). No entanto, esta diferença torna-se significativa para os indivíduos oriundos de minorias sociais. Calcula-se que um ex-recluso negro tenha passado cerca de 14 semanas menos no seu emprego actual do que um indivíduo que nunca tenha estado preso (21 contra 35 semanas de posse de emprego). Os trabalhadores hispânicos no INLJ passavam, em média, 28 semanas no seu trabalho actual, mas a posse de um trabalho para um ex-recluso hispânico é de 12 semanas menos. Estes resultados relativos aos negros e aos hispânicos indicam que um emprego duradouro e estável é menos comum entre os indivíduos com cadastro prisional.

O aumento lento dos salários está relacionado com as rápidas mudanças de empregos. A parte inferior do gráfico 5.2 mostra o salário ajustado aos valores da inflação relativo a um ex-recluso e a um indivíduo que nunca tenha estado preso, aos 25 e aos 35 anos. Os ex-reclusos brancos, negros e hispânicos experimentam todos um aumento dos salários consideravelmente mais lento do que aquele verificado para os seus semelhantes sem cadastro prisional. Os salários pagos à hora para a maioria dos indivíduos brancos aumentaram mais de cerca de 20% nessa faixa etária de 10 anos, de 11,18 dólares para 13,81 dólares. Por outro lado, os ex-reclusos brancos não experimentam praticamente nenhum aumento do seu salário base de 10,61 dólares por hora. Os salários dos negros são mais baixos do que os dos brancos. Um homem negro sem cadastro criminal, e com 25 anos, ganha praticamente o mesmo que um homem branco com cadastro – cerca de 10,60 dólares por hora.

Por volta dos 35 anos, o salário de um trabalhador negro aumentou para cerca de 12,15 dólares por hora, um aumento de 15%. Para um ex-recluso negro, o salário aumenta apenas um terço – só 5%, de 9,85 dólares para 10,40 dólares. Existe um padrão evolutivo semelhante para os indivíduos hispânicos, com os ex-reclusos a não experimentarem nenhum aumento salarial, ao passo que os indivíduos sem cadastro experimentam aumentos de 20%.

Em suma, os indivíduos sem cadastro prisional experimentam grandes aumentos nos salários recebidos à hora, por volta dos seus 30 anos. Como é típico dos indivíduos no mercado de trabalho periférico, os ex-reclusos não experimentam nenhum aumento significativo nos seus salários, por volta dos seus 35 anos. Estes resultados relativos à posse de um emprego e aumento salarial de indivíduos com cadastro prisional provam que a prisão não acarreta apenas penas económicas

Gráfico 5.2 – *Posse de emprego e subida do salário pago à hora*

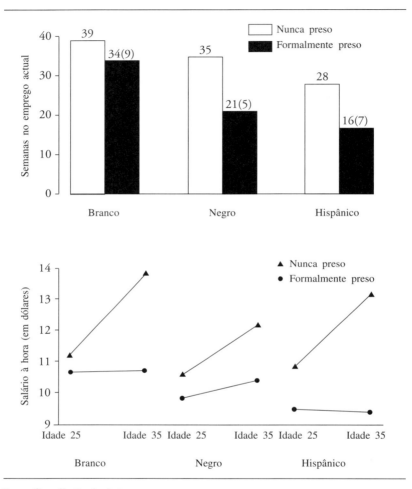

Fonte: Compilação do Autor.
Nota: O painel de cima refere-se à média de semanas em que esteve empregado no emprego actual aos vinte e cinco anos de idade (erro estatístico entre parêntesis). Os cálculos do painel em baixo sobre o aumento salarial e posse de emprego são retirados de modelos de efeitos fixos que controlam a idade, a instrução, a experiência laboral, a indústria, a região do país, o emprego no sector público, o estatuto da união, o estatuto matrimonial, o consumo de estupefacientes, envolvimento escolar, residência urbana, desemprego local, ano e uma interacção educacional anual.

no mercado de trabalho: também coloca os ex-reclusos no caminho dos maus empregos, caracterizados por mudanças frequentes e poucas hipóteses de progressão na carreira. Este custo económico da prisão evidencia a imobilidade económica dos indivíduos com cadastro prisional.

Geralmente, quando as pessoas têm 20 e 30 anos, experimentam um aumento considerável nos salários em empregos estáveis. Esta segurança de subsistência e a possibilidade de melhorias económicas têm uma importância tanto sociológica como económica. Um emprego seguro e a expectativa de mobilidade económica permitem que os homens se movimentem ao longo da vida e se integrem numa série de papéis sociais, tais como o de ganha-pão, o de chefe de família, o de marido e o de pai. Um registo irregular de empregos e de empregos mal remunerados torna os homens maus partidos para casar, e também lhes dificulta o papel daquele que sustenta uma casa. Assim, os empregos no mercado de trabalho periférico impedem os ex-reclusos de preencherem completamente muitos outros papéis destinados aos adultos. A prisão surge então como um acontecimento decisivo na vida de uma pessoa que fecha grandemente as possibilidades de ascensão social.

O CASTIGO DA PRISÃO SOBRE OS RENDIMENTOS GLOBAIS

Vimos anteriormente que o percurso de vida de uma geração de jovens negros nascidos a partir dos anos 60 se alterou com o grande aumento do número de reclusos. A prisão tornou-se uma fase normal na vida daqueles que deixaram o ensino secundário cedo, afectando, quando atingem os 35 anos, mais de metade dos jovens negros que abandonaram a escola secundária. Uma análise dos dados dos inquéritos sugere que os efeitos económicos da prisão são consideráveis e duradouros. Cumprir uma pena atrás das grades faz diminuir o salário destes homens, o emprego ao longo de um ano e o total dos rendimentos anuais. A prisão também redirecciona o percurso da vida ao entregar os ex-reclusos ao mercado de trabalho periférico que não oferece nem segurança de emprego nem mobilidade económica. Assim, existem provas fortes de que o fraco desempenho que vemos nos ex-reclusos se deve à prisão.

Os efeitos da prisão a nível individual parecem ser bastante grandes – os rendimentos anuais diminuem cerca de 30 a 40% e um cadastro prisional faz desaparecer o aumento dos salários dos 25 até aos 35 anos. Combinarão estes efeitos a nível pessoal com um encarceramento difuso, para produzir grandes efeitos globais nos rendimentos dos homens oriundos de minorias sociais e com baixos níveis de escolaridade?

Alarguei o estudo do inquérito analisando se os rendimentos globais mudariam muito se nenhum dos alvos do dito inquérito tivesse estado preso. A primeira fila do quadro 5.3 mostra a prevalência da prisão para os indivíduos do INLJ. Ao longo do inquérito, de 1979 a 2000, aproximadamente um em cada cinco negros e um em cada 10 hispânicos estiveram presos a determinada altura, comparado com um em cada 20 brancos. Ao longo dos 21 anos que durou o inquérito, calcula-se que a prisão diminui os rendimentos totais de um indivíduo entre aproximadamente 85.000 dólares e 114.000 dólares. A perda de rendimentos relativa aos ex-reclusos brancos é grande, porque, em média, ganham mais do que os negros ou os hispânicos.

A perda total dos rendimentos resultante da prisão é expressa como uma fracção dos rendimentos totais dos homens presos e como uma fracção dos rendimentos totais de todos os homens (quadro 5.3, filas 3 e 4). Concentrando-nos primeiro naqueles que vão para a prisão, os rendimentos totais conseguidos ao longo da vida seriam aproximadamente 40% mais elevados se estes homens nunca tivessem estado presos. O custo total em dólares da perda de rendimentos relativa aos 556 homens que estiveram presos e responderam ao inquérito do INLJ está calculado em 53,5 milhões de dólares. Como fracção do total dos rendimentos de todos estes homens, o efeito global da prisão é relativamente pequeno. Entre os homens brancos, a prisão produz uma perda de menos de 1% do total dos rendimentos de uma vida inteira. A perda económica gerada pela prisão é mais de duas vezes superior para os indivíduos hispânicos, mas mesmo neste caso, calcula-se que os rendimentos totais de uma vida inteira sejam apenas 2,1% mais elevados do que se os índices de encarceramento fossem nulos. Entre os negros, a perda de rendimentos começa a ganhar importância real. Se a prisão fosse reduzida a zero, os rendimentos totais de uma vida inteira seriam mais de 4% mais elevados.

A prisão não diminui em muito os rendimentos totais, mas faz realmente aumentar a pobreza. Esta é geralmente medida através da percentagem de população que vive com muito pouco dinheiro. Para calcular estas medidas, defino como pobres aqueles que estão nas 10 camadas mais baixas da distribuição dos rendimentos de uma vida inteira. A fila 5 na tabela 5.3 mostra a percentagem abaixo deste limiar, existente devido à prisão. Entre os brancos, a prisão gerou pobreza para toda a vida para 1% deles. Os efeitos são maiores para os homens oriundos de minorias sociais. Se não houvesse prisão entre os indivíduos hispânicos, os índices de pobreza cairiam cerca de 3 pontos percentuais de 7 a 3%. As maiores consequências encontram-se entre os negros pobres. Tendo em conta a presente definição, 18,5% dos homens negros são pobres, situando-se no último decil da distribuição dos rendimentos do INLJ. Sem a prisão, 4% dos jovens negros – um quinto de todos os negros pobres – sairiam da pobreza, e os índices de pobreza cairiam para 14,5%.

Quadro 5.3 – *Níveis globais de encarceramento e efeitos globais de encarceramento nos rendimentos ao longo da vida, 1981 a 2000, homens INLJ*

	Brancos	Hispânicos	Negros
1. Homens presos por volta do ano 2000 (percentagem)	5.0	11.3	19.3
2. Média da perda de rendimentos ao longo da vida ($1000s)	114.3	93.6	86.3
3. Perda de rendimentos ao longo da vida como percentagem do total dos rendimentos dos presos	43.6	41.2	42.3
4. Perda de rendimentos ao longo da vida como percentagem do total dos rendimentos de todos os homens	.8	2.1	4.3
5. Aumento em pontos percentuais nas taxas de pobreza entre todos os homens	1.0	2.7	4.0
6. Perda de rendimentos ao longo da vida como percentagem do custo do endcerramento	148.8	94.4	70.4

Fonte: Compilação do Autor, GEJ (2004).
Nota: Os cálculos da perda de rendimentos ao longo da vida baseiam-se na inflação-ajustada de 2004 dólares, calculado para a amostra completa dos homens de INLJ. Os homens pobres (fila 5) são definidos como os mais baixos da distribuição de rendimentos ao longo da vida específica à raça. Os custos do encarceramento (fila 6) foram retirados do relatório de GEI (2004) acerca das despesas das prisões estatais.

Embora a prisão contribua de forma significativa para a pobreza entre os negros, não acrescenta muito às desigualdades raciais presentes nos rendimentos de uma vida inteira. Por exemplo, a diferença de rendimentos entre negros e brancos diminuiria apenas em cerca de 3% se os índices de encarceramento fossem nulos. Os efeitos globais são pequenos, em parte porque aqueles em risco de serem presos ganham muito pouco, mesmo se não fossem presos. Embora a prisão exija um castigo relativamente grande a nível individual, uma perda de rendimentos de 40% tem um efeito pouco significativo na perda global, quando aqueles que sofrem a perda estão já abaixo do limiar da pobreza. Estes resultados mostram que o encarceramento em larga escala contribuiu menos para as desigualdades raciais do que para a desigualdade entre os negros, ao aumentar os níveis de pobreza relativos aos mesmos. Ao criar um fosso entre os rendimentos dos negros e dos brancos, a prisão fez aumentar a distância entre os negros pobres e os de classe média.

Outro estudo compara a perda dos rendimentos devido à prisão com os custos da própria prisão. Geralmente, os custos da prisão são calculados apenas a partir de orçamentos dos programas correccionais, e incluem os salários do pessoal que trabalha na prisão, os custos dos serviços proporcionados aos reclusos e outros custos correntes oriundos da gestão da prisão. A perda de rendimentos experimentada pelos ex-reclusos é, contudo, um custo económico do sistema penal também. A perda de rendimentos, se não se verificasse, daria para pagar impostos, sustentar famílias e contribuir de forma geral para manter os níveis de actividade na economia mais lata. De que forma podemos comparar a perda de rendimentos de uma vida inteira com os custos da prisão?

O Gabinete de Estatística da Justiça revela que, em 2001, os custos correntes dos sistemas estatais correccionais americanos perfaziam por ano 28,4 mil milhões de dólares, ou 22.650 dólares por recluso.[43] O custo de uma cama na prisão é mais elevado no Nordeste, cerca de 33.000 dólares por ano, e mais reduzido no Sul, cerca de 16.500 dólares. Utilizando o número médio de 22.650 dólares, o custo total da prisão dos indivíduos que responderam ao inquérito do INLJ, de 1983 a 2000, perfaz 54 milhões de dólares. A perda dos rendimentos de uma vida inteira, expressa como uma fracção deste custo da prisão sugere que o custo real da prisão é aproximadamente 150% mais elevado do que os custos orçamentais relativos aos brancos (quadro 5.3, fila 6). Relativamente aos indivíduos hispânicos, o custo real é cerca de 95% mais elevado. Quanto aos negros, e porque a perda de rendimentos é relativamente pequena, o custo é 70% mais elevado. No total, a perda de rendimentos oriunda da prisão quase faz aumentar para o dobro o orçamento da prisão.

Cálculos como estes recordam números semelhantes produzidos por penalistas para pesar a eficácia dos custos da prisão. Os cálculos relativos aos custos económicos do crime são comparados aos orçamentos dos programas correccionais, para verificar se a "prisão paga."[44] Esse estudo gerou muito pouco consenso acerca dos custos económicos do crime, não se tendo por isso chegado a acordo sobre a eficácia dos custos da prisão. O meu objectivo aqui não é confundir mais as coisas, mas simplesmente mostrar que uma variedade de custos associados à prisão não é normalmente calculada nas avaliações normais das medidas da justiça criminal. Se acharmos que a prisão paga, e que os custos da prisão compensam os custos da prevenção do crime, um registo completo do custo económico da prisão deveria considerar igualmente a perda dos rendimentos de uma vida inteira vivida por aqueles que foram libertados da prisão.

CONCLUSÃO

Ao longo dos últimos 30 anos, o surgimento de uma nova desigualdade deteriorou o nível de vida dos homens pouco qualificados e oriundos de minorias sociais, à medida que as oportunidades económicas surgiam em maior número para aqueles que tinham um curso superior, nas economias em expansão dos subúrbios ricos e do Sunbelt*. Os jovens oriundos de minorias sociais apenas com o ensino secundário carregavam o fardo do recuo da industrialização dos bairros do centro das cidades, e sofriam os maiores aumentos no encarceramento. Vimos anteriormente que uma prisão difusa caminhava a par da deterioração das posições económicas dos negros menos qualificados. Não só as desvantagens económicas estavam associadas a um crescente risco de prisão, como eram também acentuadas pelo tempo passado na mesma.

---

* Os estados do Sul e do Sudoeste dos Estados Unidos. [N. T.]

Para aqueles que tinham um cadastro prisional, os salários pagos à hora diminuíram em cerca de 15%, e os rendimentos anuais caíram de aproximadamente 30 para 40%.

A prisão era mais do que um infortúnio temporário que podia ser compensado com algum tempo passado na população activa. Em vez disso, passar algum tempo atrás das grades era um ponto de viragem que marcava as vidas de muitos homens menos qualificados envolvidos em crimes. Um cadastro prisional – com o estigma que acarreta e com os seus efeitos no capital humano e nas redes sociais – impedia os ex--reclusos de entrar no grupo pertencente ao mercado de trabalho. Para estes, um emprego estável e a progressão na carreira serviam de base para a experiência do progresso ao longo da vida – casar, estabelecer um lar e ter filhos. Os ex-reclusos, por outro lado, sofriam poucos aumentos salariais e nenhuma da riqueza modesta que vai surgindo com a idade. Estes efeitos da prisão a nível individual foram consideráveis. As consequências globais da prisão (pelo menos para a população-alvo do inquérito do INLJ) foram, contudo, pequenas. A este nível global, a prisão teve os maiores efeitos na comunidade negra, aumentando a distância entre os homens pobres e a classe média. O potencial monetário reduzido, por outro lado, não é a principal origem do fosso existente entre os homens negros e brancos. Ainda assim, o custo económico do encarceramento torna-se significativo quando comparado com o custo de uma cama na prisão. A perda de rendimentos ao longo da vida, resultante de uma estada na prisão, faz aumentar para o dobro o custo do encarceramento medido através de orçamentos dos programas correccionais.

A perda de rendimentos e o emprego também ameaçam o objectivo das medidas penais de controlo da criminalidade. Os criminalistas apresentam frequentemente provas de que a reabilitação está assente na existência de um emprego seguro. Um trabalho estável e vigiado elimina o desemprego que dá aos indivíduos uma oportunidade para cometer crimes. A rotina do trabalho diário reforça uma ética de obrigações mútuas entre patrão e trabalhador, e entre o trabalhador e aqueles que dependem do salário. Estas obrigações proporcionam àqueles que estão envolvidos em crimes um estado de conformidade que faz diminuir a criminalidade. Ao diminuir os rendimentos e confinando os ex-reclusos ao mercado de trabalho periférico, a prisão gera as condições económicas ideais para continuar no crime. Se um emprego estável é meio caminho para o afastamento da criminalidade, as oportunidades limitadas de emprego levantam sérios obstáculos a uma integração total na sociedade após o cumprimento de uma pena na prisão.

Os custos de uns elevados índices de encarceramento relativos às comunidades urbanas pobres, que fornecem a grande maioria dos reclusos nas prisões nacionais, não acabam com o mercado de trabalho. Os fortes mercados laborais urbanos dos anos 50 eram a fonte de toda uma vida social, apoiando e sustentando as famílias e prevenindo a criminalidade. O colapso dos mercados de trabalho urbanos relativos aos indivíduos menos qualificados, nos anos 60 e 70, levou ao aumento do número de pobres nos guetos. O aumento da pobreza nas cidades, por sua vez, contribuiu para o crescimento do número de crianças nascidas fora do casamento e para o número crescente de lares encabeçados por mulheres. É também provável que a redução das vidas activas dos ex-reclusos tenham estes efeitos na vida familiar e nas crianças. Prestemos agora atenção para as famílias e crianças presas na teia do sistema penal.

APÊNDICE: ANÁLISE DO INLJ

Os resultados aqui apresentados são baseados em análises regressivas de registos de salários pagos à hora, registos de rendimentos anuais e do número de semanas trabalhadas por ano.[45] Todas estas análises estão confinadas a amostras mais pequenas de indivíduos propensos ao crime que, ou estão presos, ou tiveram contacto com a justiça, registado no módulo criminal de 1980, ou estiveram detidos em calabouços, estando as detenções registadas nos suplementos de emprego de 1989 a 1993. Para um indivíduo i, alvo do inquérito, numa altura t, a regressão é a seguinte:

$$y_{it} = a_1 C_{it} + a_2 P_{it} + x'_{it} b + u_{it}.$$

onde C_{it} é a variável indicatriz que representa aqueles que estão na prisão, no momento presente, P_{it} vale 1 em todos os anos após a prisão, e vale zero nos anos antes da prisão, e x_{it} é um vector de covariáveis. O termo de erro, u_{it}, consiste num efeito fixo relativo a cada indivíduo e erro aleatório. O coeficiente a_1 mede apenas o efeito de incapacitação – os rendimentos perdidos enquanto estavam na prisão. O coeficiente, a_2, mede os efeitos após a saída da prisão. Os efeitos da prisão mencionados neste capítulo são baseados no coeficiente após a saída da prisão, a_2. De forma a calcular os efeitos da prisão no aumento salarial, I forma uma interacção entre a idade e a prisão, P_{it}.

Capítulo 6
A Prisão, o Casamento e a Vida Familiar

Tal como a prisão se tornou um acontecimento comum para os homens negros com menos qualificações, por volta de finais dos anos 90, também o sistema penal se tornou próximo para as suas famílias. Por volta de 1999, 30% dos negros sem curso superior com 35 anos já tinham estado presos e, graças à prisão, muitos foram separados das suas mulheres, namoradas e filhos. As mulheres e as crianças oriundas de comunidades urbanas pobres lidam agora com maridos e pais perdidos nas prisões e têm de se ajustar ao regresso deles da prisão. Os homens pobres e solteiros também são afectados, carregando o fardo do estigma do cadastro prisional, e tendo por isso mais dificuldades em casar nos bairros urbanos pobres.

As discussões familiares dos criminosos geralmente centram-se nos efeitos que o casamento tem na inibição da prática de crimes, mais do que na prisão. Os investigadores descobriram que o casamento proporciona um caminho fora da criminalidade para os homens com historial de delinquência. Claro que não é só o casamento, por si só, que o faz, mas o casamento num contexto de uma relação estável, afectuosa e construtiva, que proporciona o antídoto da criminalidade.[1] As mulheres e os membros da família, em tais relações, geram a teia de obrigações que controlam os jovens e diminuem os seus contactos com os amigos rapazes cujas reacções se aproximam do comportamento anti-social.[2] O grande aumento do número de reclusos coloca a ligação entre a criminalidade e o casamento sob um novo prisma. Se um bom casamento é importante para o afastamento da vida criminosa, que efeito tem a prisão no casamento?

As ligações entre prisão, casamento e família estão também relacionadas com a história mais abrangente do aumento das desigualdades nas cidades. Ao longo das últimas três décadas, a vida familiar americana sofreu uma alteração com a diminuição do número de casamentos e o aumento do número de lares monoparentais. Entre 1970 e o ano 2000, a percentagem de mulheres brancas casadas, com idades compreendidas entre os 25 e os 34 anos, diminuiu de mais de 80% para apenas mais de 60%. O número de casamentos relativos às mulheres afro-americanas diminuiu de 60% para cerca de 30%. A diminuição do número de casamentos fez aumentar o número de lares monoparentais, embora este efeito se limite àqueles onde as pessoas têm baixos níveis de escolaridade.[3] A percentagem de mães solteiras com um curso superior manteve um valor constante de cerca de 5%, mas a percentagem relativa às suas semelhantes com menos instrução aumentou de 8 para 18%. Estas tendências evolutivas tiveram um carácter mais dramático para as mulheres negras com menos instrução, com a percentagem de mães solteiras aumentando de cerca de 30% para mais de 50%. Por volta do ano 2000, os lares estáveis, com pai e mãe, tornaram-se relativamente raros, particularmente entre os negros com menos instrução.

Os investigadores que estudam o fenómeno da pobreza seguiram de perto o delinear de novos contornos nas famílias americanas. O número crescente de famílias encabeçadas por mulheres aumentou os riscos de uma pobreza duradoura para as mulheres e para as crianças. Crescer pobre também fazia aumentar o risco de uma criança sofrer de fracasso escolar, de uma saúde débil e de delinquência. Numa obra de meados dos anos 80, William Julius Wilson acompanhou o aumento do número de famílias negras encabeçadas por mulheres e o número cada vez menor de homens que podiam casar, nos bairros urbanos pobres.[4] Esta falta deveu-se a dois factores: os índices elevados de encarceramento e mortalidade masculinos marcaram um desvio no rácio relativo a este sexo, tornando mais difícil para as mulheres pobres das cidades encontrar companheiros. Contudo, estes efeitos foram pouco significativos, quando comparados com os elevados níveis de desemprego que deixaram apenas poucos homens negros dos centros das cidades capazes de sustentar a sua família. Muitos estudos realizados mais tarde analisaram o impacto do emprego destes indivíduos no número de casamentos, e descobriram que é menos provável que os desempregados sejam casados e que o desemprego pode levar ao aumento do número de divórcios ou separações.[5] Os estudos acerca dos efeitos do emprego dominavam as pesquisas sobre o casamento entre os desfavorecidos, e a ideia de que a prisão destabilizava a vida familiar não foi desenvolvida.

Aqui, estudo os efeitos do grande aumento do número de reclusos no casamento e na família. Dada a sua prevalência entre os jovens negros com menos instrução, a prisão pode ter destruído a vida familiar nos bairros urbanos pobres. Contudo, e antes de aceitar esta hipótese, deveríamos ter em conta que é pouco provável que os criminosos casem ou que construam fortes laços familiares, mesmo que não sejam presos. Tentarei clarificar as ligações entre o sistema penal, o casamento e a família, com três porções de provas empíricas. Primeiro, de maneira a compreender melhor os laços familiares dos reclusos, calculei o número de casamentos existentes entre eles, bem como o número de crianças com o pai preso. Em seguida, os dados oriundos de dois inquéritos sociais – o Inquérito Nacional Longitudinal sobre Juventude de 1979 (INLJ) [*National Longitudinal Survey of Youth* (NLSY)], e o Inquérito às Famílias em Risco sobre o Bem-Estar Infantil [*The Fragile Families Survey of Child Wellbeing*] – foram utilizados para calcular os efeitos da prisão nas hipóteses que um homem solteiro tem de casar, e os riscos que um homem casado têm de se divorciar. Embora o casamento seja geralmente associado ao afastamento da criminalidade e a um baixo risco de pobreza, os casamentos com ex-reclusos podem ser diferentes dos outros. Os criminosos graves têm historiais de um comportamento anti-social, de fracas capacidades intelectuais e de uma tendência para um comportamento impulsivo. Independentemente dos efeitos saudáveis do casamento na generalidade, as mulheres podem ter uma situação melhor sem maridos com cadastro prisional, especialmente se estes forem abusadores e violentos. Por fim, para então poder avaliar o bem-estar das mulheres casadas com ex-reclusos, voltarei aos dados das Famílias em Risco, de forma a analisar as ligações entre a prisão, o casamento e a violência doméstica.

OS EFEITOS DA PRISÃO: SELECÇÃO OU INCAPACITAÇÃO?

Os efeitos da prisão no casamento e nas famílias depende da força das ligações existentes entre o recluso e os seus familiares e comunidade. Sente-se menos falta de um indivíduo à margem da sociedade, sem amigos, ou sem outros laços sociais, do que de alguém vital para a sua comunidade e que esteja intimamente ligado à família e vizinhos.

Os estudos acerca dos efeitos da criminalidade e da economia no casamento sustentam uma visão céptica do efeito corrosivo da prisão na vida familiar. É frequente os criminosos terem fracos laços familiares. Por exemplo, era duas a quatro vezes mais provável que os jovens delinquentes estudados por Robert Sampson e John Laub se divorciassem do que os seus semelhantes não delinquentes. Enquanto casados, era duas a três vezes mais provável que os homens com antecedentes criminais tivessem uma ligação débil com as suas mulheres.[6] É também pouco provável que os pais com cadastro criminal tenham forte ligação com os seus filhos, e é provável que as suas famílias sejam mais instáveis.[7] Consequentemente, os baixos níveis de ligações familiares entre os ex-reclusos podem dever-se a um efeito de selecção e não à prisão. É menos provável que os criminosos desenvolvam laços fortes com as suas mulheres e filhos, independentemente de estarem presos.

Nem temos mesmo a necessidade de mencionar a criminalidade presente na vida de um recluso para duvidar das suas ligações com as mulheres e filhos. As fracas ligações conjugais e familiares já existiam há muito tempo nos bairros negros pobres, antes do grande aumento da população prisional. O trabalho de Wilson reavivou o interesse nas estruturas familiares dos afro-americanos desfavorecidos, mas as ténues ligações dos homens negros com as mulheres e filhos, nos bairros dos centros das cidades, têm sido observadas pelo menos já desde o estudo do século XIX de W. E. B. DuBois acerca do Sétimo Bairro de Filadélfia. Nesse gueto, um baixo número de casamentos foi tido como sendo o eco "da falta de rigor nos hábitos do regime esclavagista" e reflecte as dificuldades de sustentar uma casa sem salário.[8] Uma linha de análise sociológica de DuBois, a partir de E. Franklin Frazier e Gunnar Myrdal até ao trabalho de Daniel Patrick Moynihan acerca da *Família Negra,* também acompanhou a instabilidade familiar entre os negros pobres das cidades até ao legado da escravatura e às privações da irregularidade profissional e dos baixos salários.[9] Os etnógrafos urbanos pegaram nesta análise, frequentemente dando ênfase às origens económicas do afastamento dos homens das suas famílias. Para o negro desempregado de Elliot Liebow na obra *Tally's Corner*, "o facto concreto de sustentar a nossa própria mulher e filhos define a principal obrigação de um homem", mas "há uma falta crónica de dinheiro e esta é, igualmente, uma fonte crónica de discórdia em casa."[10] Liebow conclui que

> o casamento é um acontecimento de fracasso. Permanecer casado é viver com o próprio fracasso, ser confrontado com ele, dia sim, dia não. É viver num mundo cujos níveis de masculinidade estão para sempre fora do nosso alcance, onde somos permanentemente testados e continuadamente num estado de desejo.[11]

Este é o contexto histórico e social do efeito de selecção. Nos bairros pobres dos centros das cidades, onde as relações entre os sexos são quezilentas e os laços conjugais são perturbados pela pobreza, de que forma é que o grande aumento do número de reclusos podia piorar ainda mais as coisas? Nestas comunidades, os homens desempregados envolvidos na criminalidade, sem companheiras fixas nem ligações com os filhos, são pouco notados. Têm poucos laços sociais para serem cortados pela prisão. Em suma, a hipótese da selecção avisa que os homens com o risco de serem presos têm traços específicos e vivem em situações que frustram o desenvolvimento de famílias estáveis, com pai e mãe juntos.

Contra este cepticismo acerca dos efeitos da prisão, alguns etnógrafos descreveram a rede rica de relacionamentos dos homens com cadastro criminal. Segundo estas opiniões, o sistema penal tem uma profunda influência na deterioração dos laços familiares. Se pensarmos que os homens que vão para a prisão estão envolvidos em relações familiares e comunitárias, mandar um homem preso gera um "efeito de incapacitação." O termo incapacitação geralmente descreve o modo como a prisão faz diminuir a criminalidade, ao evitar que os reclusos cometam crimes na sociedade.[12] Tal como o sistema penal afasta os reclusos da criminalidade, também pode evitar que desempenhem os papéis positivos na sociedade, tais como o de namorado, o de marido e o de pai. Claro que, enquanto estão presos, estes homens têm poucas oportunidades de encontrar companheiras e de se casarem. Os homens casados são impedidos de contribuir emocional e financeiramente para as suas relações primárias.

A ligação dos reclusos com as suas famílias reflecte-se no compromisso que assumem como pais. Por exemplo, Kathryn Edin e os seus colegas descobriram que ser pai era um ponto de viragem que dava um novo sentido às vidas dos homens envolvidos na criminalidade. Muitos dos pais com que Edin falou descreviam os seus filhos como "alguém que os tinha salvo" das ruas.[13] Os investigadores de campo também não encontram muitas provas que atestem o facto de os ex-reclusos aderirem a uma subcultura marginal que rejeita a paternidade como um valor. Em vez disso, é comum os ex-reclusos manifestarem o desejo de estarem perto dos filhos, apesar dos obstáculos do desemprego, de uma educação escolar limitada e do cadastro criminal.[14] A observação de campo ecoa outras etnografias urbanas, nas quais os homens e as mulheres residentes em bairros pobres dão muita importância a uma família unida, com pai e mãe, mas têm muitas dificuldades em mantê-la.

Contudo, e para que a prisão afecte de forma negativa a vida familiar, é exigido mais aos reclusos do que apenas afirmações de defesa dos valores familiares. Os reclusos têm de ter família e amigos para se sentirem emocionalmente tocados. Edin e os seus colegas entrevistaram uma grande quantidade de pais presos e os seus filhos em Charleston, na Carolina do Sul, e defenderam que os efeitos da ausência paterna são enormes e vastos:

> A prisão implica que, muitas vezes, os pais percam aqueles momentos-chave que servem para construir laços entre pais e filhos e para mostrar à comunidade onde vivem que pretendem apoiar os seus filhos tanto financeira como emocionalmente. Estes momentos-chave incluem assistir ao parto ou presenciar marcos fundamentais do desenvolvimento da criança, tais como aprender a falar e a andar. Defendemos que ausência do pai nestes momentos cruciais pode enfraquecer a sua ligação com a criança e, anos mais tarde, a ligação da própria criança com o seu pai.[15]

Fazendo referência ao seu trabalho de campo nos bairros pobres do sudeste de Washington, D.C., Donald Braman conta a história de Kenny, detido e à espera de julgamento por assassinato: "O Kenny foi uma das primeiras pessoas a cuidar dos seus filhos, ajudou a mãe a pagar a hipoteca e ajudou financeiramente na educação universitária da sua sobrinha em Howard."[16] O próprio Kenny comenta

> Eles estão a tentar arranjar a casa e... agora é mais lento porque eu não estou lá para fazer o trabalho... Arranjo o carro e arranjo a canalização e, sabe, quando ninguém está presente e ninguém têm dinheiro para pagar um especialista para fazer este tipo de consertos, torna-se muito difícil quando se tem de arranjar dinheiro para consertar as coisas.[17]

Para Edin e Braman, mesmo as famílias pobres formam uma rede de apoios sociais e de ajuda mútua. De facto, as mulheres e as crianças pobres dependem particularmente das redes familiares porque não têm dinheiro para procurar ajuda no mercado. A perda dos pais para a prisão impõe assim um fardo pesado.

Para aqueles que defendem os efeitos de ruptura da prisão, as famílias são também vistas como tendo de pagar um preço pela sua ligação com os familiares presos. Os membros das famílias devem ultrapassar os obstáculos, de forma a poderem comunicar com os seus parentes presos – apanhar o autocarro até uma instituição distante, aceitar chamadas caras a pagar no destinatário, trocar correspondência passada a pente fino pelas autoridades correccionais.[18] Tal como os reclusos, aqueles que os visitam estão expostos às muitas rotinas triviais e às humilhações da vida institucional: esperar para ser chamado, passar por detectores de metais, mostrar identificação, ter de se submeter a investigações, e assim por diante. Também estes parentes estão a ser, até certo ponto, institucionalizados.

As hipóteses de selecção e de incapacitação proporcionam duas visões contrastantes acerca da força dos laços familiares de um recluso. A hipótese de selecção afirma que aqueles que vão para a prisão teriam uma ligação débil com a sua mulher e filhos, mesmo não estando presos. A de incapacitação defende que os reclusos assumem um compromisso com a sua posição de pai, têm ligações com os familiares e comunidade, e a sua retirada da liberdade impõe momentos difíceis à família deixada para trás. Estes são os argumentos-base do debate. Vamos agora prestar atenção a algumas provas empíricas, de forma a desfazer o nó existente nestes argumentos rivais.

A PATERNIDADE E O CASAMENTO PARA OS RECLUSOS

De maneira a analisar os laços familiares dos reclusos, começo simplesmente por descrever os números relativos aos casamentos e à paternidade entre eles. O gráfico 6.1 estabelece a comparação entre estes números para aqueles indivíduos que não estão presos. O número dos casamentos é calculado para os homens não-reclusos e para aqueles presos ou detidos, com idades compreendidas entre os 22 e os 30 anos, no ano 2000. Os números relativos à paternidade referem a percentagem de homens não-reclusos e aqueles presos em instituições estatais, com idades compreendidas entre os 33 e os 40 anos que por volta de 1997 ou 1998 nunca tinham tido filhos.

Os números relativos ao casamento para os presos e detidos são muito baixos quando comparados com aqueles que estão em liberdade. A probabilidade de os reclusos brancos na casa dos 20 anos serem casados reduz-se para menos de metade daquela relativa aos seus semelhantes em liberdade. O fosso da prisão no casamento é também maior para os negros e hispânicos.

Gráfico 6.1 – *Casamento e paternidade de reclusos e não-reclusos*

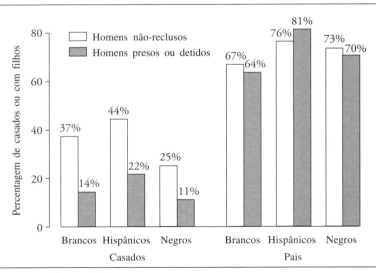

Fonte: Compilação do Autor.
Nota: A taxa de casamento foi calculada para homens com idades entre os 22 e os 30 anos. A prevalência de paternidade foi calculada para homens com idades entre os 33 e os 40, de 1997 a 1998. Ver o apêndice para as fontes de informação.

A PRISÃO, O CASAMENTO E A VIDA FAMILIAR

Os níveis gerais de casamento são mais elevados para os indivíduos hispânicos mas, neste caso, é provável que apenas metade deles sejam casados, comparando com os que se encontram em liberdade. Os níveis de casamentos são mais baixos para os negros. Apenas 11% dos reclusos negros são casados, comparado com 25% para aqueles que estão em liberdade. Em suma, o número de casamentos relativos aos reclusos negros na casa dos 20 anos é apenas cerca de metade do número verificado para a população livre.

Embora o casamento seja pouco comum para os reclusos, a paternidade não o é. O gráfico 6.1 mostra a percentagem dos homens que, perto dos 40 anos, nunca tinham tido filhos. A prevalência da paternidade entre os reclusos é quase a mesma do que aquela relativa aos indivíduos livres. Entre os negros, por exemplo, as percentagens estão entre os 70 e os 73%. As percentagens são muito semelhantes também para os brancos e hispânicos.

A combinação entre elevados índices de encarceramento e uma grande proporção de pais entre os reclusos significa que agora muitas crianças têm o pai preso.

Gráfico 6.2 – *Crianças com pais presos ou detidos*

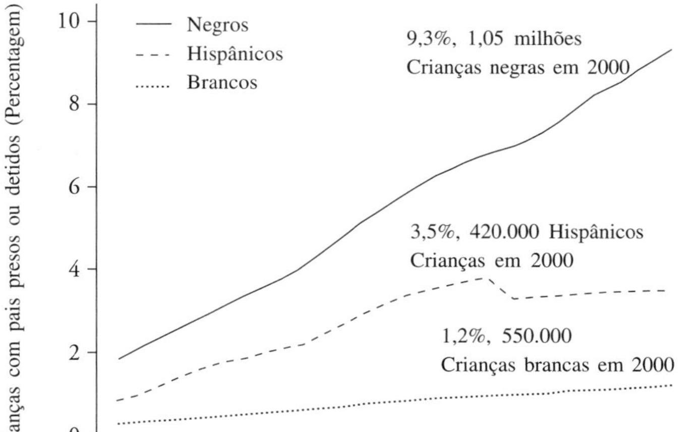

Fonte: Cálculos do Autor sobre a informação do Surveys of Inmates of State and Federal Correctional facilities e Surveys of Inmates of Local Jails, e informação do March Current Population Survey (1979-2000).

Os dados oriundos de inquéritos feitos aos presos e detidos podem ser usados para calcular o número de crianças com os pais privados de liberdade. Uma série destes dados, de 1980 a 2000, mostra que o número total de crianças com o pai preso aumentou seis vezes de cerca de 350.000 para 2,1 milhões, quase 3% do número total de crianças em todo o país no ano 2000 (gráfico 6.2). Entre os brancos, a fracção de crianças com o pai preso ou detido é relativamente pequena, cerca de 1,2% no ano 2000. Este número é cerca de três vezes maior (3,5%) para os indivíduos hispânicos. Entre os negros, mais de um milhão, ou uma em cada 11 crianças tinha o pai preso ou detido no ano 2000. Os números são mais elevados para as crianças mais pequenas: por volta desse ano, 10,4% das crianças negras com menos de 10 anos tinha o pai preso ou detido. Tal como a prisão se tornou um acontecimento normal na vida dos jovens negros desfavorecidos, a prisão destes pais tornou-se um lugar comum para os seus filhos.

Os índices de encarceramento parental elevados traduzem-se em índices de ruptura familiar igualmente elevados. Um relatório do Gabinete de Estatística da Justiça mostra que cerca de 45% dos reclusos em 1997 viviam com os filhos quando foram presos.[19] Geralmente, os reclusos mantêm-se em contacto com os filhos. Mais de 60% dos prisioneiros estatais mantêm pelo menos um contacto mensal por carta ou telefone. As visitas são relativamente raras. Mais de metade da população reclusa americana está presa a mais de cem quilómetros de casa, e apenas um em cada cinco é visitado pelo menos mensalmente pelos seus filhos. As mães são, geralmente, as guardiãs destas relações. Se os homens presos mantêm um bom relacionamento com as mães, é mais provável que assim os filhos visitem ou escrevam aos pais.[20] Contudo, e apesar do número reduzido de casamentos entre os indivíduos afro-americanos, é mais provável que as crianças mantenham algum contacto com os seus pais presos do que os brancos ou hispânicos.

É pouco provável que os reclusos sejam casados, mas têm realmente grandes laços familiares, que se reflectem no elevado número de crianças com o pai preso. Cerca de metade delas mantém alguma ligação com os seus pais, estando a viver com eles na altura em que foram presos e mantendo o contacto durante a estada deles na prisão.

OS EFEITOS DA PRISÃO NO CASAMENTO E NO DIVÓRCIO

A prevalência do casamento e da paternidade entre os presos e os detidos diz-nos algo acerca do efeito de incapacitação da prisão. Os homens atrás das grades não podem desempenhar na totalidade os papéis de pai e de marido. É pouco provável que os homens solteiros casem enquanto estão presos. Na comunidade livre, o efeito de incapacitação assume, nas comunidades pobres, a forma de rácios relativos aos dois sexos, mas que pendem mais para um dos lados. Por exemplo, há apenas 62 homens para cada cem mulheres nos bairros de Washington, D.C. com elevados índices de encarceramento.[21] Fazendo o estudo das regiões americanas, William Sabol e James Lynch quantificam os efeitos da saída dos homens das prisões. Depois de terem em conta os êxitos educacionais, a obtenção de benefícios sociais, a pobreza, o emprego e o crime, Sabol e Lynch descobriram que o aumento para o dobro do número de negros que deram entrada em prisões, entre 1980 e 1990, está associado a um aumento de 19% no número de famílias encabeçadas por mulheres negras.[22]

O efeito de incapacitação capta apenas parte do impacto no casamento do grande aumento do número de reclusos. Nas palavras de Wilson, a prisão também afecta negativamente a possibilidade que um homem tem de se casar. Wilson acompanhou desde a diminuição do número de casamentos entre os pobres residentes em guetos até à crescente incapacidade de os jovens negros mais desfavorecidos sustentarem famílias.[23] A prisão destrói ainda mais os desejos económicos destes homens. Vimos anteriormente que a prisão faz diminuir os salários, torna mais lento o aumento dos mesmos, faz aumentar o desemprego e torna a posse de um emprego mais instável. Se um fraco registo de emprego debilita as possibilidades de um homem solteiro se casar e contribui para o risco de divórcio entre aqueles que são casados, os efeitos económicos da prisão diminuirão a probabilidade de casamento para aqueles que já estiveram presos ou detidos.

Wilson mediu a possibilidade de casamento maioritariamente através do emprego, mas o cadastro criminal de um homem também assinala a sua capacidade para cuidar e sustentar a sua família. Enquanto as mulheres pobres cuidam do estatuto económico dos homens, também se preocupam com a honestidade e respeitabilidade deles. As entrevistas etnográficas de Edin mostraram que estas preocupações não-económicas pesavam bastante para as mulheres com baixos rendimentos em Filadélfia.[24] As mulheres que Edin entrevistou nutriam uma profunda descrença pelos homens. Hesitavam muitas vezes em relação ao casamento ou em desenvolver uma relação amorosa, porque viam como inevitável a infidelidade conjugal dos homens. Alguma da confiança das mulheres nos homens foi abalada por terem tido namorados que gastavam as poupanças da casa em droga ou bebidas, e depois não davam a devida atenção aos filhos. Esta atitude cautelosa advinha igualmente do baixo estatuto social dos homens. Para as mulheres na amostra de Edin, o casamento era um caminho para a respeitabilidade, mas "casar com um homem economicamente improdutivo significa... continuar permanentemente nesse estatuto muito baixo."[25] Elijah Anderson faz um comentário semelhante, mas no sentido oposto, descrevendo os sonhos das raparigas adolescentes dos bairros pobres, "o sonho de viver feliz para sempre com os nossos próprios filhos, numa boa casa e num bom bairro – fundamentalmente o sonho de ter o estilo de vida da classe média americana."[26] Nestes casos, é o estatuto social dos homens desempregados e a sua falta de auto-estima, bem como os seus recursos materiais que não os tornam bons partidos para casar.

Se a confiança e a reputação medem os aspectos não-económicos da possibilidade ou não de um casamento, a prisão, de igual modo, destruiu a quantidade de homens que podiam casar. Tal como o estigma da prisão acarreta desvantagens para o mercado de trabalho, também faz diminuir as possibilidades de casamento para os homens. Aqueles que têm problemas com as autoridades não podem oferecer a mesma respeitabilidade que muitas mulheres pobres procuram nos seus companheiros. Um cadastro prisional – o selo oficial da criminalidade – pode trazer problemas às mães que procuram a estabilidade no lar. Por exemplo, as entrevistas de Edin descreviam a aversão das mulheres pelo tráfico de droga, mesmo quando trazia dinheiro para o casal: "As mães temem que se os seus maridos se envolvam em tráfico de droga, que eles possam armazenar armas em casa, droga ou dinheiro vindo dela, e que a violência vivida nas ruas os possa seguir até casa."[27] Devido ao facto de o casamento proporcionar uma forma de estatuto melhor, os problemas que um cadastro criminal ameaça acarretar podem ser ainda mais odiosos do que o desemprego crónico.

O estigma da prisão também coloca sob pressão as relações existentes. Erving Goffman descreve a qualidade de contágio deste estigma que perpassa pelas relações: "No geral, a tendência que um estigma tem de partir do indivíduo estigmatizado e alastrar-se até aos seus conhecimentos mais próximos é a razão pela qual tais conhecimentos têm tendência para ser evitados ou, se existirem, para terminar."[28] O trabalho de campo de Braman em Washington, D.C., proporciona uma prova empírica. Este autor defende que a elevada prevalência do encarceramento pouco faz para diminuir o efeito deste estigma. Braman conta a experiência de Louisa, cujo marido, Robert, foi preso após ter sido acusado de assalto à mão armada, e depois de ter passado um longo período fora da prisão e em recuperação da sua dependência de droga. O casal

> chegou a pensar e a autodefinir-se como sendo dois cidadãos moralmente acima da média e que frequentavam a igreja. Por causa disto, Louisa sentiu muito mais intensamente o estigma da prisão recente do marido. Começou a evitar os amigos e a família, não querendo falar da prisão de Robert e mentindo-lhes quando falava.[29]

Louisa chegou também a afastar-se da sua extensa família e sofreu uma depressão enquanto Robert esteve preso. Braman defende que o estigma da prisão é muito mais duro para os familiares do que para o próprio criminoso, porque as mulheres e os filhos trabalham e vivem fora da prisão, estando expostos à crítica dos vizinhos e de outros membros da comunidade.

A separação imposta pela prisão é também um fardo pesado para as relações. As entrevistas feitas a ex-reclusos sugerem que as amizades que se antecedem às relações amorosas se deterioram com o passar do tempo. Geralmente, as mulheres tornam-se mais independentes e auto-suficientes enquanto os seus companheiros estão presos.[30] Tal como as mulheres alvo do inquérito de Edin desconfiavam do compromisso dos homens, Anne Nurse revela que a sua amostra da Califórnia de criminosos juvenis estava permanentemente desconfiada da fidelidade das suas mulheres e namoradas. Com frequência, estes medos tinham fundamento, e muitas relações amorosas terminaram ainda enquanto os homens estavam presos.[31]

O fardo da prisão pode ainda enfraquecer as já frágeis relações entre os dois sexos nos bairros pobres das cidades. O efeito de incapacitação da prisão – a retirada dos homens da possibilidade de casamento – faz diminuir as oportunidades do mesmo para eles. A pena económica da prisão e os seus custos no estatuto social podem ter aprofundado a falta de possibilidades de casamento para os homens com registo criminal. Os efeitos de incapacitação, das desvantagens económicas e do estigma deveriam ser encontrados nos números baixos de casamento e nos elevados riscos de divórcio ou separação para aqueles que têm cadastro prisional. Em qualquer teste empírico, no entanto, deve constar que os baixos números de casamentos entre os ex-reclusos podem dever-se, mais do que à prisão, a meios de selecção. Peso estes argumentos concorrentes ao analisar os dados oriundos do inquérito do INLJ.

OS EFEITOS DA PRISÃO NO INLJ

Mostro como as hipóteses de uma pessoa casar evoluem ao longo do tempo ao calcular a fracção da população que se casa pela primeira vez numa determinada idade. Calcular o número de casamentos para intervalos etários regulares mostra como a prevalência do casamento se torna mais significativa à medida que a idade avança. Os dados do INLJ podem ser usados para calcular os dados relativos ao número de primeiros casamentos, tanto para os homens que nunca estiveram presos como para aqueles que estão presos antes da idade dos 40 anos. Tal como a análise anterior dos salários, a prisão é comentada pelos indivíduos que são entrevistados na mesma ou no calabouço. Também utilizo dados de um conjunto especial de perguntas feitas em 1980, que registam os entrevistados que passaram algum tempo numa instituição correccional. Ao longo da análise dos casamentos, os entrevistados do INLJ são acompanhados desde a idade de 18 anos até ao casamento, ou desde os 40, dependendo da idade antes do casamento. (Uma grande quantidade dos homens entrevistados que se casaram antes dos 18 anos são retirados da análise.)

Os números relativos ao primeiro casamento daqueles que nunca estiveram presos e daqueles que estiveram são mostrados no gráfico 6.3. A linha contínua indica o número de casamentos relativos aos homens que estiveram sempre em liberdade. Aos 18 anos, a amostra completa dos homens do INLJ não se encontra casada, mas a percentagem dos que nunca casaram é mais acentuada entre os 20 e os 25 anos. Por volta dos 26 anos, mais de metade dos homens que nunca estiveram presos estavam casados. Os números relativos ao casamento diminuem a partir desta idade, mas apenas um em cada oito dos que nunca estiveram presos permanecem solteiros até aos seus 40 anos. Façamos a comparação entre o número de casamentos relativos aos indivíduos que estão presos ou detidos. Por volta dos 26 anos, cerca de 25% dos homens envolvidos no sistema penal tinham casado, comparado com 46% relativos aos indivíduos sem cadastro prisional. Por volta dos 40 anos, dois em cada cinco homens presos permaneciam solteiros.

Claro que os baixos números de casamentos relativos aos homens presos não se devem inteiramente aos efeitos da prisão. A selecção feita aos indivíduos que são presos explica também a grande influência da prisão no casamento. É mais provável que aqueles que cumprem penas atrás das grades sejam afro-americanos, que tenham pouca instrução e que estejam envolvidos em crimes.

Gráfico 6.3 – *Níveis do primeiro casamento para homens*

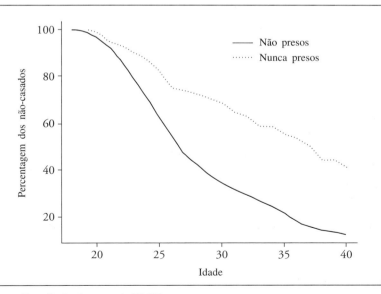

Fonte: Compilação do autor de NLSY.

Estes factores estão também associados a uma fraca possibilidade de casamentos, independentemente do envolvimento no sistema de justiça criminal. De forma a isolar o impacto da prisão, teremos de ter em conta os muitos factores associados com a prisão e que também afectam as possibilidades de casamento. Com efeito, temos de encontrar um grupo que sirva de comparação que se assemelhe aos nossos reclusos, em todos os aspectos, excepto no que concerne a sua história na prisão.

De maneira a tal fazer, farei um ajuste aos efeitos dos factores que influenciam a possibilidade de casar e de ser preso. Os ajustes estatísticos relativos a factores como a raça e a escolaridade que estão ligados ao casamento e à prisão ajudam na selecção não-aleatória dos homens no sistema penal. Os controlos feitos relativos à raça e à escolaridade permitem-nos calcular as diferenças nos números de casamentos relativos a um ex-recluso e a alguém livre, pertencendo à mesma raça e tendo o mesmo nível de escolaridade. Podem ser introduzidas muitas variáveis de forma a minimizar as diferenças entre aqueles que estiveram presos e o grupo de comparação, onde não constam reclusos. Uma investigação anterior acerca do casamento sugere que devíamos ter também em conta factores como o local onde o indivíduo mora, se é católico ou uma pessoa muito religiosa, e se teve filhos antes do casamento. (Ter filhos antes do casamento aumenta as possibilidades do mesmo acontecer.) A selecção pode também ser controlada, se considerarmos que o comportamento criminoso, mais do que a prisão, pode fazer com que seja menos provável que um homem se case. De maneira a ajudar a separar estes efeitos, tenho também em conta o consumo recente de drogas e o auto-testemunho acerca de delinquência violenta. Ter em consideração a demografia, a religião e o comportamento criminoso proporciona a existência de um grupo de comparação que é relativamente semelhante, mas difere em grande parte no estatuto de recluso. Como iremos ver, muitos dos efeitos da prisão no número de casamentos devem-se aos efeitos destas variáveis de controlo.

Estas variáveis podem também ser utilizadas para estudar os mecanismos causais que explicam o modo como a prisão diminui as possibilidades de casamento. Os três mecanismos – incapacitação, estigma e desvantagens económicas – são observáveis em gradações variáveis. A incapacitação é o mais transparente, captado pela baixa probabilidade de casamento entre os homens, presos, ou detidos. O estigma da prisão é difícil de medir através de dados oriundos dos inquéritos, mas se este estigma leva a que os homens casem menos, os efeitos da prisão permanecerão activos após a libertação dos reclusos, porque a reputação de criminoso persegue o ex-recluso ao longo da sua reinserção social. As desvantagens económicas são directamente observadas a partir dos níveis de emprego dos indivíduos, medidos aqui pelo número de semanas que a pessoa trabalhou no ano anterior. A prisão faz diminuir o número de casamentos através das desvantagens económicas, onde a diminuição do emprego, devido à prisão, torna os homens partidos menos atraentes. Se o facto de se ter em conta o casamento diminui de modo significativo os efeitos calculados da prisão, podemos então dizer que as diferenças no emprego entre os homens livres e os ex-reclusos ajudam a explicar os efeitos da prisão no casamento.

A PRISÃO E O PRIMEIRO CASAMENTO

A análise relativa ao primeiro casamento prevê dois efeitos da prisão: primeiro, esta é captada calculando a diminuição do número de casamentos no ano em que o homem está preso ou detido. Segundo, de maneira a calcular os efeitos do estigma já referido e das desvantagens económicas, analiso também se um indivíduo com cadastro prisional tem menos possibilidades de casar após ter cumprido a sua pena de prisão.

Sem surpresas, os dados mostram claramente que é pouco provável que os reclusos casem. Sob uma variedade de modelos estatísticos, com diferentes variáveis de controlo, os homens atrás das grades têm cerca de 70% menos probabilidades de casar no ano em que foram presos, comparado com os seus semelhantes livres. Embora o efeito de incapacitação da prisão seja grande, as suas implicações são menos abrangentes que os possíveis efeitos do estigma social e das desvantagens económicas, que podem diminuir o número de casamentos para os homens que saem das prisões. Quão fortes são as provas que atestam para os efeitos da prisão, depois da libertação, no casamento?

Os efeitos da prisão são mostrados comparando a probabilidade do primeiro casamento acontecer por volta dos 40 anos, relativa a dois homens que sejam semelhantes em muitos aspectos menos no estatuto de recluso. A probabilidade de casamento é calculada em relação a um homem com o ensino secundário e que nunca se casou, que vive no Nordeste, que consome drogas, mas sem qualquer historial de delinquência violenta, que não é uma pessoa religiosa e que tem um filho. Comparamos as possibilidades que este homem tem de se casar com as de outro com as mesmas características, mas que esteve preso durante um ano, aos 25 anos. O gráfico 6.4 mostra os efeitos da prisão no casamento sob dois pontos de vista. Primeiro, partimos do princípio que o emprego destes homens não tem um impacto directo sobre o casamento. Se é mais provável que aqueles com elevados índices de emprego se casem, os baixos números de casamentos relativos aos ex--reclusos dever-se-ão em parte aos seus elevados níveis de desemprego. Em seguida, acreditamos que o emprego afecta, de forma directa, o casamento. Depois de fazer um ajuste ao emprego, os efeitos calculados da prisão no casamento diminuirão se as desvantagens económicas explicarem o baixo número de casamentos relativos aos ex-reclusos.

    Os efeitos da prisão são diferentes para os homens brancos, hispânicos e negros. Apenas mais de 95% dos ex-reclusos brancos casam por volta dos 40 anos, aproximadamente o mesmo valor para os seus semelhantes que nunca estiveram presos. Há provas mais fortes dos efeitos da prisão no número de casamentos para os hispânicos. Apenas mais de 84% dos ex-reclusos se casam, comparado com apenas mais de 87% relativos aos seus semelhantes observavelmente idênticos. Embora seja estatisticamente relevante, esta diferença é, na verdade, muito pequena. É maior para os negros. Um indivíduo negro sem cadastro prisional tem cerca de 54% de hipóteses de se casar perto dos 40 anos, comparado com 43% de hipóteses para os seus semelhantes com cadastro limpo.

    Se os ex-reclusos não casam porque não têm emprego, os efeitos da prisão no casamento deveriam ser menos significativos quando se fizesse uma correcção nas diferenças nesse mesmo emprego. Ter em conta o emprego explica totalmente os efeitos da prisão no casamento relativos aos homens hispânicos. No entanto, esta consideração explica apenas parcialmente o fosso numérico entre os negros, diminuindo-o de 11,4 para 5,7 pontos percentuais. Claro que o défice no emprego dos ex-reclusos não se deve inteiramente à prisão. Os cálculos do capítulo 5 mostraram que a prisão diminui as possibilidades de emprego dos negros em cerca de 15%. Ainda assim, os resultados sugerem que uma melhoria no acesso ao emprego para os homens saídos da prisão contribuirá positivamente para uma maior possibilidade de casamento.

Gráfico 6.4 – *Efeitos do encarceramento na probabilidade de casamento dos homens*

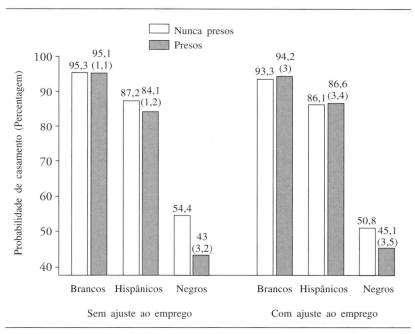

Fonte: Compilação do autor, do NLSY.
Nota: Os números entre parêntesis indicam o erro estatístico estimado, aproximadamente igual a 1,65 vezes o erro corrente das estimativas.

A PRISÃO E O DIVÓRCIO

Até agora, vimos provas de que a prisão inibe o casamento, pelo menos para os homens afro-americanos. Avançando no percurso de vida, podemos também perguntar sobre os efeitos da prisão nos casais. O gráfico 6.5 mostra os riscos de divórcio ou de separação relativos aos homens, no seu primeiro casamento, que nunca estiveram presos, e relativos àqueles que já estiveram. Devido ao baixo número de casamentos entre os reclusos, há muito poucos casos de casamentos duradouros para homens com cadastro prisional. No entanto, os índices de divórcio dentro da prisão são também de 50%, mas são alcançados em cerca de um terço do tempo verificado em liberdade.

Gráfico 6.5 – *Risco de dissolução matrimonial nos primeiros casamentos*

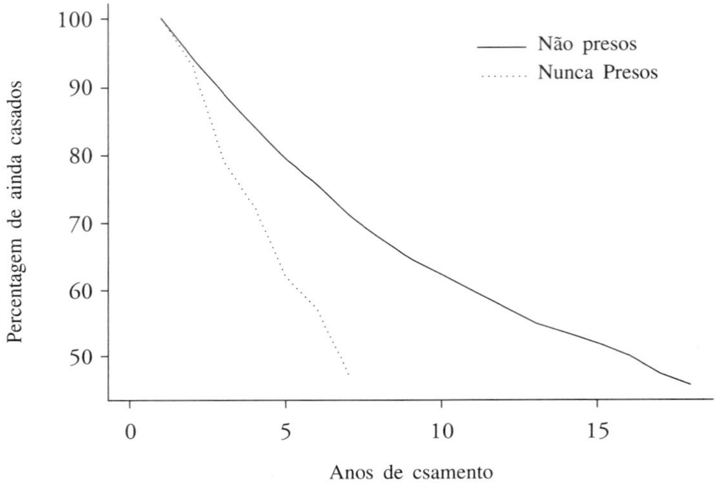

Fonte: Compilação do autor, do NLSY.

Os casamentos estão, então, particularmente em risco quando os homens estão presos ou detidos. Durante o período da prisão, a vergonha e a revolta sentida pelas famílias dos reclusos são mais acentuadas,[32] tal como são maiores as hipóteses de uma mulher desenvolver uma relação amorosa.[33] Depois da liberdade, o estigma da prisão pode perdurar, e os ex-reclusos podem ter mais dificuldades em ajudar financeiramente as suas famílias. A análise estatística tenta captar estes processos ao calcular as hipóteses de dissolução do casamento enquanto o marido está preso e após a sua libertação.

Também aqui calculo os efeitos da prisão no divórcio ou na separação, tendo em conta uma série de outros factores. Neste caso, considerando se a prisão ocorreu antes do casamento. Quando se especifica um grupo de comparação de forma a medir os efeitos da prisão, os indivíduos presos antes de se casarem partilham muita da propensão para a criminalidade que encontramos nos homens que são presos já estando casados. Ter em conta a prisão antes do casamento proporciona, assim, uma prova forte dos efeitos de ruptura da mesma durante o casamento. O gráfico 6.6 revela os índices de divórcio e de separação seis anos após o casamento.

Gráfico 6.6 – *Os efeitos do encarceramento na probabilidade de divórcio dos homens*

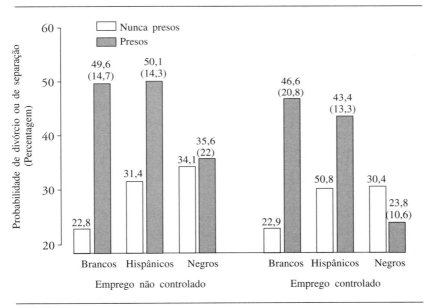

Fonte: Compilação do autor, do NLSY.
Nota: Os valores entre parêntesis mostram o erro estatístico da previsão, aproximadamente igual a 1,65 vezes o erro corrente das estimativas.

Os índices de divórcio modelo são calculados em relação a um homem que se casou pela primeira vez aos 33 anos, morando no Nordeste dos Estados Unidos, com o ensino secundário, consumidor de drogas, uma pessoa não-religiosa, com um filho fruto do casamento, mas sem historial de violência nem estada numa prisão.

Os índices de divórcio relativos a tais homens variam de acordo com a sua raça e etnia. Há 22,8% de probabilidades de um indivíduo branco com estas características se separar depois de seis anos de casamento, e este número passa para mais de o dobro para os ex-

-reclusos brancos. De igual modo, calcula-se que a prisão contribua para o aumento dos índices de fracasso, relativos aos indivíduos hispânicos, apenas de mais de 31 a 50%. Contudo, os efeitos relativos aos indivíduos negros não são significativos. Este resultado deve-se a limitações nos dados: muito poucos homens, negros, casados, estavam presos. Não parece que os elevados índices de divórcio relativos aos reclusos e aos ex-reclusos se atribuam aos seus baixos índices de emprego.

OS EFEITOS GLOBAIS DA PRISÃO NO CASAMENTO E DIVÓRCIO

Um cadastro prisional diminui consideravelmente as hipóteses de um indivíduo negro se casar. No entanto, não consta que os elevados índices de encarceramento sejam responsáveis por esta redução no número de casamentos entre os negros. Devido ao facto de os homens com menos instrução e que estão envolvidos em crimes terem menos probabilidades de casar, o grande aumento do número de reclusos pode apenas estar a afectar aqueles que já têm, desde o início, poucas hipóteses de casar. De forma a analisar os efeitos globais da prisão na amostra do INLJ, previ o número de casamentos e de divórcios sob duas perspectivas. Calculei primeiro o número de casamentos e divórcios a partir dos índices observados de encarceramento, e depois fiz uma previsão destes números, partindo do princípio de que nenhum dos indivíduos da amostra tinha estado preso (ver gráfico 6.7).

O número global dos casamentos no INLJ alterar-se-ia ligeiramente se nenhum dos indivíduos em questão estivesse preso (gráfico 6.7). Os maiores efeitos da prisão recaem sobre o número de casamentos relativos aos indivíduos afro-americanos. Cerca de um quarto dos indivíduos negros permanece solteiro por volta dos 40 anos. Embora a percentagem de casamentos relativa aos negros (75%) seja muito mais baixa do que a relativa aos brancos (93%), ela aumentaria em cerca de apenas 3 pontos percentuais se os índices de encarceramento dos negros fossem nulos.

Os efeitos da prisão no número global de divórcios são ainda menores. Neste caso, prevejo a percentagem de indivíduos que permanecem casados após 18 anos de união. Para os brancos, hispânicos e negros, o número de divórcios alterar-se-ia em cerca de menos de um ponto percentual se os índices de encarceramento no INLJ fossem nulos. Embora os efeitos da prisão no divórcio, a nível individual, sejam muito maiores do que no casamento, o número global dos divórcios pouco mudaria se os indivíduos do INLJ nunca tivessem estado presos. Os efeitos globais são mínimos porque o número de casamentos relativo aos reclusos é igualmente pequeno. O INLJ tem, de facto, tendência para subestimar a prisão para aqueles que têm com baixos níveis de escolaridade.[34] Mesmo tendo em conta esta sub-amostra de reclusos com pouca instrução, obter-se-iam os mesmos resultados. Os efeitos destabilizadores da prisão, em geral, são maiores para aqueles que ainda não estão casados e, mesmo para estes, os efeitos são mínimos.

A prisão pode não fazer diminuir grandemente o número global de casamentos, mas faz diminuir de maneira considerável o casamento entre aqueles que têm com pouca escolaridade. Por exemplo, 32,4% dos negros no INLJ que abandonaram o ensino secundário permanecem solteiros por volta dos 39 anos mas, pelos cálculos actuais, este número decairia para 26,1% relativo aos indivíduos que nunca estiveram presos.

Gráfico 6.7 – *Previsões sobre se os homens se mantêm solteiros ou se permanecem casados*

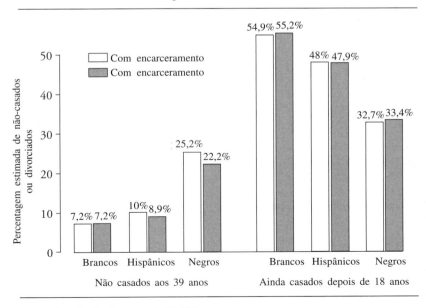

Fonte: Compilação do autor, do NLSY.

É 10 a 30% menos provável que os negros e os hispânicos que abandonaram o ensino secundário se casem, menos do que os indivíduos que tenham um curso superior (quadro 6.1). As desigualdades de educação no número de casamentos desapareceriam entre os hispânicos, e diminuiriam de forma considerável para os negros, se os índices de encarceramento diminuíssem para zero. Tal como na análise relativa aos rendimentos, a prisão não aumenta muito as desigualdades entre os brancos e as minorias sociais, mas fá-lo entre os indivíduos com elevada instrução e as minorias com baixos níveis de escolaridade.

O CASAMENTO E A SEPARAÇÃO NAS FAMÍLIAS EM RISCO

A análise do INLJ sugere que a prisão faz diminuir o número de casamentos, tanto ao reduzir as hipóteses de os homens solteiros se casarem, como ao aumentar o número de divórcios e de separações entre os casados. Embora o INLJ parta de uma amostra nacional observada durante muito tempo, esta amostra-padrão capta apenas um pequeno número de indivíduos presos e fornece pouca informação acerca das suas companheiras.

Quadro 6.1 – *Homens solteiros por volta dos trinta e nove anos*

	Total dos Homens	Brancos	Hispânicos	Negros
Encarceramento observado				
Abandonou o ensino secundário	14,5%	6,3%	10,6%	32,4%
Ensino universitário	10,9	7,9	9,5	23,1
Rácio de desistência do ensino universitário	0,76	1,25	0,90	0,71
Nunca preso				
Abandonou o ensino secundário	12,6	6,4	9,0	26,1
Ensino universitário	10,8	8,0	9,4	22,0
Rácio de desistência do ensino universitário	0,86	1,26	1,04	0,84

Fonte: Compilação do Autor, do Inquérito das Famílias em Risco.
Nota: As taxas para os que não se casaram são calculadas pelos níveis de encarceramento observado no INLJ e pressupondo que não houve encarceramento.

Outro inquérito, o Estudo das Famílias em Risco sobre o Bem-Estar Infantil, compensa algumas das limitações do INLJ. Este inquérito das Famílias em Risco é um estudo longitudinal dos novos pais (na sua maioria, solteiros) e dos seus filhos, residentes nas áreas urbanas. Foram recolhidos dados em 20 cidades americanas, estratificados por condições diferentes no mercado de trabalho e diferentes regimes de apoio infantil e de bem-estar social. As novas mães foram entrevistadas pela primeira vez no hospital, dentro das 48 horas que seguiram ao parto. Cerca de 60% dos pais também foram entrevistados no hospital e outros 15% pouco depois do bebé ter saído da maternidade. As mães e os pais foram entrevistados pela primeira vez entre 1998 e 2000, e depois, outra vez 12 meses mais tarde. Os dados oriundos da Famílias em Risco são únicos, porque a informação relativa ao estatuto de recluso dos homens se obtém precisamente daqueles que foram alvo do inquérito, e das suas companheiras. Tal proporciona uma informação mais precisa do que a do INLJ, fornecendo apenas dados sobre a prisão, mesmo relativos àqueles homens que não podem ser entrevistados. Mais do que o INLJ, o inquérito das Famílias em Risco fornece uma informação detalhada acerca das condições de vida dos casais urbanos pobres. No entanto, e ao contrário do INLJ, os dados deste inquérito estão disponíveis apenas nalguns períodos de tempo. Ainda assim, fornecem informação nova e importante sobre um segmento da população que é difícil de ser estudado a partir de métodos de inquérito tradicionais.

As séries de dados relativas a curtos períodos de tempo do inquérito das Famílias em Risco permitem-nos analisar a situação de vida de um ex-recluso, um ano após o nascimento do seu filho (quadro 6.2).

Nesta amostra, constituída em grande parte por casais pobres e oriundos de minorias sociais urbanas, a prisão é muito mais comum do que no INLJ. Enquanto apenas 7,8% dos indivíduos do INLJ foram entrevistados na prisão, soube-se, quer através de testemunho próprio, quer pelo das suas companheiras, que 27% dos indivíduos do inquérito das Famílias em Risco estiveram presos. Tal como no INLJ, é mais provável (40%) que os homens que nunca estiveram presos sejam casados, do que os seus semelhantes anteriormente privados de liberdade (13%). O número de casamentos era extremamente baixo entre os negros: apenas 25% daqueles que nunca estiveram presos, e 8% dos que estavam casados um ano após o nascimento do primeiro

Quadro 6.2 – *Homens que vivem com a mãe do seu filho de um ano*

	União de facto	Casados	Dimensão da amostra
Pai branco			
Nunca preso	18%	68%	715
Preso	35	23	157
Pai negro			
Nunca preso	31	25	1100
Preso	34	8	558
Pai hispânico			
Nunca preso	42	35	678
Preso	40	19	228

Fonte: Compilação do Autor, do Inquérito das Famílias em Risco.

filho. A prisão é agora relacionada de forma sistemática com as uniões de facto. Contudo, juntar os que são casados com aqueles que vivem juntos mostra que é muito mais provável que os ex-reclusos estejam separados da mãe dos seus filhos. Para os brancos, 42% dos ex-reclusos estão separados da mãe dos seus filhos, comparado com 14% daqueles que nunca estiveram presos. Os índices de separação atingem os seus valores mais elevados para os reclusos negros, com o valor de 58%.

Os dados do inquérito das Famílias em Risco não possuem as séries relativas a longos períodos de tempo que o INLJ detém, mas pode ser realizada uma análise similar se utilizarmos os dados relativos aos dois períodos temporais disponíveis. Primeiro, peguei nos pais que eram solteiros na altura do nascimento do filho, de forma a poder verificar se estavam casados no ano seguinte. É possível que haja muitas diferenças entre os casais não-casados que vivem juntos e entre os que vivem separados. Ao tentar providenciar um teste sobre os efeitos da prisão, analiso apenas os casais cuja probabilidade de casar é reduzida – aqueles que moravam separados no momento do nascimento do filho. Segundo, estudei os casais que viviam juntos aquando do nascimento do primeiro filho e calculei as hipóteses de estarem separados no ano seguinte. Devido ao baixo número de casamentos presente nos dados das Famílias em Risco, centrei-me na separação entre aqueles que inicialmente estavam casados ou que viviam juntos. Ao analisar os efeitos da prisão nas hipóteses de um casal ter casado ou separado, tive em consideração a idade da mãe e do pai, a sua raça, etnia, instrução e se aquela mãe tinha mais algum filho. O estatuto económico do pai é medido a partir do facto de ter ou não trabalhado na semana anterior. Esta análise também inclui medidas da qualidade da relação, incluindo os relatos da mãe acerca da afectividade demonstrada, ou não, pelo seu companheiro, ou se tem tendência a pô-la numa situação difícil quando discutem. Por fim, e de forma a captar a propensão do pai para a criminalidade, que é diferente dos efeitos da prisão, tive em conta se o pai tinha agredido fisicamente a mãe, ou se consome, em grandes quantidades, drogas e álcool.

Os efeitos da prisão são medidos contrapondo a probabilidade de um casal se casar, ambos com o ensino secundário, com 26 anos e com o primeiro filho (ver gráfico 6.8). A probabilidade de casamento, calculada apenas para um ano, é muito mais pequena do que aquela do INLJ, que acumulava números de casamentos por um período de mais de 20 anos. Se não tivermos em conta a situação profissional do pai, 4,9% dos casais com o pai branco casam no espaço de um ano após o nascimento do primeiro filho, tendo em conta que o pai não está, nem nunca esteve, preso. Se, pelo contrário, o pai já tiver estado preso ou detido, a probabilidade do casamento acontecer é de apenas 1%, embora uma grande margem de erro estatística acompanhe a estimativa. Tal como a análise do INLJ, o único efeito da prisão no casamento estatisticamente relevante encontra-se entre os negros. É duas vezes mais provável que os casais com o pai negro se casem se o pai não tiver cadastro. (2,6% comparado com 1,1% para os ex-reclusos). Ter em conta a situação profissional do homem pouca diferença faz nos efeitos da prisão relatados no inquérito das Famílias em Risco. Apenas os efeitos da prisão para os negros são calculados de forma suficientemente precisa para se poder inferir, com segurança, a presença de um fosso, relativo ao encarceramento, no número de casamentos.

Tal como com o INLJ, os dados do inquérito das Famílias em Risco proporcionam uma prova mais forte acerca dos efeitos da prisão na separação, mais do que no casamento (ver gráfico 6.9). Para os indivíduos negros, brancos e hispânicos, é mais provável que os ex--reclusos estejam envolvidos em relações passíveis de ruptura, do que

Gráfico 6.8 – *Probabilidade de casamento após o nascimento de um filho*

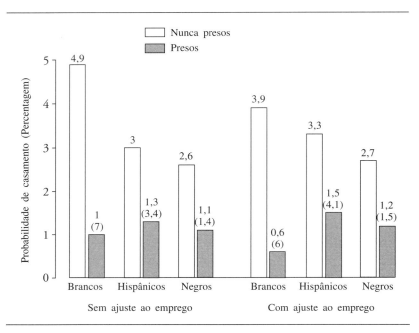

Fonte: Compilação do Autor, do Inquérito das Famílias em Risco.
Nota: Os dados entre parêntesis mostram o erro estatístico da previsão, aproximadamente igual a 1,65 vezes o erro corrente das estimativas.

aqueles que nunca estiveram presos. De igual forma, os efeitos destabilizadores da prisão são maiores entre os brancos. Há 12,7% de probabilidades de um homem branco, com o ensino secundário e com 26 anos, se ter separado da mãe do seu filho de 12 meses.

É três vezes mais provável (34,5%) que um homem com características idênticas seja separado se tiver cadastro prisional. Para os hispânicos, é duas vezes mais provável que os homens com cadastro se separem do que aqueles que não o têm. Embora os efeitos da prisão sejam mínimos para os afro-americanos, são, no entanto, estatisticamente significativos nos dados das Famílias em Risco, mostrando que a prisão aumenta os riscos de separação em cerca de metade, de 30 a 45%.

Devido à grande extensão dos efeitos do encarceramento, e devido ao grande número de homens com cadastros criminais e prisionais na amostra do inquérito das Famílias em Risco, mais do que no INLJ, os

Gráfico 6.9 – *Cálculo da Probabilidade de um casal se separar após o nascimento de um filho*

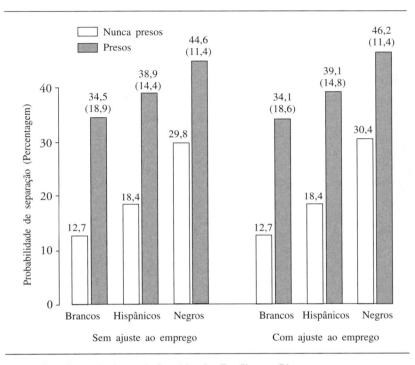

Fonte: Compilação do Autor, do Inquérito das Famílias em Risco.
Nota: Os dados entre parêntesis mostram o erro estatístico da previsão, aproximadamente igual a 1,65 vezes o erro corrente das estimativas.

efeitos globais da prisão são igualmente muito grandes. Estes efeitos comparam o número previsto de casamentos e de separações, tendo em conta os níveis de encarceramento observados entre os homens alvo do inquérito em questão e não tendo em conta a prisão. O quadro 6.3 mostra que se prevê que 5% dos homens solteiros se casem um ano após o nascimento do primeiro filho, mas que a percentagem de casamentos rondaria os 6% se nenhum dos pais no estudo estivesse preso. Os efeitos são mais significativos para os negros e brancos. Os cálculos indicam que o número de casamentos rondaria os 20 a 30% se o índice de encarceramento fosse zero. Os efeitos no número de separações são também maiores aqui do que aqueles que vimos com o INLJ. Enquanto se calcula que 18% dos pais nas Famílias em Risco venham a separar-se das suas companheiras após um ano do nascimento do primeiro filho, este valor seria de 15% se nenhum destes pais tivesse estado preso ou detido. Os efeitos são maiores para os brancos. Sem qualquer registo de prisão, calcula-se que o número de separações entre os brancos diminua em cerca de um quarto, de 13 para 9,6%. Os efeitos globais da prisão no casamento e divórcio são pouco significativos no INLJ, mas o Inquérito das Famílias em Risco utiliza uma maneira mais permissiva de medir a prisão e parte de uma amostra de pessoas pobres e residentes em cidades.

Com estes dados, calcula-se que a prisão faça diminuir o número de casamentos e faça aumentar o de separações de cerca de 10 para 25%.

Quadro 6.3 – *A percentagem de pais que se casam ou que se separam um ano após o nascimento de um filho, no nível de encarceramento observado, assumindo o encarceramento zero por raça e etnia*

	Encarceramento pressuposto Actual	Encarceramento pressuposto Zero	Diferença de percentagem
Percentagem de casados			
Todos	5,0%	6,0%	20
Brancos	4,9	6,4	31
Hispânicos	10,6	11,7	10
Negros	3,7	4,5	21
Percentagem de separados			
Todos	18,0	15,0	−17
Brancos	13,0	9,6	−26
Hispânicos	13,6	11,0	−19
Negros	27,4	24,4	−11

Fonte: Compilação do Autor, do Inquérito das Famílias em Risco.

A análise estatística do INLJ e os dados do inquérito das Famílias em Risco fornecem resultados semelhantes. É particularmente provável que os negros solteiros, mas não os brancos nem os hispânicos, permaneçam com este estado civil se tiverem cadastro prisional, com as diferenças no número de casamentos calculadas algures entre os 20 e os 200%. Os dados apontam mais fortemente para os efeitos destabilizadores da prisão nos casais, quer sejam casados – como no INLJ – quer vivam juntos – como nos dados do inquérito das Famílias em Risco.

Por que razão o número de casamentos entre os ex-reclusos negros é baixo e o mesmo não acontece entre os outros? Os resultados do INLJ sugerem que os baixos níveis de emprego explicam parte da questão. O que resta dela é mais difícil de explicar, mas podemos especular que se relaciona com o contexto social para o qual os ex-reclusos negros regressam. O número de casamentos relativo aos homens negros, tendo em conta a sua idade, instrução e situação profissional, é um terço mais baixo do que aquele relativo aos brancos. Onde o casamento é mais selectivo, as mulheres podem considerar muito negativas certas características, como seja, um cadastro prisional. Os indivíduos entrevistados por Edin, que salientam a importância da respeitabilidade de um homem, mostram precisamente esta realidade nos bairros pobres do centro de Filadélfia.[35] As mulheres negras, morando numa pobreza concentrada, podem pensar que os ex-reclusos negros são menos respeitáveis e que têm mais possibilidades de terem um futuro pior do que os seus semelhantes brancos. Outros investigadores sugerem que as comunidades que acolhem ex-reclusos brancos e hispânicos proporcionam uma teia de relações familiares mais rica e mais apoios sociais nos bairros.[36] Devido ao facto de tais bairros incentivarem o abandono da criminalidade, os ex-criminosos brancos e hispânicos podem ser mais bem reinseridos nos locais onde podem vir a casar.

Esta análise começou por fazer um aviso que defendia que o baixo número de casamentos poderia dever-se não à prisão, mas a um efeito de selecção, sob o qual é pouco provável que os criminosos se casem, mesmo não estando presos. Estarão os meus argumentos sobre os efeitos da prisão no casamento e no divórcio contaminados pela selecção? Tive em conta esta selecção, tendo também em consideração o consumo de drogas e o historial de violência dos indivíduos, juntamente com os factores demográficos geralmente associados ao casamento. Os resultados do INLJ relativos ao divórcio, que tinham em conta a prisão antes do casamento, proporcionam uma noção mais clara sobre a antipatia dos criminosos face à união marital. Os resultados do inquérito das Famílias em Risco, que se baseiam em dois períodos temporais, com a prisão a ter lugar algum tempo antes do primeiro, devem ser analisados de forma mais cautelosa. Porque o casamento e a separação são acontecimentos distintos, não poderei servir-me dos métodos de efeitos fixos que proporcionavam argumentos causais mais fortes na análise anterior sobre os salários e o emprego.[37] Ainda assim, fazer a análise de dois inquéritos é melhor do que fazer a análise apenas de um. Podemos ter mais certezas acerca da consistência dos resultados, a partir de duas amostras muito diferentes, produzidas por duas estruturas de investigação igualmente díspares. Podemos também encarar o problema da selecção de uma forma diferente, mudando o centro da análise do casamento e do divórcio para a qualidade das relações retratada nos padrões de violência doméstica.

A QUALIDADE DA VIDA DE CASADO: A VIOLÊNCIA DOMÉSTICA NAS FAMÍLIAS EM RISCO

As provas até aqui sugerem que o grande aumento do número de reclusos levou à separação entre pais e filhos e contribuiu para o baixo número de casamentos e para os elevados riscos de divórcio; o aumento da população prisional originou um custo social muito grande e incalculável. Os pais ausentes nas prisões e calabouços e o baixo número de casamentos relativamente aos ex-condenados fazem, por fim, aumentar o número dos lares encabeçados por mulheres. Os riscos que acompanham estes lares são bem conhecidos. Cerca de metade destas famílias encabeçadas por mulheres vivem abaixo do limiar da pobreza, os filhos correm grandes riscos de sofrerem de insucesso escolar, de gravidez na adolescência, de uma saúde débil e de delinquência. Os custos subsequentes da prisão para as famílias americanas parecem, assim, consideráveis.

Ao calcular os efeitos da prisão, tentei ter em conta a razão pela qual os homens que são presos ou detidos são diferentes do resto da população. Tendo em consideração as características demográficas, o comportamento criminoso e outros factores, a análise mostra que é pouco provável os criminosos casarem, mesmo sem terem estado presos. As implicações deste argumento podem estender-se ao próprio casamento. Os casamentos com homens envolvidos na criminalidade podem não levar aos efeitos positivos da diminuição da pobreza, de uma boa saúde e do êxito escolar. De facto, um homem estar preso, caso seja violento, pode ser uma excelente vantagem para uma mulher. Nesta perspectiva, os custos sociais associados ao baixo número de casamentos podem ser contrabalançados pelos ganhos na segurança pública, obtidos pela distância mantida entre os homens perigosos e a sociedade.

Este balanço é frequentemente tornado público, mas poucas vezes vemos um relato preciso dos custos e dos benefícios. Por exemplo, Joan Petersilia observa que "um casamento sólido pode dar a um recluso o apoio emocional de que necessita após ser libertado... Por outro lado, o casamento pode também gerar uma dinâmica que leva à violência familiar, ao consumo exagerado de drogas e a pressões económicas."[38] Jeremy Travis oferece um argumento parecido: "Para algumas famílias, a prisão do pai ou da mãe pode ser uma bênção: retirar da convivência um pai ou mãe violento, ou emocionalmente opressor, pode melhorar o bem-estar da família... Para outras famílias, a prisão do pai ou da mãe pode significar a retirada do ganha-pão e levar a família a uma pobreza forçada."[39] Embora as famílias unidas possam ajudar a diminuir a criminalidade e a pobreza, Petersilia e Travis reconhecem que a intimidade do lar pode expor os membros da família à violência e aos vícios.

Será que os efeitos negativos da prisão no casamento contribuem ao menos para a segurança pública, ao separar as mulheres de homens perigosos com cadastro prisional? Respostas a esta pergunta deveriam distinguir diferentes categorias de criminosos. Em particular, os homens condenados por violência podem ser mais perigosos do que os traficantes ou consumidores de drogas. Os críticos defendem que este argumento geralmente é concebido no contexto do combate às drogas, que introduziu as penas e as políticas controladoras que levaram até à prisão muitos consumidores de droga e pequenos traficantes que pouco ameaçavam a segurança pública.[40] Esta perspectiva é consistente com as provas que mostram que libertar criminosos de estupefacientes pouparia dinheiro em programas de correcção, porque os custos do crime que cometeram são muito baixos.[41]

Investiguei este assunto voltando ao inquérito de 12 meses das Famílias em Risco, que perguntou às mães se o pai dos seus filhos "alguma vez a tinha cortado, ferido ou magoado de forma séria numa agressão."[42]

Gráfico 6.10 – *Homens que agridem as parceiras no estatuto de presos*

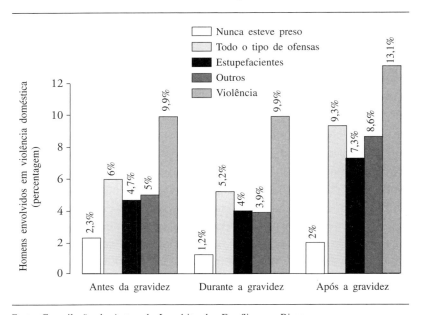

Fonte: Compilação do Autor, do Inquérito das Famílias em Risco.

O entrevistador registou depois se as lesões existiram antes, durante ou depois da gravidez. De modo a investigar as diferenças entre os tipos de crimes, os dados também colocam, em categorias distintas, os ex-reclusos, consoante os seus crimes mais recentes, fazendo a distinção entre os traficantes e consumidores de estupefacientes e aqueles acusados por violência ou outros crimes (na sua maioria crimes contra o património ou crimes contra a ordem pública). A violência para com as mães era relativamente rara, com 3,3% delas afirmando tê-la sofrido antes da gravidez, 2,3% durante a gravidez, e 4,0% um ano após o nascimento do filho (gráfico 6.10). A violência doméstica era muito mais comum entre os indivíduos que já tinham estado presos, tendo 6% agredido as mães dos seus filhos antes da gravidez, 5,2% durante a gravidez, e 9% após o nascimento do filho. Era também mais provável que os criminosos violentos agredissem as suas companheiras, mais do que os traficantes e consumidores de estupefacientes. Após o nascimento do filho, por exemplo, fizeram-no 13,1%, comparado com 7,3%

dos traficantes e consumidores de estupefacientes. Resumindo, os ex-reclusos estiveram envolvidos em questões de violência doméstica cerca de quatro vezes mais do que o resto da população.

Talvez o baixo número de casamentos relativo aos ex-reclusos faça pelo menos com que as mulheres estejam mais seguras, ao reduzir a sua exposição à violência. No entanto, e complicando este quadro, as mulheres com as ligações mais fracas aos seus companheiros enfrentam maiores riscos de sofrer de violência (gráfico 6.11). É oito a 10 vezes mais provável que uma mulher tenha sido agredida por um companheiro com o qual não tem nenhuma relação de futuro, do que pelo seu marido. Aqui, a direcção da causalidade é ambígua. A violência pode afectar casais separados porque as mulheres deixaram homens violentos. Contudo, as mulheres que estão sempre separadas, quer por volta da altura do nascimento do filho, quer um ano mais tarde, correm maiores riscos de sofrerem de violência após o parto (6,7%), do que aquelas que se separam após o nascimento do filho (3,2%). Aqui, a mensagem transmitida pelos dados parece clara. As mulheres continuam a correr grandes riscos de violência, mesmo se tiverem abandonado um companheiro violento.

Gráfico 6.11 – *Homens que agridem as parceiras*

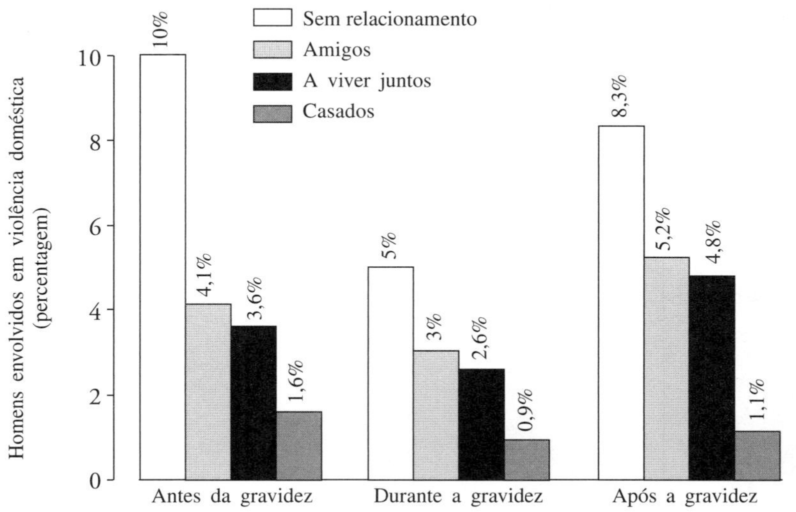

Fonte: Compilação do Autor, do Inquérito das Famílias em Risco.

Os efeitos da prisão na violência doméstica podem ser comparados aos efeitos no casamento. A partir de dados referentes a vários períodos de tempo, calculei os efeitos do casamento e da união de facto na violência doméstica, após o nascimento de um filho, tendo em conta o historial de violência do homem antes e depois da gravidez.

Considerar estes elementos permite-nos a especificar os efeitos do casamento na prevenção da violência. Também protege quanto à possibilidade de os baixos níveis de agressão conjugal nos casais casados se atribuir aos elevados riscos de dissolução em casais onde o homem é violento.

O quadro 6.4 mostra a probabilidade-base da violência doméstica de um negro de 25 anos com um historial de agressividade conjugal.

Quadro 6.4 – *Probabilidade de violência doméstica dos novos pais, um ano após o nascimento de um filho*

	Sem controlos	Anterior à violência	Qualidade da relação
Possibilidade de violência doméstica para homens negros nunca presos com 25 anos de idade e história de violência	2,6%	9,3%	7,8%
Efeito na probabilidade de violência doméstica			
Presos por violência	9,3	10,7	9,6
	(3,5)	(5,5)	(6,5)
Presos por drogas	4,6	7,5	6,5
	(3,4)	(6,9)	(7,3)
Encarceramento por outro tipo de ofensas	5,7	10,1	9,2
	(2,1)	(4,9)	(5,8)
Coabitando no ano anterior	–0,2	–0,8	0,1
	(0,8)	(4,0)	(4,0)
Casado no ano anterior	–1,6	–5,0	–3,1
	(0,6)	(3,2)	(3,6)

Fonte: Compilação do Autor, do Inquérito das Famílias em Risco.
Nota: Todos os modelos controlam a raça do pai, a etnia e a idade. Os dados entre parêntesis indicam intervalos de confiança de 90%.

Os efeitos na violência doméstica são expressos tendo em conta que as alterações na base da probabilidade estão associadas à prisão, ao casamento e à união de facto. Sem quaisquer variáveis de controlo, calcula-se que seja mais provável que os criminosos violentos agridam as jovens mães do que os traficantes e consumidores de drogas. Os crimes violentos estão associados a uma hipótese adicional de violência de 9,3 pontos percentuais, enquanto os crimes de tráfico e consumo de estupefacientes acrescentam 4,6 pontos percentuais a esta hipótese. Os índices de violência são 1,6 pontos percentuais mais baixos nos indivíduos casados, mostrando elevados níveis de agressão conjugal entre os ex-reclusos. Ter em conta se um homem agrediu a sua companheira, antes e durante a sua gravidez, ajuda-nos a explicar os elevados riscos de separação nos casamentos onde existem homens agressores. Assim, a probabilidade da ocorrência de violência doméstica entre os ex--reclusos é 7,5 a 10,7 pontos percentuais mais elevada, enquanto o casamento está associado a uma probabilidade reduzida de 5 pontos percentuais. Estes números sugerem que o casamento pode levar à diminuição dos níveis de violência entre os traficantes e consumidores de estupefacientes em cerca de dois terços, e baixar os elevados níveis de violência entre os criminosos violentos em cerca de metade.

Que terá o casamento, que parece fazer diminuir os riscos de violência doméstica? Robert Sampson e John Laub sugerem que não é o casamento por si só, mas uma forte "ligação conjugal" que afasta os homens do crime.[43] O inquérito das Famílias em Risco oferece várias medidas que avaliam a qualidade de uma relação afectiva reflectindo uma ligação conjugal. Perguntou-se às mães se os seus companheiros mostravam a sua afectividade com frequência[44] e durante quanto tempo o casal permanecia junto. Quando se tem em conta a afectividade do marido e a duração da relação, os riscos de violência das mulheres casadas diminuem consideravelmente, e deixa de haver uma diferença estatística significativa nos riscos de violência sofridos pelos casais casados e pelos não-casados. Os resultados sugerem que é pouco provável que as relações que duram mais, nas quais os homens mostram a sua afectividade, sejam alvo de violência. As relações de grande qualidade, mais do que o próprio casamento, fazem diminuir as hipóteses da ocorrência de violência doméstica.

De que forma podemos interpretar estes resultados? Os riscos de violência íntima por parte do companheiro são muito maiores para as mulheres separadas do que para as mulheres casadas. Parece que o casamento é um marco fundamental para as relações de elevada qualidade, nas quais tanto o homem como a mulher estão fortemente ligados um ao outro. Estas medidas da qualidade das relações explicam uma fracção significativa dos efeitos do casamento na violência doméstica. Dado que a prisão parece enfraquecer estas relações, o baixo número de casamentos entre os ex-criminosos são um fraco argumento para a ideia de que as mulheres que se separaram de homens com cadastro criminal correm forçosamente menos riscos de sofrer de violência doméstica. De facto, ao minar o desenvolvimento de uma relação de elevada qualidade, a prisão pode também aumentar a exposição da mulher à violência a longo prazo.

CONCLUSÃO

A influência do sistema penal invade gradualmente as redes de ligações familiares dos homens e das mulheres presos. Quando as pessoas têm fracas ligações com as suas famílias e comunidade, a prisão afecta sobretudo a si próprias. No entanto, vimos provas de que os reclusos têm muitas ligações familiares. Embora o número de casamentos sejam apenas metade daquele relativo aos indivíduos em liberdade, é tão provável que tenham filhos como qualquer outra pessoa. Consequentemente, mais de dois milhões de crianças, e uma em cada 10 crianças com menos de 10 anos, tinha o pai preso ou detido no final dos anos 90. O grande aumento do número de reclusos também tornou mais significativos os efeitos de incapacitação e desemprego, que criam falta de bons partidos para casar nos bairros pobres das cidades. Os dados oriundos de inquéritos mostram que a prisão leva, mais tarde, à diminuição das possibilidades de casamento para os homens pobres vindos de minorias sociais. É pouco provável que os casamentos interrompidos pela prisão persistam. Em amostras nacionais, os efeitos globais da prisão no número geral de casamentos são mínimos. No melhor exemplo deste facto – a amostra de indivíduos pobres oriundos de minorias sociais, alvo do inquérito das Famílias em Risco –, os efeitos globais da prisão são mais significativos, sublinhando o efeito concentrado do grande aumento da população prisional nos bairros problemáticos das cidades. Terá o reduzido número de casamentos entre os ex-reclusos tornado as suas companheiras e filhos mais pobres? É mais provável que os ex-reclusos agridam as suas companheiras do que os outros homens, mas esta probabilidade diminui se aqueles desenvolverem relações fortes e duradouras. Assim, infelizmente, os efeitos da prisão podem ser, até certo ponto, autodestrutivos. Ao deteriorar os laços familiares que controlam a violência, a prisão mina as condições para a desistência da vida criminosa.

Esta história tem também um contexto mais lato. Ao longo das duas últimas décadas, os investigadores que estudam o fenómeno da pobreza relacionaram o aumento do número das famílias encabeçadas por mulheres, no seio da comunidade negra, com o fracasso dos mercados de trabalho das cidades. Um desemprego contínuo entre os negros menos qualificados levou à diminuição da quantidade de homens com meios para sustentar as suas famílias, nos bairros problemáticos das cidades. Na era da prisão em larga escala, o sistema penal juntou-se ao mercado de trabalho como sendo uma influência significativa nas hipóteses de êxito da vida dos jovens negros com menos instrução escolar. As provas presentes neste capítulo sugerem que a influência do sistema penal ultrapassa os efeitos negativos da prisão nos salários e na situação profissional de quem por ele é afectado. A prisão também afecta a possibilidade de constituição de uma família estável, com pai e mãe, nas comunidades das cidades que têm poucos recursos, e das quais saem a maioria dos criminosos. As famílias estáveis proporcionam aos pobres meios consideráveis de melhoria das suas condições e bem-estar. Os recursos monetários das famílias servem de meio para sociabilizar e vigiar as crianças, e proporcionam a existência de redes de ajuda mútua. Nesta perspectiva, o grande aumento do número de reclusos fez com que um recurso social considerável, já raro nos bairros problemáticos das cidades americanas, diminuísse.

APÊNDICE: O NÚMERO DE CASAMENTOS E DE FILHOS COM O PAI PRESO

O número de crianças com o pai preso foi calculado tendo como base o *Survey of Inmates of State and Federal Correctional Facilities* e o *Survey of Inmates of Local Jails*.[45] Foram inseridos dados relativos aos anos entre a realização dos inquéritos. Os cálculos são algo baixos, porque os inquéritos apenas têm em conta os primeiros seis filhos de um recluso. Os dados oriundos do Suplemento de Março do inquérito à População Actual foram utilizados para calcular o número total de crianças menores na população.[46] O número de casamentos relativo aos presos e detidos foi calculado através do *Survey of Inmates of State and Federal Correctional Facilities* e do *Survey of Inmates of Local Jails*.[47]

APÊNDICE: ANÁLISE DO INLJ

As estimativas acerca dos efeitos da prisão no primeiro casamento e no divórcio, segundo o INLJ, foram calculadas a partir de um modelo histórico de acontecimentos ocorridos em diferentes períodos de tempo. Utilizando métodos com quadros relativos ao percurso de vida, as probabilidades previstas da realização de um casamento ou divórcio em cada ano foram utilizadas de forma a ser possível calcular a prevalência do casamento e divórcio por volta dos 40 anos (casamento) e após 18 anos de casamento (divórcio). Os cálculos dos erros estatísticos vêm de previsões normalmente distribuídas acerca dos riscos anuais de casamento e divórcio. Os métodos de simulação salientam intervalos fiáveis relativos aos números gerais destes acontecimentos. De maneira a obter os números presentes neste capítulo, teve-se em conta modelos de cálculo para os indivíduos negros, brancos e hispânicos.

Os resultados de uma quase possível regressão logística, relativos à amostra total do INLJ, dos modelos históricos de acontecimentos, estão presentes no quadro 6A.1. Todas as estimativas são variáveis simuladas, a menos que se indique o contrário.

APÊNDICE: ANÁLISE DO INQUÉRITO DAS FAMÍLIAS EM RISCO

Os dados oriundos do estudo das Famílias em Risco vêm das entrevistas base e das entrevistas que se fizeram nos 12 meses seguintes (ver Western, Lopoo e McLanahan para mais pormenores acerca da medida da prisão, juntando os testemunhos dos pais e das mães).[48]

Quadro 6A.1 – *Breve modelo histórico dos acontecimentos ao longo do tempo do divórcio e do primeiro casamento, de 1979 a 2000*

	Primeiro Casamento				Divórcio			
	(1)		(2)		(1)		(2)	
Interceptar	−3,936	(0,207)	−4,274	(0,213)	−1,842	(0,313)	−1,714	(0,312)
Presos no presente	−1,773	(0,367)	−1,502	(0,370)	1,246	(0,275)	1,059	(0,278)
Presos no passado	−0,158	(0,132)	0,013	(0,135)	0,423	(0,342)	0,238	(0,343)
Nível de instrução (anos)	−0,003	(0,013)	−0,007	(0,014)	−0,117	(0,014)	−0,114	(0,014)
A parte central Norte dos EUA	0,099	(0,090)	0,098	(0,091)	−0,222	(0,110)	−0,219	(0,110)
Sul	0,538	(0,084)	−0,522	(0,084)	0,024	(0,099)	0,035	(0,099)
Ocidente	0,258	(0,092)	0,258	(0,093)	−0,012	(0,110)	−0,023	(0,110)
Negro	−1,009	(0,078)	−0,948	(0,079)	0,450	(0,085)	0,414	(0,085)
Hispânico	−0,162	(0,088)	−1,140	(0,089)	0,080	(0,103)	0,083	(0,102)
Consumidor de estupefacientes	−0,378	(0,062)	−0,384	(0,062)	0,614	(0,072)	0,625	(0,072)
Delinquência	−0,059	(0,104)	0,102	(0,105)	0,344	(0,108)	0,335	(0,108)
Católico	−0,177	(0,071)	−0,186	(0,071)	−0,157	(0,085)	−0,159	(0,085)
Muito religioso	−0,029	(0,058)	0,019	(0,058)	−0,011	(0,067)	−0,002	(0,067)
Nascimento pré-matrimonial	−0,583	(0,075)	0,583	(0,075)	–		–	
Emprego (semanas)	–		0,014	(0,002)	–		−0,009	(0,002)
Presos antes do casamento	–		–		−0,025	(0,195)	−0,075	(0,196)
Idade aquando do primeiro casamento	–		–		−0,026	(0,011)	−0,019	(0,011)
Nascimento não-matrimonial	–		–		−0,153	(0,078)	−0,152	(0,078)
Nascimento matrimonial	–		–		−0,557	(0,072)	−0,560	(0,072)
Indivíduo-anos	20401		20401		21681		21681	
Indivíduos	2041		2041		2762		2762	

Fonte: Compilação do Autor, do INLJ.
Nota: Coeficientes de regressão logística (quase-possíveis erros de padrão).

Quadro 6A.2 – *Análise do casamento e da separação*

	Casamento (1)		Separação (2)	
Interceptar	–3,687	(0,935)	–0,524	(0,418)
Características do pai	–0,805	(0,347)	0,801	(0,125)
Presos				
Idade (anos)	–0,029	(0,027)	–0,046	(0,013)
Instrução abaixo do ensino secundário	0,295	(0,347)	–0,346	(0,144)
Alguns anos de ensino universitário	–0,771	(0,358)	–0,043	(0,152)
Ensino universitário	–0,598	(0,677)	–0,469	(0,311)
Afectuoso	0,750	(0,356)	–0,196	(0,151)
Crítico	0,607	(0,632)	0,574	(0,334)
Compromissos	0,411	(0,279)	–0,507	(0,119)
Consumo de drogas duras ou álcool	–0,758	(0,463)	0,276	(0,142)
Agrediu a mãe	–0,016	(0,743)	–0,298	(0,381)
Trabalhou na última semana	0,590	(0,403)	0,197	(0,161)
Características da mãe				
Idade (anos)	0,033	(0,034)	0,002	(0,016)
Instrução abaixo do ensino secundário	–0,388	(0,344)	0,346	(0,144)
Alguns anos de ensino universitário	–0,123	(0,349)	–0,183	(0,155)
Ensino universitário	–0,446	(0,771)	–0,976	(0,314)
Características do casal				
Negros	–0,444	(0,362)	–0,739	(0,142)
Hispânicos	0,665	(0,406)	–0,321	(0,172)
Mistos	–1,133	(0,005)	1,277	(0,300)
Primeiro nascimento	–0,584	(0,307)	0,104	(0,131)
Dimensão da Amostra	1125		2303	

Fonte: Compilação do Autor, do Inquérito das Famílias em Risco.
Nota: Coeficientes de regressão logística (quase possíveis erros de padrão)

Os cálculos da quase possível regressão logística acerca das probabilidades de um casamento acontecer a seguir às entrevistas feitas nos 12 meses que se seguiram à primeira, entre os casais casados ou morando juntos aquando da primeira entrevista, estão presentes no quadro 6A.2. Os resultados acerca de regressão logística na violência doméstica estão presentes no quadro 6A.3.

Quadro 6A.3 – *Modelo de violência doméstica ao ano, após o nascimento de um filho*

	(1)		(2)	
Interceptar	–3,363	(0,466)	–3,274	(0,580)
Encarceramento por violência	1,801	(0,264)	1,235	(0,332)
Encarceramento por drogas	1,165	(0,352)	0,910	(0,425)
Encarceramento por outro tipo de ofensas	1,330	(0,215)	1,191	(0,244)
Coabitação aquando do nascimento de uma criança	–0,066	(0,197)	0,114	(0,236)
Casado aquando do nascimento de uma criança	–1,008	(0,380)	–0,481	(0,434)
Idade do pai (anos)	–0,013	(0,014)	–0,017	(0,017)
Pai negro	0,045	(0,266)	0,235	(0,317)
Pai hispânico	0,221	(0,282)	0,394	(0,332)
Agressão durante a gravidez	–		3,090	(0,332)
Agressão antes da gravidez	–		1,802	(0,323)
Pai afectuoso	–		–0,438	(0,238)
Duração da relação (anos)	–		–0,092	(0,035)
Dimensão da Amostra	3344		3344	

Fonte: Compilação do Autor, do Inquérito das Famílias em Risco.
Nota: Coeficientes de quase possível regressão logística (erros de padrão).

Capítulo 7

Terá o Grande Aumento do Número de Reclusos levado à Diminuição da Criminalidade?

As prisões escondem e aprofundam as desigualdades sociais. Centenas de milhar de indivíduos desfavorecidos e desempregados são excluídos das medidas comuns de combate à pobreza e desemprego. Aqueles que já estiveram presos conseguem juntar menos dinheiro, enfrentam mais vezes o desemprego e têm mais probabilidades de terminarem os relacionamentos com as suas companheiras. Os pobres tornam-se cada vez mais pobres e têm menos perspectivas de uma vida familiar estável. Para grande parte do debate acerca das medidas a tomar relativamente às prisões, estas conclusões não têm qualquer interesse. As prisões não são agências sociais do bem-estar: são instrumentos de controlo da criminalidade. Nos debates das medidas acima mencionadas, a utilidade da prisão é geralmente julgada pelo efeito que tem na criminalidade, e não nas desigualdades sociais. A ênfase convencional no crime, no entanto, não é muito inteligente. O crime e as desigualdades estão intimamente ligados. Se a criminalidade nasce das poucas oportunidades económicas e dos lares desfeitos, e se a prisão leva à diminuição dos rendimentos e da estabilidade familiar, a prisão em larga escala pode ser então uma estratégia autodestrutiva da segurança pública: pode plantar a semente para o nascimento de mais criminalidade, em vez do contrário.

As minhas conclusões acerca do desemprego e das lutas conjugais entre os ex-reclusos podiam tornar-nos cépticas em relação aos efeitos da prisão na criminalidade, mas este cepticismo parece desafiar os factos. Ao longo dos anos 90, índices recorde de encarceramento antecederam uma grande diminuição na violência grave, que fez as taxas de criminalidade voltar a valores que nunca se verificaram após a década de 60. Quaisquer que sejam os efeitos negativos da prisão, estes podem ser encobertos pela segurança pública adquirida ao manter os criminosos perigosos afastados das ruas.

De maneira a compreender na totalidade o impacto social da prisão em larga escala, temos de voltar, por fim, ao tópico da criminalidade, e avaliar os efeitos do grande aumento do número de reclusos na diminuição da mesma nos anos 90. Começo a análise por organizar a extensão e os padrões sociais da diminuição do crime. Veremos que a diminuição dos índices de criminalidade ao longo dos anos 90 melhorou a qualidade de vida dos homens e mulheres com poucos recursos e oriundos de minorias sociais. Uma investigação sobre os efeitos da prisão dá-nos três hipóteses principais que relacionam a prisão com a diminuição da criminalidade. Os programas das prisões podem ter contribuído para a reabilitação de muito criminosos que entraram no sistema penal ao longo dos anos 90. Os índices de criminalidade podem também ter diminuído simplesmente porque um grande número de criminosos foi preso. Este efeito de incapacitação do grande aumento da população prisional tem constituído um foco de atenção para os investigadores da diminuição dos índices de criminalidade.[1] Por fim, estes elevados índices, e as novas medidas punitivas severas, podem ter evitado possíveis futuros criminosos de cometerem crimes.

ORGANIZANDO A DIMINUIÇÃO DA CRIMINALIDADE

A diminuição da criminalidade nos anos 90 proporcionou uma melhoria considerável na segurança pública e na qualidade de vida, especialmente para os americanos desfavorecidos correndo os mais elevados riscos de se envolverem em crimes. A abrangência da diminuição da criminalidade é vista mais claramente nos índices de homicídios, que são medidos de forma mais precisa do que outros tipos de crimes (gráfico 7.1). De 1975 a 1991, os índices de homicídios flutuavam entre oito a 10 mortes por cem mil habitantes nos Estados Unidos. Em 1991, o assassinato e o homicídio não premeditado geraram cerca de 24.000 mortos. Os níveis de violência grave diminuíram gradualmente ao longo dos anos 90 e por volta de 2001 os índices de homicídios tinham caído para 5,6 por cem mil habitantes, o valor mais baixo desde 1965.

O gráfico 7.1 mostra também os valores dos índices de homicídios, relativos a vários períodos de tempo, para os indivíduos negros e brancos. Tal como na população geral, os valores relativos àqueles indivíduos entre os 18 e os 24 anos aumentaram rapidamente no final dos anos 90. A evolução verificada para os jovens negros é particularmente alarmante: é cerca de 20 vezes mais provável que estes jovens morram por violência do que a população no geral, e cerca de 10 vezes mais provável do que para os seus semelhantes brancos. O aumento do número de homicídios, ao longo do final dos anos 80 e início dos 90, é frequentemente associado a uma violência epidémica que cerca o tráfico de cocaína. A violência assassina – registada por mortes e prisões e, geralmente, envolvendo armas – aumentou severamente entre os jovens negros das grandes cidades.[2] Contudo, e mesmo neste grupo de alto risco, os índices de homicídios diminuíram em cerca de mais de 40% de 1993 a 2001.

As estatísticas pormenorizadas sobre a criminalidade mostram que as melhorias na segurança pública não se restringiam aos jovens e aos riscos de homicídio em declínio.

O quadro 7.1 regista os crimes violentos e contra o património, em relação a diferentes grupos, em 1993 e 2001. Os índices de criminalidade violenta diminuíram para metade entre homens e negros. Embora os pobres tenham mais probabilidades de serem vítimas do que os ricos, a diminuição da violência foi distribuída de maneira praticamente igual pelos diferentes estratos sociais. Os crimes contra o património, na maioria o roubo e o furto de viaturas, também diminuíram de modo significativo. A diminuição no número de crimes contra o património foi tão acentuada nas cidades como nos subúrbios e nas áreas rurais. Os índices dos crimes contra o património também diminuíram consideravelmente para as minorias sociais e para aqueles que se encontram

Gráfico 7.1 – *Taxas de homicídio*

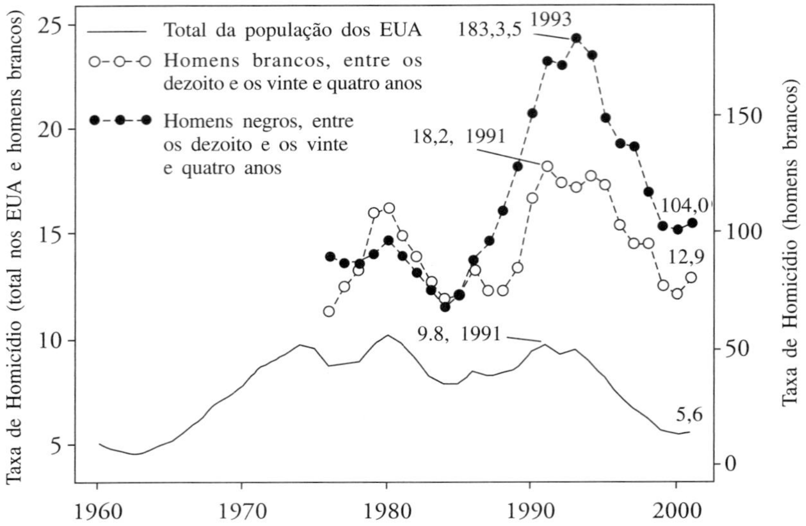

Fonte: Relatórios do *FBI Uniform Crime Reports* 1960-2001 (GEJ 2005).

situados no terceiro degrau mais baixo da escada da distribuição dos rendimentos. Por fim, a violência grave nas grandes cidades diminuiu bastante nos anos 90. Em Nova Iorque, por exemplo, os índices de homicídios decaíram em cerca de 70%. As melhorias na segurança pública nem sempre foram consideráveis, mas foram registadas diminuições significativas em quase todos os centros urbanos.

A diminuição da criminalidade melhorou a qualidade de vida da maioria dos indivíduos mais desfavorecidos. Os índices de homicídios dos jovens negros, e os índices de crimes violentos e dos crimes contra o património das minorias sociais, dos lares com poucos recursos económicos e dos moradores das cidades também decaíram drasticamente. As explicações para a diminuição da criminalidade centram-se, assim, nas mudanças verificadas nas comunidades pobres urbanas.

As forças policiais das grandes cidades aumentaram consideravelmente nos anos 90. Alguns observadores acrescentam que a perseguição

Quadro 7.1 – *Alterações nas taxas do crime*

	1993	2001	Evolução da percentagem
Criminalidade violenta por cada 1.000			
Total com 12 anos de idade ou mais	49,9	25,1	–49,7
Género			
Masculino	59,8	27,3	–54,3
Feminino	40,7	23,0	–43,5
Raça e etnia			
Brancos	47,9	24,5	–48,9
Hispânicos [a]	55,2	29,5	–46,6
Negros	67,4	31,2	–53,7
Rendimento			
Mais baixo	62,6	34,9	–47,4
Médio	49,1	25,8	–48,0
Mais alto	43,7	19,3	–56,1
Crimes de propriedade por cada 1.000			
Total de casas	318,9	166,9	–47,7
Urbanização			
Urbanos	404,8	212,8	–47,4
Suburbanos	305,1	156,7	–48,6
Rurais	246,4	131,9	–46,5
Raça e etnia			
Brancos	309,7	165,1	–48,9
Hispânicos[a]	429,7	224,1	–47,8
Negros	349,6	179,7	–52,3
Rendimento			
Mais baixo	295,1	180,9	–38,7
Médio	314,8	174,2	–44,7
Mais alto	349,9	179,5	–48,7
Homicídios por cada 100.000, nas cinco maiores cidades			
Nova Iorque	26,5	8,7	–67,2
Los Angeles	30,5	15,6	–48,9
Chicago	30,3	22,9	–24,4
Houston	28,1	20,4	–27,4
Filadélfia			

Fonte: Compilação do Autor.

Nota: Os dados relativos a crimes violentos e de propriedade foram retirados do Inquérito sobre Vitimação da Criminalidade Nacional, relatado em *Criminal Victimization 2001* (Rennison 2002). As taxas de homicídio foram retiradas dos relatórios *Uniform Crime Reports*, tal como foram relatados pelo *Sourcebook of Criminal Justice Statistics* (1994, 2002).

[a] De qualquer raça.

agressiva a uma criminalidade pouco grave permitiu que os crimes graves diminuíssem, embora muitas cidades experimentassem uma grande queda na criminalidade, mesmo sem políticas de tolerância--zero. Os mercados de droga das cidades também se tornaram mais tranquilos, seguindo a corrente da violência extrema associada ao tráfico de cocaína no final dos anos 80. Alguns defenderam que a diminuição dos níveis de desemprego, ao longo do período de expansão económica, também ajudou à diminuição do crime, embora a falta de oportunidades de emprego para os jovens negros não se tenha modificado. A legalização do aborto no início dos anos 70 pode também ter sido importante para a diminuição da criminalidade 20 anos mais tarde.[3]

O aumento do número de detenções é geralmente acrescentado a esta lista de causas da diminuição da criminalidade. Apesar de a prisão em larga escala ter aumentado fortemente o número de reclusos pobres, oriundos de minorias sociais e habitantes das cidades, o crescimento no sistema penal americano pode, pelo menos, ter levado à diminuição do crime e da violência nessas comunidades de onde saíam a maioria dos reclusos. As prisões podem diminuir a criminalidade de três maneiras: os reclusos que participam nos programas educativos e de tratamento das prisões podem conseguir a reabilitação e sair do crime depois de serem libertados. As prisões também podem simplesmente tornar os criminosos incapazes, trancando-os atrás das grades, de forma a prevenir a existência de crimes na sociedade. Por fim, as prisões podem também evitar que as pessoas cometam crimes, quanto mais não seja pela ameaça de uma possível detenção. Vamos então considerar, em separado, cada um destes argumentos.

A REABILITAÇÃO E O GRANDE AUMENTO DO NÚMERO DE RECLUSOS

Os principais estudos sobre os efeitos do grande aumento do número de reclusos na diminuição dos índices de criminalidade dos Estados Unidos, ao longo dos anos 90, centraram-se grandemente na incapacitação e no desencorajamento.[4] Poucos levaram a sério a possibilidade de o aumento no número de detenções ter aumentado a população de ex-reclusos corrigidos por programas de reabilitação. Os críticos das medidas da justiça criminal apontam para estatísticas que mostram que os investimentos em programas prisionais diminuíram, e os pedidos de tratamentos de desintoxicação, programas educativos e de formação profissional ultrapassaram as quantidades existentes.[5] Os apoiantes das medidas severas de controlo da criminalidade concordam com o que foi afirmado na análise das medidas dos anos 70, tendo sido dito que os programas de reabilitação não tiveram os resultados pretendidos.[6] De facto, vimos no capítulo 3 que muitas das políticas e dos políticos que contribuíram para o grande aumento da população prisional se baseavam no fracasso dos programas de reabilitação.

Será verdade que as prisões fracassaram em relação a estes programas de reabilitação, e que qualquer diminuição na criminalidade relacionada com o grande aumento do número de reclusos seja atribuída à incapacitação ou desencorajamento? A visão geral aceite, de que a reabilitação é um objectivo impossível de alcançar, é relativamente recente entre os profissionais dos programas de correcção. A missão da reabilitação inspirou as instituições mais antigas na Pensilvânia e em Nova Iorque, nos anos 30 e 40 do século XIX. Foi só a partir de meados dos anos 70 do século XX que a confiança nos programas de reabilitação começou a perder consistência entre os peritos em matéria de políticas.

O acontecimento que fez mudar a situação foi a publicação, em 1974, do artigo de Robert Martinson, "O que é que funciona? Perguntas e Respostas acerca da Reforma das Prisões" ["What Works? Questions and Answers about Prison Reform"], na revista *Public Interest*. Este artigo resumia um livro volumoso, publicado no ano seguinte, que descrevia estudos realizados acerca de onze categorias de tratamento, com sete efeitos em programas.[7] O artigo de Martinson centrava-se numa questão retirada do livro: podem os programas prisionais diminuir a reincidência criminal? Através de uma variedade de programas – educação, formação, aconselhamento, psicoterapia, terapia do meio, liberdade condicional, período probatório e outros – Martinson concluiu que não havia provas evidentes de que a criminalidade tivesse diminuído para os participantes nestes programas. Nas situações em que os investigadores relatavam a existência de êxitos na reabilitação, estes estudos sofriam frequentemente de uma selecção parcial, de deficiências na estruturação da investigação, ou simplesmente defendiam mais do que deviam.[8] Num resumo corajoso de mais de 200 avaliações de programas correccionais, conduzidas de 1945 a 1967, Martinson concluiu que, "salvo raras excepções, os esforços de reabilitação verificados até aqui não tiveram nenhum efeito considerável na reincidência criminal."[9] Esta conclusão teve um forte impacto nas políticas ortodoxas, quando um painel do Conselho Nacional de Investigação e outros defenderam avaliações semelhantes.[10]

Embora Martinson tenha modelado um estilo pessimista de análise política que foi adoptada pelos investigadores, as suas principais descobertas foram desafiadas logo no início, e uma defesa sofisticada da reabilitação evoluiu ao longo dos 20 anos que se seguiram. Um ano após a publicação do artigo, Ted Palmer respondeu que Martinson era tendenciosamente pessimista, ignorando muitos aspectos parcialmente positivos.[11] Esta crítica foi formalizada pelos métodos estatísticos da meta-análise que juntou os resultados de vários estudos. Se um estudo sugere que um programa de literacia, por exemplo, faz diminuir a reincidência criminal, juntar os resultados leva a provas mais fortes do que qualquer um dos estudos por si só. Quando aplicada a centenas de programas, a meta-análise também proporciona um prova clara acerca das possibilidades da reabilitação.[12] Vinte e cinco anos após Martinson, uma revisão actual dos programas de correcção podia afirmar, sem grande controvérsia, o seguinte: "A maioria dos tratamentos correccionais destinados aos reclusos adultos tem, provavelmente, efeitos positivos moderados."[13] Os programas que funcionavam melhor foram concebidos para tratar dos problemas comportamentais que levavam as pessoas ao crime. Aqueles que ajudavam os criminosos a pensar nas consequências dos seus actos, que diminuíam a impulsividade e que resolviam conflitos, foram todos considerados como responsáveis pela diminuição da criminalidade. Estes programas parecem funcionar melhor para os jovens do que para os adultos, e talvez sejam mais eficazes se forem postos em prática num contexto comunitário, mais do que na prisão. Para os jovens, estes programas levam à diminuição da reincidência criminal em cerca de 20 pontos percentuais, de 60 a 40%. Para os adultos, os efeitos destes programas são apenas um quinto destes valores.[14]

A nova leva de avaliações dos programas correccionais proporciona também algum apoio em relação aos efeitos das antigas versões dos programas prisionais – programas educativos e de trabalho. A avaliação por parte do Projecto Federal de Emprego Pós-Libertação [*Federal Post Release Employment Project*] surpreende pela extensão do prosseguimento da avaliação dos programas, medindo a reincidência criminal 12 anos após a saída da prisão.[15] Os reclusos participantes nestes programas, jovens com níveis de instrução abaixo de ensino secundário de escolaridade, entraram em programas de formação profissional e trabalharam em locais ligados às prisões. Foram comparados com um grupo com características demográficas e historiais de criminalidade parecidos, mas que não participaram em programas educativos nem de trabalho. 10 anos após serem libertados, os níveis de reincidência para aqueles envolvidos em programas de formação profissional eram cerca de 30% mais baixos do que no grupo usado para comparação. As maiores diminuições na criminalidade foram registadas entre os criminosos menos perigosos.[16] Também existem provas de que os programas educativos podem ajudar os ex-reclusos na reinserção social. Tyler e Kling fornecem uma análise cuidadosa acerca dos efeitos dos programas GED do ensino secundário nas prisões da Flórida. Também concluíram que as vantagens dos programas prisionais são maiores para os criminosos negros e hispânicos. Ao analisar os rendimentos trimensais, estes autores mostram que as minorias que conseguem um GED na prisão ganham cerca de 200 dólares mais do que criminosos parecidos que não frequentam os programas educativos. No entanto, os efeitos positivos são temporários e, por volta do terceiro ano após a libertação, a diferença nos rendimentos entre os indivíduos com equivalência ao ensino secundário, tirado na prisão, e aqueles que abandonaram a escola é quase nula.[17]

Estes efeitos temporários dos programas prisionais são comuns e podem ser explicados através do contexto social no qual os reclusos são libertados. Nos primeiros anos, o técnico superior de reinserção social, os amigos e a família podem ajudar o ex-recluso a manter o seu emprego, a permanecer afastado das drogas e a não ter qualquer contacto com amigos envolvidos em crimes. Depois do período vigiado da reinserção social, e durante o tempo passado em bairros com elevados índices de criminalidade, as velhas rotinas de consumo de drogas e do crime podem surgir. Embora este padrão nos ajude a explicar a razão pela qual os programas diminuem a reincidência criminal apenas de forma moderada, ele também salienta a importância dos apoios sociais da comunidade após a saída da prisão.

Se as avaliações actuais dos tratamentos correccionais estão, de facto, correctas, e se a prisões podem efectivamente ter algum efeito reabilitativo, talvez então os índices de criminalidade tenham diminuído nos anos 90 porque os criminosos foram reformados na prisão. Embora haja agora provas fortes de que os programas prisionais levam à diminuição da reincidência criminal, a reabilitação é uma fonte improvável da diminuição da criminalidade, porque os recursos utilizados nos programas escasseavam ao longo dos anos 80 e 90.

Quadro 7.2 – *Recursos correcionais nos programas de ensino*

	1979	1995
Presos estatais	274.563	941.642
Pessoal dos programas correccionais	94.336	321.941
Pessoal dos programas educativos	9.877	9,856
Pessoal dos programas educativos (percentagem de todo o pessoal)	10	3
Presos em programas educacionais (percentagem)	41	22
Reclusos em relação ao rácio de pessoal dos programas educativos	11	11

Fonte: Os dados para 1979 foram tabulados em 1979 pelo Censo das Instituições Estatais de Correcção (1979). Os dados para 1995 foram retirados de Stephan (1997), *Census of States and Federal Correctional Facilities*.

É difícil conseguir dados sistemáticos relativos a longos períodos de tempo, mas o Censo das Instituições Estatais de Correcção [Census of State Correctional Facilities] registou, em vários anos, o número do pessoal que trabalhava nos programas educativos e o número de reclusos que participava nestes programas.[18] O censo da prisão mostra que, em 1979, menos de 10.000 dos 94.336 de pessoal a trabalhar nos programas correccionais nas prisões estatais estavam empregados nos programas educativos. Por volta de 1995, o número de pessoas que ensinava nos programas educativos das prisões diminuiu ligeiramente, apesar do aumento em três vezes do número de reclusos estatais e do número de pessoal a trabalhar nas prisões (quadro 7.2). Enquanto 10% do pessoal empregado nos programas correccionais das prisões ensinava em programas educativos em 1979, apenas 3% o fazia por volta de 1995. Devido à diminuição do número de participantes nos programas ter sido mais lenta do que aquela relativa à percentagem de pessoal a trabalhar em programas correccionais educativos, o tamanho das turmas também aumentou. A proporção de reclusos para com os funcionários quase aumentou para o dobro de 1979 a 1995.

Outros observadores também comentam a diminuição verificada nos programas de reabilitação, a escassez de tratamentos de desintoxicação e de trabalho rentável nas prisões.[19] Apesar da existência de provas que atestam os efeitos positivos dos programas de reabilitação, a diminuição dos esforços nestes programas sugere a improbabilidade da reabilitação diminuir a criminalidade. Centro-me agora nos efeitos de incapacitação e desencorajamento da prisão, que têm vindo a ser o centro das atenções daqueles que estudam os efeitos do encarceramento em larga escala na diminuição dos índices de criminalidade nos Estados Unidos ao longo dos anos 90.

OS EFEITOS DA INCAPACITAÇÃO E DO DESENCORAJAMENTO

O paradigma da reabilitação foi abandonado nos anos 70 pelos mesmos objectivos da incapacitação e do desencorajamento. A incapacitação descreve a forma como se evita que as pessoas cometam crimes pelo impedimento físico da prisão. O desencorajamento traça o modo como possíveis futuros criminosos se afastam do crime pelo medo das penas. Embora estas teorias do controlo da criminalidade pareçam simples, existem algumas complicações consideráveis, e testes empíricos geram uma grande variedade de resultados.

Incapacitação

Como a reabilitação deixou de ser credível ao longo dos anos 70, a filosofia da incapacitação tornou-se cada vez mais popular entre os universitários, comentadores e legisladores. James Q. Wilson comentou que "os ganhos de meramente incapacitar os criminosos condenados podem ser consideráveis."[20] Duas décadas mais tarde, William Spelman comparou a incapacitação a um bagre – uma criatura feia mas que pode ser, no entanto, muito saborosa.[21] Parte do interesse da incapacitação era a sua simplicidade. O colunista Ben Wattenberg capta o argumento, observando que um "rufia na prisão não pode matar a tua irmã."[22] Por outro lado, a reabilitação era, na melhor das hipóteses, um negócio complicado que possivelmente estava aquém da competência do governo. Controlar a criminalidade através da incapacitação exigia apenas que as prisões fizessem o seu trabalho e que mantivessem os criminosos presos e afastados da sociedade.

Tal como a maioria das teorias, os pormenores são mais complicados do que podem parecer à primeira vista. Avaliar os efeitos da incapacitação implica a realização da decepcionante tarefa de calcular quantos crimes pode um indivíduo cometer se não estiver preso. Foram recolhidas informações acerca dos índices de criminalidade a partir de registos oficiais e entrevistas de inquéritos.[23] Estas pesquisas concluem que o envolvimento no crime varia bastante. As conclusões de Paul Tracy, Marvin Wolfgang e de Robert Figlio são exemplificativas. Tracy e os seus colegas acompanharam um grupo etário de rapazes de Filadélfia, entre os 10 e os 18 anos. Cerca de um terço já tinha estado envolvido, a certa altura, em comportamentos delinquentes, mas 60% dos crimes foram cometidos por um pequeno grupo de reincidentes criminais crónicos, que constituíam apenas 7% da população.[24] Os inquéritos feitos a criminosos adultos traçam um cenário parecido. Um inquérito da Rand Corporation feito a presos e detidos concluiu que metade de todos os assaltantes cometia não mais de seis crimes por ano, mas que os principais 10% cometiam mais de 200.[25] O sistema penal diminuirá, com mais eficiência, a criminalidade através da incapacitação, se conseguir prender os criminosos mais activos.

A história complica-se ainda mais pelos efeitos da idade e do contexto social no qual os crimes são cometidos. Um facto central da investigação criminal é que mulheres e homens se envolvem mais no crime na fase da adolescência tardia. A actividade criminal diminui, mesmo para os criminosos graves, à medida que as pessoas atingem os 20 e os 30 anos.[26] Os reclusos que cumprem penas de prisão muito longas podem, por fim, criar poucos problemas na sociedade se forem libertados, simplesmente porque estão mais velhos. A idade tem influência na actividade criminal de um indivíduo, ao passo que o contexto social do crime molda o impacto da incapacitação na comunidade. Se os crimes forem cometidos em grupo, a diminuição da criminalidade numa comunidade será inferior à diminuição da mesma para um indivíduo preso. Uma rede de assaltantes, por exemplo, pode continuar o seu trabalho mesmo se um dos seus membros tiver sido privado de liberdade.[27] Com o tráfico de droga, em particular, vários investigadores defenderam que o impacto da incapacitação na comunidade é pequeno. John DiIulio encontrou também grandes alterações na actividade criminal. Embora a maioria dos criminosos estivesse envolvida em crimes de violência e contra o património, apenas 27% estavam envolvidos em tráfico de drogas. Para estes 27%, Piehl e DiIulio defendem que a prisão não tem qualquer efeito de incapacitação.[28] Os traficantes de droga das ruas, enviados para as prisões, serão imediatamente substituídos. Um pensamento semelhante levou James Q. Wilson a rever a sua crença antiga na prisão, ao notar que "aumentos muito grandes no número de reclusos podem gerar apenas diminuições moderadas nos índices de criminalidade."[29]

Desencorajamento

As ideias acerca do efeito de desencorajamento da punição podem remontar aos primeiros filósofos da punição – Jeremy Bentham e Cesare Beccaria. Para estes teóricos, as penas criminais eram maldades tornadas necessárias pela maldade ainda maior do crime. O castigo devia ser utilizado de forma cautelosa com o intuito de desencorajar a prática do crime. Bentham, o filósofo utilitarista, antecipou a teoria racionalista do crime. Os criminosos pesam os custos da punição e as vantagens do crime. Serão desencorajados se os custos do crime – isto é, a punição – excederem as vantagens. Os custos da punição dependem parcialmente da probabilidade de serem apanhados e da severidade da pena. Se as penas forem muito severas, mas se as hipóteses de prisão forem remotas, as penas terão efeitos de desencorajamento mínimos.

A diferença entre a certeza e a severidade da punição levou à existência de dois tipos de estudos sobre o desencorajamento. Uma parte da investigação analisa os efeitos do controlo. A outra estuda a prisão. Os estudos relativos ao controlo investigaram a condução alcoolizada, o tráfico de droga, a posse de armas e uma série de outros crimes.[30] Concluiu-se que as acções repressoras da polícia, nos mercados de droga ou nas conduções sob o efeito do álcool, têm alguns efeitos de desencorajamento, mas a diminuição na criminalidade é geralmente temporária. Os efeitos de desencorajamento diminuem à medida que os possíveis futuros criminosos se apercebem de que sobrestimaram os riscos de serem apanhados. Estudos simulatórios clarificaram melhor estes efeitos. Estes estudos perguntam às pessoas de que forma se comportariam se corressem o risco de serem presos por exemplo por violação num encontro, e por evasão fiscal. Estes estudos concluem, de forma consistente, que a certeza da punição, e com menos proporções, a certeza da severidade, pode desencorajar a prática de crimes.

Ao tentar compreender o efeito de desencorajamento da punição, Daniel Nagin fez a distinção entre as suas consequências públicas e privadas.[31] Os seus estudos simulatórios acerca da evasão fiscal mostram que o acontecimento público de uma acusação criminal tem um efeito de desencorajamento muito maior do que o acontecimento privado da atribuição de uma pena civil. Este resultado sugere que o estigma da punição, a vergonha pública que acompanha a detecção de um crime, é uma importante fonte de desencorajamento, talvez mais ainda do que a dor da pena. Nagin defende que o estigma é maior quando a punição é rara.

A análise da obra de Nagin sugere que os riscos de detecção de um crime, e o consequente surgimento do estigma, são fontes pelo menos tão importantes como a severidade da punição. Esta perspectiva é apoiada por Paul Robinson e John Darley, que defendem que as leis mais duras são uma forma ineficaz de desencorajar o crime.[32] Começam por afirmar que os possíveis criminosos têm de conhecer as penas, de forma a serem desencorajados de cometer crimes, e nem o público em geral, nem os criminosos estão bem informados em relação ao Código Penal. O inquérito de David Anderson feito a criminosos condenados concluiu que apenas 22% deles pensavam saber "exactamente qual seria a punição" aplicada ao crime que tinham cometido. Outros 18% não faziam ideia, ou "pensavam que sabiam, mas estavam errados." Mais de um terço afirmou que, na altura do crime, "nem sequer pensaram acerca" da punição que iam receber.[33]

Mesmo se os possíveis criminosos conhecessem a lei, seriam eles capazes de controlar eficazmente o seu comportamento? Robinson e Darley resumem a investigação:

> As provas disponíveis sugerem que os possíveis criminosos, como grupo, são pessoas menos inclinadas a pensar, de todo, nas consequências do seu comportamento, ou de o adequar de acordo com as regras. Geralmente são pessoas que procuram o risco em vez de o evitarem e, como grupo, são pessoas mais impulsivas do que a média.[34]

E vão observando que os desejos de vingança, de retaliações, de raivas súbitas, sentimentos de medo e paranóia, e autopercepções de brilhantismo na fase eufórica da doença maníaco-depressiva, limitam a possível aptidão de um criminoso para o auto controlo. Acrescente-se a estes traços de personalidade a influência presente do vício, das drogas e do álcool: 31% dos reclusos em prisões estatais afirmam que consumiam droga na altura em que cometeram o crime pelo qual foram presos e 17% deles cometeram o crime para conseguir dinheiro para comprar droga.[35] Acrescente-se também a influência de amigos envolvidos no crime que, de igual forma, minimizam as consequências da punição a longo prazo. Tidos num conjunto, estes factores sugerem que, mesmo que estes indivíduos conhecessem a lei, uma parte significativa dos criminosos não seria mesmo capaz de pensar na punição, de modo a evitar cometer o crime.

Por fim, mesmo que o possível criminoso conheça a lei e que seja capaz de influenciar o seu comportamento por causa disso, os custos do crime serão influenciados não só pela dimensão da punição, mas também pela probabilidade de se ser apanhado. Experiências psicológicas mostram que o desencorajamento diminui rapidamente com a possibilidade da existência da punição. Numa experiência, em que as pessoas foram punidas em metade do tempo que se seguiu a cada transgressão, as consequências que daí advieram foram reduzidas em cerca de 30%. Se as pessoas forem punidas apenas uma vez em cada dez, os efeitos de desencorajamento atingem um valor nulo.[36] Estas conclusões são consistentes com estudos acerca das medidas de controlo, que indicam que o desencorajamento depende mais do risco de ser apanhado do que da severidade do castigo, especialmente em relação àqueles criminosos mais pequenos, para os quais a punição é mais estigmatizante.

Robinson e Darley, muito como Nagin, não têm dúvidas de que o desencorajamento é possível; no entanto, a chave para tal não é a severidade da punição, mas a presença visível da polícia e o risco de detecção.[37] Estes autores também referem as cada vez menos frequentes respostas da punição. Os criminosos crónicos que já transportam o fardo do estigma de uma condenação criminal, e que se aperceberam de que podem cumprir penas, são muito difíceis de serem alvos do desencorajamento.

CÁLCULO DOS EFEITOS DO DESENCORAJAMENTO E DA INCAPACITAÇÃO

As teorias do desencorajamento e da incapacitação abundam em senso comum. Se prendermos um criminoso, ele não pode praticar nenhum crime. Se as penas forem severas, os possíveis futuros criminosos terão menos vontade de correr o risco de as vir a sofrer. No entanto, a realidade é mais complicada. Alguns criminosos praticam muitos crimes e a prisão impedirá que pratiquem muitos mais. Outros cometem menos crimes e, frequentemente, é difícil estabelecer a diferença entre estes dois tipos de criminosos. Mais, poucos criminalistas acreditam agora que prender os traficantes de droga mais pequenos pode diminuir, de modo significativo, o tráfico de estupefacientes nas comunidades locais. As teorias sobre o desencorajamento também são menos atractivas quando escrutinadas de perto. Esta ideia do desencorajamento parte do princípio de que os possíveis criminosos podem agir racionalmente, compreender os riscos de serem apanhados e de antever a punição que advirá do crime que cometeram. Contudo, muitos dos crimes não são motivados racionalmente. As personalidades dos criminosos e o contexto no qual o crime é cometido arruínam a racionalidade. Para aqueles que conseguem pesar os custos e os benefícios do crime, os riscos de detenção têm um maior poder de desencorajamento do que a severidade da punição. De facto, o medo íntimo da punição pode ser um factor menos desencorajador do que a vergonha pública de uma condenação criminal. Nenhum destes factos, porém, sugere que a prisão não possa diminuir a criminalidade através do desencorajamento ou da incapacitação. Pelo contrário, os efeitos são difíceis de calcular e podem até ser menos significativos do que poderíamos inicialmente esperar.

Os dois maiores esforços para explicar os efeitos do aumento do número de reclusos na diminuição da criminalidade foram feitos por Steven Levitt e William Spelman.[38] Estes dois homens adoptam uma abordagem semelhante, servindo-se de dados sobre índices de criminalidade, oriundos dos Relatórios de Crime Uniforme [*Uniform Crime Reports*] e da população de prisões estatais dos 50 Estados, desde os anos 70 aos anos 90. Ambos afirmam que o crescente número de reclusos diminui de forma considerável o crime. Utilizando dados e métodos semelhantes, estes autores calculam o que eu denominaria de um "efeito da prisão" de –0,4: um aumento de 1% nos índices de encarceramento faz diminuir os índices de criminalidade em cerca de quatro décimos de 1%. Embora a linguagem de Spelman seja cautelosa, este autor considera que o aumento do número de reclusos de 1971 a 1997 fez diminuir o crime violento em cerca de 35%, e refere-se a cerca de 25% da diminuição da violência grave ao longo dos anos 90.[39] A análise de Levitt é parecida, mas os seus argumentos são mais corajosos. Levitt considera que os efeitos da prisão são maiores para o crime violento do que para os crimes contra o património. A sua análise custo-benefício indica que a prisão dos criminosos violentos aponta para um lucro anual social de mais de 40.000 dólares, bem maior do que o custo anual de 25.000 dólares de uma cama na prisão.[40] Estes valores sugerem que mais de um terço da diminuição de 34% na violência nos Estados Unidos, de 1991 a 2001, é o resultado do aumento do número de reclusos em prisões estaduais.[41] Após ter verificado os grandes efeitos da prisão na criminalidade, Levitt conclui a sua análise:

> Na ausência de alternativas fortes à prisão no momento presente... a crescente confiança na mesma parece ter sido, e continua a ser, uma arma eficaz na diminuição do crime.[42]

Estes cálculos dos efeitos da prisão na criminalidade proporcionam um esforço cuidado e sofisticado para medir os efeitos que a prisão tem na diminuição do crime. Levitt e Spelman concluem que os seus cálculos podem ser tidos como pertinentes se vistos sob o olhar de uma variedade de considerações estatísticas. Estes resultados são também consistentes com os dados do inquérito que mostram que os reclusos cometeram, em média, 15 crimes no ano que antecedeu à prisão de cada um. Os dois estudos destes autores são também os primeiros a ter em conta os efeitos dos índices de criminalidade na prisão. Os cálculos parecem mostrar, de uma forma credível, que o grande aumento da população prisional contribuiu grandemente para a diminuição da criminalidade nos Estados Unidos.

Apesar da sofisticação da análise, os efeitos da prisão de –0,4, que tanto Levitt como Spelman concluem, são quase de certeza excessivos. Uma outra investigação calcula que os efeitos da prisão sejam de cerca de –0,1, apenas um quarto do valor dos cálculos de Levitt e

Spelman.[43] Os grandes efeitos da prisão que calcularam resultam da consideração das causas inversas do crime nos índices de encarceramento. Teoricamente, a prisão diminui o crime através da incapacitação e do desencorajamento. No entanto, o crime influencia a escala da prisão através dos seus efeitos no número de detenções e no fluxo de criminosos nos tribunais. Se não tivermos em conta o impacto positivo dos índices de criminalidade na prisão, o efeito causal negativo da mesma no crime será subestimado. Na linguagem da análise econométrica, os índices de encarceramento são endógenos aos índices de criminalidade.

Numa abordagem engenhosa desenvolvida por Levitt, a prisão que sobrecarregava o litígio em 12 Estados, ao longo dos anos 80, é utilizada para identificar as alterações nas detenções ordenadas pelos tribunais e não relacionadas com as evoluções no crime.[44] Ao relacionar a diminuição no número de detenções, através de mandados dos tribunais federais, com as mudanças nos índices de criminalidade, Levitt pôde calcular um efeito da prisão que aparentemente não era contaminado pelos efeitos do crime na mesma. Antes de ter em conta os efeitos do crime na prisão, Levitt calculou um seu efeito de –0,1, um cálculo coerente com a investigação anterior que indicava que os índices de criminalidade diminuíram em cerca de 0,1 de 1%, seguindo a um aumento de 1% dos índices de encarceramento. Após ter utilizado os dados de um litígio sobrecarregado, para ter em consideração a dependência da prisão do crime, os seus efeitos aumentam de –0,1 para -0,4.

A dimensão da consideração avisa-nos, sub-repticiamente, de que algo pode estar errado. Os efeitos da prisão aumentam em quatro vezes quando a influência do crime na proporção das detenções é tida em conta. Se os efeitos das detenções que não consideram o impacto do crime nas mesmas não estão correctos, com uma margem de erro de quatro, tal implica que os índices de criminalidade têm um efeito considerável nos índices de encarceramento. Quão consideráveis são os efeitos implícitos da criminalidade nas detenções? Com a informação de que dispomos, é impossível dar uma resposta a esta pergunta, mas se partirmos do princípio de que as alterações na criminalidade explicam 5 a 10% da variação no encarceramento, os meus cálculos acerca dos efeitos implícitos da criminalidade nos índices de encarceramento estão entre cerca de 0,2 e 0,4, ou seja, um aumento de 1% nos índices de encarceramento (mais adiante neste capítulo explicarei de forma pormenorizada como estes cálculos foram feitos). O facto de se ter em conta a endogeneização sugere que os efeitos do crime nas detenções são quase iguais aos efeitos das detenções no crime.

Será que a influência da criminalidade nas detenções é suficiente para justificar os consideráveis efeitos do encarceramento que Levitt e Spelman relatam? Nestes estudos falta uma explicação de como a escala do encarceramento depende do crime e de outras causas. Os capítulos 2 e 3 forneceram uma análise extensiva das causas do aumento do número de detenções ao longo dos anos 80 e 90, e mostraram que as evoluções na criminalidade não tinham quase qualquer ligação com as evoluções verificadas no encarceramento. O crescimento do sistema penal, depois de 1980, deveu-se não ao crime, mas a mudanças nos processos criminais – uma maior hipótese de ser preso para aqueles que estavam detidos, uma maior duração das penas de prisão para os condenados e uma maior hipótese de revogação do período probatório para aqueles já em liberdade. Um outro factor que também contribuiu para o enfraquecimento da correlação crime-prisão foi um enorme aumento das perseguições aos crimes de estupefacientes não presentes nas habituais estatísticas sobre criminalidade. Os crimes entre os adultos e os jovens também sofreram uma grande diminuição não relacionada com a prisão. Esta diminuição da criminalidade podia ser verificada entre os rapazes pobres, cujos índices de encarceramento não aumentaram de forma drástica, e também entre os adultos com pouca instrução, cujos índices de encarceramento aumentaram bastante. Estas conclusões são coerentes com uma sociologia do castigo, na qual as evoluções na criminalidade estão apenas ligeira e indirectamente relacionadas com a escala do encarceramento. Agora, se os índices de criminalidade têm pouca influência nos índices de encarceramento, como as provas claramente demonstram, ter em conta os consideráveis efeitos das detenções é certamente uma sobrestimativa considerável.

Sobrestimar os efeitos do encarceramento andou a par com a utilização da informação na sobrecarga do litígio, de modo a ter em conta a dependência do encarceramento da criminalidade. Nagin observa que os efeitos do desencorajamento da prisão se centram numa mudança na escala do encarceramento – as decisões dos tribunais diminuem a sobrecarga populacional nas prisões.[45] Porque as decisões dos tribunais obrigavam à libertação dos reclusos, os efeitos do encarceramento tidos em conta deviam ser interpretados cuidadosamente, de forma a indicar os efeitos de esquemas de libertação antigos, como a abolição do período probatório. Adiar a libertação dos reclusos pode ter vários efeitos distintos, desde mandar para a prisão aqueles que de outra forma não teriam ido. Outras medidas que afectam as entradas nas prisões mais do que a libertação – leis de combate à droga mais severas ou leis *three-strikes*, por exemplo – não serão postas em prática. Bert Useem e os seus colegas temem que os Estados envolvidos em sobrecargas de litígio não sejam representativos do resto do país. Sete dos 12 são Estados do Sul, e os sistemas penais do Sul, especialmente aqueles sujeitos à intervenção dos tribunais federais, não são exemplos convenientes. Os efeitos do desencorajamento podem também não ser iguais noutras partes do país, ou noutros períodos de tempo.[46] Por fim, parte-se do princípio de que a sobrecarga do litígio, pela análise estatística, não depende nem dos índices de criminalidade nem dos índices de encarceramento. Ainda assim, é difícil imaginar como as decisões dos tribunais, que desafiam a sobrecarga populacional nas prisões, não seriam, de algum modo, postas em prática pelas mudanças no número de reclusos.

Se estes efeitos do encarceramento tidos em conta exageram o impacto do grande aumento do número de reclusos na diminuição da criminalidade nos anos 90, quanto é que o aumento da população prisional fez realmente diminuir a criminalidade? A resposta a esta pergunta, tal como Levitt e Spelman mostram de forma persuasora, depende de quanto pensamos que o crime afecta os índices de encarceramento. Um certo número de estudos calcula os efeitos da prisão no crime, pressupondo que os efeitos da criminalidade no encarceramento sejam nulos. Utilizando dados sobre índices de criminalidade estaduais, desde o início dos anos 70 até meados dos anos 90, estes estudos declaram que os valores dos efeitos do encarceramento estejam entre 0 e –0,2 (quadro 7.3). Os valores calculados tanto por Zsolt Becsi e Bert Useem, Anne Piehl e Raymond Liedka eram geralmente inferiores a –0,1, indicando que um aumento de 1% no número de reclusos diminuiu a criminalidade em cerca de menos de um décimo de 1%.

Também calculei os efeitos do encarceramento utilizando os índices de criminalidade do Relatório do Crime Uniforme, oriundos dos 48 Estados contíguos, relativos ao período entre 1971 e 2001. Os meus cálculos inseriam-se também nos limites dos estudos recentes, mas os

Quadro 7.3 – *Efeitos do encarceramento nos índices das taxas do crime em quatro Estados*

Levitt (1996)		
Crimes violentos	–0,38 ± 0,36	Cinquenta Estados e D.C. de 1971 a 1993
Crimes de propriedade	–0,26 ± 0,24	
Todos os índices de criminalidade	–0,31	
Marvell e Moody (1994)		
Crimes violentos	–0,06 ± 0,11	Quarenta e nove Estados e D.C. de 1971 a 1989
Crimes de propriedade	–0,17 ± 0,06	
Todos os índices de criminalidade	–0,31	
Becsi (1999)		
Crimes violentos	–0,05 ± 0,04	Cinquenta Estados e D.C. de 1971 a 1993
Crimes de propriedade	–0,09 ± 0,03	
Todos os índices de criminalidade	–0,09 ± 0,03	
Useem, Piehl e Liedka (2001)		
Todos os índices de criminalidade	–0,06 ± 0,05	Cinquenta Estados e D.C. de 1972 a 1997
Todos os índices de criminalidade (efeito de retardamento)	–0,04 ± 0,04	

Fonte: Compilação do Autor.
Nota: Os efeitos do encarceramento descrevem a mudança de percentagem da taxa de criminalidade de um aumento percentual de 1 na taxa de encarceramento estatal. O quadro é uma adaptação do quadro de Spelman (2000, 102). A análise de Spelman reproduz os resultados de Levitt utilizando os mesmos dados e adicionando alguns anos de observação. A margem de erro representa uma margem de confiança de 95%.

resultados são bem mais baixos do que aqueles obtidos tanto por Spelman e Levitt (quadro 7.4). Os meus cálculos indicam que um aumento de 1% nos índices de encarceramento estaduais diminuiu os índices de criminalidade grave em cerca de 0,07 de 1%.[47] Os efeitos calculados são algo maiores para os índices de homicídios, mas mais baixos para todos os crimes violentos. Claro que a minha análise sublinha os efeitos do grande aumento do número de reclusos na diminuição da criminalidade, porque não tem em conta os efeitos contrários do crime na escala do encarceramento. As colunas 2 e 3 do quadro 7.4 têm em conta os efeitos do encarceramento sob dois cenários: o primeiro pressupõe que um aumento de 1% nos índices de criminalidade faz aumentar o número de detenções em cerca de 0,05 de 1%, um efeito moderado a par das teorias do castigo, que defendem que a escala do encarceramento não está intimamente relacionada com os níveis de criminalidade existentes na sociedade. O segundo cenário pressupõe que os efeitos da criminalidade no encarceramento são iguais aos cálculos mais alargados dos efeitos do encarceramento na criminalidade: um aumento de 1% na criminalidade faz aumentar o número de detenções em cerca de 0,15%.[48]

Partir do princípio de que o crime afecta bastante os níveis de encarceramento gera efeitos do mesmo mais significativos, mas a margem de erro do cálculo também aumenta. De facto, esta margem de erro é de tal maneira grande que evita tirar conclusões fiáveis que atestem que o aumento do número de detenções faz diminuir a criminalidade. Em resumo, os meus cálculos indicam que os valores dos efeitos do encarceramento na criminalidade estão entre os –0,07 e os -0,18.

Se os verdadeiros efeitos do encarceramento estão no intervalo entre –0,07 e -0,18, quanto contribuiu o grande aumento da população prisional para a diminuição dos índices de criminalidade ao longo dos anos 90? O gráfico 7.2 faz a comparação entre dois cenários e as tendências evolutivas actuais nos índices de criminalidade entre 1971 e 2001. Ambos os cenários pressupõem que os níveis estatais de encarceramento não tenham aumentado desde 1971. O primeiro parte do princípio de que os efeitos do encarceramento sejam de –0,07, um valor baixo, mas relativamente comum na bibliografia da investigação.

Quadro 7.4 – *Efeitos de encarceramento nos índices das taxas de crime, de 1971 a 2001*

	Efeito do historial de criminalidade no encarceramento		
	0,00 (1)	0,05 (2)	0,15 (3)
Toda a criminalidade	–0,07 ± 0,02	–0,08 ± 0,10	–0,18 ± 0,29
Assassínio	–0,11 ± 0,09	–0,11 ± 0,11	–0,21 ± 0,30
Crime violento	–0,03 ± 0,04	–0,07 ± 0,10	–0,17 ± 0,30
Crime de propriedade	–0,07 ± 0,03	–0,08 ± 0,10	–0,18 ± 0,29

Fonte: Compilação do Autor.
Nota: As variáveis dependentes e previstas correspondem às diferenças dos instrumentos de avaliação, controlos de despesa da política, percentagem de negros, desemprego e efeitos fixos anuais e estaduais. As observações são medidas com base na proporção da população. Os ajustes à endogeneidade baseiam-se na análise de sensibilidade bayesiana proposta por Leamer (1993). A margem de erro indica uma margem de confiança de 95%.

O segundo pressupõe que os efeitos do encarceramento sejam de –0,18, um cálculo mais elevado, mas coerente com os grandes efeitos da criminalidade no encarceramento. Em ambos os cenários, os índices de criminalidade teriam, ainda assim, diminuído consideravelmente entre 1991 e 2001. Se os efeitos do encarceramento fossem apenas de –0,07, os índices de criminalidade teriam decaído de 58 para 43 em mil, uma diminuição de 26%. Se os efeitos fossem de –0,18, teriam diminuído de 66 para 51 em mil, uma diminuição de 23%. Em termos reais, a criminalidade diminuiu em cerca de 28%, de 53 para 38 em mil. Estes valores sugerem que o aumento do número de detenções ao longo dos anos 90 fez diminuir a criminalidade entre cerca de 2 e 5% de uma diminuição total de 28%. Quase nove décimos da diminuição na criminalidade violenta existente ao longo dos anos 90 teriam acontecido na mesma, mesmo sem o grande aumento do número de reclusos.

CONCLUSÃO

As provas analisadas neste capítulo sugerem que o encarceramento em larga escala ajudou a diminuir a criminalidade e a violência nos Estados Unidos no final dos anos 90, mas a sua contribuição não foi expressiva. A prisão é geralmente vista como factor de diminuição da criminalidade através da reabilitação, incapacitação e desencorajamento. Embora os estudiosos das medidas relacionadas com este assunto, dos anos 70 e 80, não acreditassem muito nos programas de reabilitação, existem agora provas suficientes que atestam que estes programas podem diminuir a criminalidade, mas que os efeitos são maiores para os jovens, não para os adultos.

Em todo o caso, a reabilitação não é a razão principal da diminuição da criminalidade nos anos 90, porque o aumento do número de detenções andou a par de uma diminuição dos apoios aos programas de reabilitação. A proporção de reclusos inscritos nos programas educativos, por exemplo, diminuiu para metade de 1979 a 1995.

Os estudos feitos ao impacto do grande aumento da população prisional na diminuição da criminalidade centraram-se nos efeitos de incapacitação e do desencorajamento na prisão. Estudos avançados sugeriram que o aumento nos índices estaduais de encarceramento, ao longo dos anos 90, pode explicar cerca de um terço da diminuição na

Gráfico 7.2 – *Índices das taxas de crime observadas e hipotéticas*

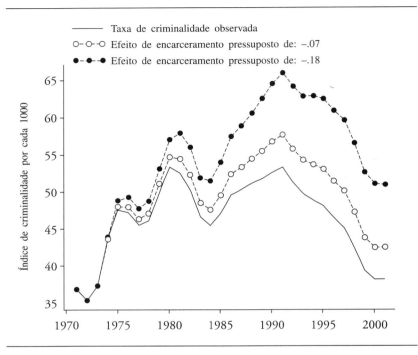

Fonte: Compilação do Autor.
Nota: Taxas hipotéticas de criminalidade partindo do pressuposto de que não houve qualquer aumento no número de encarceramentos desde 1970 e pressupondo um efeito do encarceramento de: – .07 e –.18.

criminalidade grave. Os meus melhores cálculos sugerem que o aumento de 66% no número de reclusos em prisões estatais, de 725.000 para mais de 1,2 milhões, fez diminuir os índices de criminalidade grave em cerca de 2 a 5% – um décimo da diminuição da criminalidade entre 1993 e 2001. Sem a existência dos 480.000 novos reclusos no sistema, teria ocorrido uma diminuição de 90%. Em 2001, o custo anual de prender um recluso numa prisão estadual era de 22.000 dólares. Tal sugere que a diminuição de 2 a 5% na criminalidade grave verificada ao longo dos oito anos, desde 1993 a 2001, foi comprada por 53 mil milhões de dólares. Por que razão foram tão moderados os efeitos do controlo da criminalidade no encarceramento em larga escala?

Foram sugeridos três argumentos principais para responder a esta questão. Primeiro, prender quem pratica crimes de tráfico ou consumo de estupefacientes não impede a existência de crimes graves.[49] Tal como este tipo de criminosos se tornou cada vez mais abundante nas prisões estaduais, a incapacitação e o desencorajamento diminuíram. Num sentido mais geral, como os limites para a prisão diminuíram ao longo dos anos 80 e 90, o encarceramento pode ter aumentado para os criminosos menos perigosos, talvez com menos condenações anteriores, ou mais envolvidos em crimes contra a ordem pública, mais do que em crimes violentos. Os efeitos de incapacitação da prisão, em termos gerais, diminuiriam à medida que os criminosos menos perigosos fossem presos. Segundo, como os índices de encarceramento se tornaram muito elevados, o estigma da prisão desvaneceu-se, e o poder da mesma em desencorajar a criminalidade enfraqueceu.[50] De facto, vimos no capítulo 1 que a prisão se tornou um acontecimento normal para os jovens adultos afro-americanos, com baixos níveis de escolaridade, sugerindo que o estigma da prisão nas comunidades com um número elevado de reclusos entre os seus membros pode ser, de facto, muito fraco.

Por fim, a prisão pode não fazer diminuir, de forma drástica, a criminalidade, porque há mais possibilidades de alguns dos reclusos libertados se envolverem no crime, *por terem estado presos*. Numa versão deste ponto de vista, a prisão é uma escola para os criminosos, fazendo rodear os que são presos pela primeira vez daqueles que já passaram muitos anos dentro do sistema de justiça criminal. Numa outra versão, o afastamento do crime – ou seja, o encontro de um caminho longe de uma vida na criminalidade – depende da formação de laços sociais que obrigam os criminosos a seguirem uma rotina, a beneficiarem de apoios sociais, e a acreditarem num futuro promissor. A importância destes laços sociais tem sido estudada mais de perto talvez por Robert Sampson e John Laub. Estes autores construíram as histórias de vida de um grupo etário de delinquentes perigosos, nascido na zona de Boston, em meados dos anos 20. As histórias mostram que os rapazes delinquentes que cresceram para procurar empregos estáveis e que conseguiram casamentos duradouros e emocionalmente sólidos, também encontraram um caminho longe de uma vida no crime. Os outros rapazes, que nunca estabilizaram e que nunca encontraram um emprego estável, continuaram envolvidos na criminalidade pelo menos até à meia-idade e, por vezes, até mais tarde.[51] Embora um casamento sólido e um emprego estável ajudem a construir o caminho para uma vida normal, para um jovem com cadastro, a prisão, por seu turno, corrompe precisamente as oportunidades económicas e a estabilidade familiar de qualquer indivíduo. Vimos que os ex-reclusos podem encontrar emprego após serem libertados, mas geralmente estes empregos não proporcionam uma evolução salarial nem segurança profissional. Vimos também que poucas relações sobrevivem à prisão, e que é mais provável os ex-reclusos estarem envolvidos em casos de violência doméstica do que outras pessoas. A vida naturalmente faz construir uma teia de laços sociais e de obrigações, que faz com que os jovens permaneçam afastados da criminalidade e de outros comportamentos anti-sociais, mas a prisão impede que a vida se desenvolva com normalidade. Os enormes efeitos negativos da prisão no emprego e na vida familiar ajudam-nos a compreender a razão pela qual o grande aumento do número de reclusos contribuiu tão pouco para a diminuição da criminalidade na América.

APÊNDICE: A ANÁLISE DA ENDOGENEIDADE

Se os índices de criminalidade, C, e os índices de encarceramento, P, são de igual modo determinados pelas equações, $C = \beta P + \gamma x + e$, e $P = \theta C + \delta z + u$, nas quais x e z são covariáveis exógenas, então a menor regressão ao quadrado de C em P e x aponta para um cálculo parcial de β, onde a parcialidade é dada a partir de $\beta^* = \tau^2(1 - \beta\theta)/\theta$.

A parcialidade dos efeitos calculados da criminalidade na prisão depende do efeito real, β, o efeito de resposta da criminalidade na prisão, θ e τ^2, que é uma função complexa, as variações residuais e a correlação através da equação: $\tau 2 = (\theta^2\sigma^2_e + \theta\sigma_{eu})/(\theta 2\sigma^2_e + 2\theta\sigma_{eu} + \sigma^2_u)$ (Leamer 1993). Se a correlação da equação cruzada, σ_{eu}, for 0, o rácio da variação, τ^2, descreve a percentagem da variação em P calculada a partir da variação exógena em C. Se o cálculo das variáveis instrumentais de Levitt[52] de β e o cálculo das raízes mínimas medir o efeito real e o efeito parcial, podemos obter cálculos de θ partindo dos níveis pressupostos de τ^2.

Podemos também ajustar os cálculos das raízes mínimas β ao efeito de resposta da prisão na criminalidade, utilizando uma distribuição prévia Bayesiana. Na regressão Bayesiana em C, P está incluído duas vezes nos regressores, uma vez para calcular â e outra vez para calcular o termo parcial, β*. O efeito de β* não é identificado numa análise clássica, mas pode ser identificado através de uma distribuição prévia adequada em β*. Esta análise Bayesiana com o meio prévio θ = 0,05 e θ = 0,15 está presente no quadro 7.4. Para esta análise, as variações prévias foram estabelecidas a um valor igual ao dos meios prévios.

Conclusão

Nas últimas décadas do século XX, o encarceramento em larga escala tornou-se uma realidade da vida americana. O envolvimento profundo dos negros pobres no sistema de justiça criminal passou a ser normal e aqueles que foram atirados para a rede do sistema penal vivem de maneira diferente do resto da população. O emprego é mais instável, os salários são mais baixos. Os laços familiares são cortados, as crianças são afastadas dos pais e os casais separam-se. Uma prisão presente em toda a parte, e os seus efeitos nas oportunidades económicas e na vida familiar deram ao sistema penal um papel central nas vidas dos habitantes pobres das cidades.

As provas que atestam este quadro foram obtidas a partir de várias fontes. Comecei por calcular os índices de encarceramento relativos a grupos etários mais novos de homens negros e brancos. É mais provável que os negros nascidos no final dos anos 60 sejam presos do que terminem um curso superior de quatro anos ou cumpram o serviço militar. Um terço dos negros com o ensino secundário tem cadastro prisional. O crime não gerou o grande aumento do número de reclusos, mas foi responsável por parte do contexto em que tal aconteceu. Embora os índices de criminalidade tenham aumentado de maneira significativa nos anos 60 e 70, e a violência nas ruas se tenha tornado um grave problema para as comunidades pobres, os governantes podiam ter dado resposta a estes problemas de muitas maneiras diferentes. Ao construir mais prisões, ao condenar severamente a actividade do tráfico e do consumo de estupefacientes, ao determinar o tempo das penas de prisão e ao alargá-lo, os legisladores escolheram um caminho punitivo que abandonou o ideal duradouro da reabilitação. O recente regime punitivo da justiça criminal foi fortemente pressionado por um Partido Republicano ressuscitado, que estava a fazer investidas consideráveis entre os democratas tradicionais no Sul, nos subúrbios e entre a classe trabalhadora branca.

O encarceramento em larga escala não nasceu apenas da justiça criminal punitiva. O desemprego crónico para os homens com baixos níveis de instrução, oriundos de minorias sociais e residentes nos bairros urbanos, fez com que muitos enveredassem pelo tráfico de droga e outros crimes. O desemprego nos espaços públicos deixou outros expostos ao escrutínio intimista da polícia. Em parte através do crime, mas mais através do controlo e da perseguição, a descida dos salários e a diminuição dos empregos para os jovens negros não qualificados tornaram-se intimamente ligados ao aumento dos índices de encarceramento nos anos 80 e 90. As desigualdades verificadas nas prisões adquiriram proporções consideráveis, à medida que os homens com os níveis mais baixos de instrução carregavam o fardo do encarceramento.

A prisão em larga escala teve efeitos abrangentes no mercado de trabalho e nas possibilidades de existência de casamentos. Ao retirar do mercado laboral uma enorme quantidade de jovens com pouca instrução, as estatísticas sobre os salários e o emprego adquiriram valores artificialmente optimistas. Depois de contabilizar os presos e os detidos entre o número dos desempregados, descobri que, na verdade, os valores relativos ao emprego entre os negros com pouca instrução diminuíram durante o período de expansão económica dos anos 90. Os salários dos jovens negros também pareceram aumentar mais rapidamente ao longo desta década do que os salários dos brancos, mas esta tendência evolutiva era um produto da cada vez menor participação dos negros na população activa e do aumento do número de detenções. A prisão em larga escala não só escondeu as desigualdades económicas, mas também as aprofundou, ao diminuir os salários e as oportunidades de emprego dos ex-reclusos. Os indivíduos com cadastro prisional foram relegados em grande quantidade para o mercado de trabalho periférico, onde encontravam empregos mal pagos, que proporcionavam pouca segurança, e não ofereciam evoluções salariais. O mercado de trabalho dos salários baixos contrasta com a imagem comum do mercado livre americano dos trabalhos que exigem poucas qualificações. O sistema de justiça criminal assegura o mercado laboral onde os salários são baixos, escondendo as desigualdades existentes por detrás dos muros das prisões e aprofundando as desvantagens dos ex--reclusos após a sua libertação.

A vida familiar nas comunidades pobres foi também corroída pelo encarceramento em larga escala. Uma em cada dez crianças negras tinha o pai preso ou detido no final dos anos 90. Os casais que estavam casados, com o marido preso, corriam sérios riscos de divórcio ou separação. As mulheres poderão estar mais seguras separadas, segundo as minhas descobertas que atestam que é mais provável as companheiras dos homens com cadastro prisional sofrerem de violência doméstica. Esta era menos comum nas relações duradouras e onde imperavam sentimentos sólidos, mas a estada na prisão mina a formação deste tipo de relacionamentos. Depois desta análise, ficamos com uma imagem da vida familiar tornada difícil por homens igualmente difíceis, mas também degradada pelo isolamento prisional forçado.

A prisão pode ter tornado mais fracos os laços familiares e pode ter reduzido as oportunidades de emprego nas comunidades pobres, mas vários estudos influentes associaram o encarceramento em larga escala com a diminuição do crime violento nos anos 90. A diminuição da criminalidade nesta década representou uma evolução social e real significativa que melhorou a qualidade de vida tanto para os ricos como para os pobres. Alguns analistas atribuíram um terço ou mais da diminuição da criminalidade dos anos 90 ao crescimento do sistema penal. Os valores destes cálculos, a meu ver, são exagerados. Conforme a análise que fiz dos índices de criminalidade estadual, o aumento de 66% nos índices de encarceramento estaduais, entre 1993 e 2001, fez diminuir os índices de criminalidade violenta em cerca de 2 a 5%, cerca de um décimo da diminuição na criminalidade dos anos 90. Era provável que os restantes nove décimos acontecessem na mesma, em resultado de outros factores como o crescimento das forças policiais urbanas e a pacificação do tráfico de droga que se seguiu à violência relacionada com o tráfico de cocaína do início dos anos 90.

As fracas possibilidades de casamento e de emprego para os ex--reclusos permitem explicar a razão por que o encarceramento em larga escala fez diminuir apenas um pouco a criminalidade. Um bom emprego e uma vida familiar estável podem ser alicerces importantes na construção de uma vida fora do crime. A prisão perturba precisamente a passagem por estas fases da vida. Em vez de ajudar a conduzir os criminosos para uma vida adulta normal, a prisão funciona como um desvio da corrente principal. Embora tenha sido criado originalmente para controlar a criminalidade e a desordem nos bairros problemáticos das cidades, o encarceramento em larga escala tornou-se parte do problema, evitando a completa integração das comunidades pobres das cidades no tecido social americano.

Embora descobrindo que o encarceramento em larga escala diminuiu pouco a violência grave, a minha análise tentou pesar os efeitos da prisão não tanto na criminalidade mas, sobretudo, nas desigualdades sociais. Aqui, estabeleço duas conclusões: primeiro, que o encarceramento em larga escala marcou de maneira significativa a imobilidade social dos negros pobres. Segundo, se virmos os efeitos do grande aumento do número de reclusos no contexto das suas causas, o encarceramento em larga escala reduziu significativamente as conquistas de cidadania, dos afro-americanos que o movimento dos direitos civis tão arduamente conseguira.

A RECUSA DA REABILITAÇÃO E DA MOBILIDADE SOCIAL

Comecei a contar esta história argumentando que as prisões mais antigas dos Estados Unidos, encarregadas da tarefa moral da correcção, expressavam uma ambição democrática. Na missão do sistema penitenciário do século XIX, mesmo aqueles que tivessem caído nas malhas do crime podiam reformar-se e regressar à vida em sociedade. O ideal da reabilitação e as instituições que esse ideal originou eram instrumentos de reconstituição da cidadania. O movimento progressista do início do século XX articulava esta filosofia democrática das instituições de reabilitação. Sob o ponto de vista progressista, a criminalidade nascida nos bairros de lata e nos guetos de uma América a urbanizar-se bloqueou o desenvolvimento de uma cidadania igualitária. David Rothman liga o ideal da reabilitação ao projecto progressista da seguinte maneira:

Conclusão

O modelo era claro: todos os americanos iriam tornar-se americanos de classe média. Todos iriam tornar-se bons trabalhadores, abandonar os vícios do Velho Mundo, respeitar e acumular propriedade privada. O dirigente progressista John Dewey afirmou que "é fatal para a democracia permitir a formação de classes fixas", e é criado um conjunto de organizações progressistas, desde as casas de apoio social e os parques infantis, a novas escolas públicas e clínicas de saúde, para diminuir as distâncias entre as classes.[1]

A própria democracia expandida da visão progressista permanecia num pressuposto democrático. O projecto da abolição das classes pressupunha uma igualdade formal entre os cidadãos americanos, na qual todos podiam ser integrados numa sociedade mais perfeita. A pobreza e a criminalidade não eram características permanentes desta perspectiva. Estes problemas podiam ser eliminados através do bom trabalho das instituições de reabilitação. As medidas públicas serviriam a causa da democracia americana ao promover a mobilidade social.

As medidas punitivas da justiça criminal, que surgiram nos anos 80 e 90, repudiavam o ideal da reabilitação em duas maneiras. Um cepticismo científico interrogava-se até que ponto a reabilitação seria de facto possível. Para os cientistas sociais, que viam poucos efeitos positivos nos estudos de avaliação dos anos 50 e 60, a criminalidade era uma característica persistente, superior aos programas laborais, educativos e a outros tratamentos. A nova sabedoria convencional, partilhada pelos especialistas políticos na implementação da política penal, foi totalmente captada pelo curto comentário avaliador de Robert Martinson aos programas de correcção: "Nada funciona." Na política, o problema social da criminalidade estava relacionado com outra característica permanente: a raça. O espectro da criminalidade negra surgiu pela primeira vez na política nacional pela campanha Goldwater de 1964, mais como resposta ao movimento activista dos direitos civis do que devido a um aumento real no crime. Mas mais tarde, como os índices de criminalidade aumentaram no final dos anos 60 e 70, a droga e a violência foram catalogadas como problemas dos pobres moradores nos guetos. Nas campanhas políticas e nos relatos da comunicação social, os criminosos eram geralmente personificados pelos jovens negros pobres. A marca da raça, ao contrário da pobreza ou do insucesso escolar, era um problema evidente que ia além das reformas governamentais. As provas científicas acerca de uma criminalidade dificilmente controlada, e a associação política da raça com o crime, cortavam com o pressuposto base da perspectiva da reabilitação – que os criminosos podiam mudar o seu comportamento e ser como todos nós. A igualdade formal dos cidadãos, que justificava o ideal da reabilitação, foi substituída pela imagem enfeitada da sociedade que confrontava os cidadãos cumpridores da lei contra uma persistente classe de criminosos.

Vimos que a prisão interrompe o percurso normal da vida. Os ex-reclusos saltam de emprego mal remunerado em emprego mal remunerado, incapazes de alcançar uma estabilidade económica que possa ser a base da construção de um lar. A vida familiar também é corrompida. Os homens com cadastro prisional têm relações familiares instáveis e voláteis. Através dos seus efeitos no trabalho e na família, a prisão redirecciona o percurso de vida para um caminho de desvantagens permanentes e duradouras. Inspirado em crenças acerca da sua inferioridade permanente, o encarceramento em larga escala cimentou a desordem na classe mais desfavorecida dos negros.

A RENÚNCIA DA CIDADANIA AFRO-AMERICANA

Numa obra de 1951, o sociólogo inglês T. H. Marshall descreveu a cidadania como uma "igualdade humana básica associada a [...] uma pertença completa de um indivíduo a uma comunidade."[2] Marshall relata como a cidadania inglesa, criada pelo Estado de formas diferentes, ao longo de centenas de anos, se tornou mais alargada e profunda. Mais alargada, porque estendeu o círculo dos membros da comunidade. Mais profunda, porque alargou os direitos de cidadania às liberdades políticas de associação no século XIX, e a desejos de um apoio social no século XX.

Podemos ler a história do encarceramento em larga escala como fazendo parte da evolução da cidadania afro-americana. Cada parte desta história – prisão permanente, desemprego, instabilidade familiar – mostra como o encarceramento em larga escala criou uma nova experiência social para os negros desfavorecidos, que passa completamente ao lado das experiências vividas pelo resto da população. A geração do encarceramento em larga escala, dos negros com pouca

Conclusão

instrução, nascidos depois de 1965, sofreu com as deficiências civis que limitam os seus direitos sociais à segurança social e restringem certas ocupações e direitos políticos ao direito de voto. Mais do que esta exclusão legal, estes homens também enfrentam os efeitos do encarceramento no mercado de trabalho muito tempo depois de saírem da prisão. Os filhos e as mulheres dos ex-reclusos são também lançados para a esfera do sistema penal, através da ruptura da vida familiar e do estigma contagioso da prisão. Estas pessoas e as suas famílias são retiradas da "igualdade humana básica" que Marshall associou à completa integração dos indivíduos na comunidade.

A história dos afro-americanos é muitas vezes escrita como uma contestação política da cidadania e de uma total integração na sociedade americana. O último capítulo desta história, o movimento dos direitos civis, prometia a conquista total da cidadania. Por volta de 1968, uma campanha de 30 anos, cujo objectivo era assegurar a igualdade legal dos negros, tinha acabado com a segregação e com a discriminação nos lugares públicos e no emprego, e eliminara os impedimentos ao direito de voto para os mesmos. Os legisladores e os activistas dos direitos civis tinham esperança que os principais obstáculos à total participação dos negros na vida social americana haviam sido finalmente derrubados. A igualdade de cidadania, por si só, não fez aumentar a igualdade racial. Mas como Charles e Barbara Whalen escreveram, "sem este direito fundamental, a busca da felicidade... não pode começar."[3] No entanto, este optimismo cauteloso era mal direccionado e, por causa do grande aumento da população prisional, a tão desejada igualdade humana básica da total cidadania começou a recuar imediatamente após a proclamação dos direitos civis.

O recuo da cidadania gerado pelo encarceramento em larga escala não afectou os negros no seu todo. Em vez disso, os efeitos da prisão estavam concentrados entre aqueles que tinham pouca instrução. Os negros com um curso superior, embora tivessem mais possibilidades de serem presos do que os brancos, escaparam ao aumento dos índices de encarceramento dos anos 80 e 90. A prisão tornou-se comum apenas para os negros com baixos níveis de escolaridade. Assim, o sistema penal contribuiu para a instabilidade profissional e familiar daqueles que tinham um poder económico mais baixo e menos apoio familiar. Devido à concentração dos efeitos negativos da prisão no degrau mais baixo da escada da sociedade, encontrei poucas provas que atestassem o facto de a prisão ter aumentado bastante as desigualdades económicas e familiares entre os negros e os brancos. Em vez disso, as maiores desigualdades nasceram no próprio seio da comunidade negra. As diferenças nos rendimentos e no número de casamentos entre os negros pobres e os da classe média seriam consideravelmente mais pequenas em tudo menos nos efeitos do encarceramento. Neste sentido, o encarceramento em larga escala institucionalizou a marginalidade dos negros pobres, colocando-os à margem da sociedade branca e cristalizando as desigualdades sociais dentro da comunidade afro-americana.

As desigualdades sociais criadas pelo encarceramento em larga escala são fruto do período pós-direitos civis. Embora o "ânimo" racial tenha algum cunho de responsabilidade, a discriminação não é a principal criminosa. A marginalidade económica e a ruptura familiar, baseadas no encarceramento, estão associadas aos elevados índices de criminalidade entre os jovens negros. De facto, se a análise parasse aqui, as feridas provocadas pelo encarceramento em larga escala pareceriam auto-forçadas. Para os apoiantes da justiça criminal punitiva, as desigualdades oriundas do encarceramento em larga escala provavelmente parecerão legítimas por este mesmo motivo. Mas, para além do exemplo social do crime, o encarceramento em larga escala foi gerado por uma colisão histórica entre as forças políticas do conservadorismo racial e o colapso dos mercados de trabalho urbanos. Foi esta colisão que aumentou bastante a escala do castigo criminal. Embora as leis dos direitos civis tenham estabelecido uma igualdade legal entre os negros e os brancos, não podiam servir de protecção contra os poderes da deslocação económica e da reacção política.

O FUTURO DO ENCARCERAMENTO EM LARGA ESCALA

O progresso desigual da cidadania afro-americana leva-nos, por fim, a perguntar se o encarceramento em larga escala pode ser mantido. Irá agora recuar, deixando esse grupo etário dos homens negros nascidos entre, digamos, 1965 e 1975, encurralados numa ilha de desvantagens inter-geracionais? A minha análise sugere que este encarceramento irá permanecer um traço das regras da pobreza urbana dos Estados Unidos. Embora cada vez mais caro, e talvez um pouco obsoleto numa época de baixos índices de criminalidade, é provável que o encarceramento em larga escala seja preservado pelas forças económicas e políticas que o criaram.

Os governantes e os eleitores parecem guardar especial gosto pela punição. Apesar de um abrandamento da opinião pública nos últimos anos, por exemplo, uma maioria sólida continua a apoiar a pena de morte. Ilustrando o zelo público pela punição severa, a análise de um inquérito de 2001 de Larry Bobo e Devon Johnson descobriu que a defesa da pena de morte diminuiu muito pouco, mesmo depois da revelação de provas sobre a existência de condenações erradas.[4] As políticas eleitorais recentes também mostram a vontade que as pessoas têm da existência de uma lei severa contra a criminalidade. Nas eleições de 2004, os eleitores da Califórnia mobilizaram-se contra a Proposta 66, que eliminaria as penas de morte para os criminosos não violentos na sua terceira condenação. Os cartazes da campanha, pagos pelos advogados das vítimas e pelo sindicato dos técnicos dos programas de correcção, avisavam que a aprovação da Proposta 66 libertaria muitas dezenas de milhar de criminosos predadores. Apesar de ter tido um apoio popular inicial, esta Proposta não conseguiu aprovação, tendo sofrido uma derrota de 53 para 47%.[5] Em termos mais gerais, descobri que as grandes disparidades raciais na prisão acompanharam as crescentes desigualdades de classes sociais ao longo dos anos 80 e 90. Em resultado disso, a criminalidade entre os negros pobres pode pairar ainda mais nas mentes das pessoas no início da década de 2000 do que na origem do grande aumento da população prisional nos anos 70. Sob estas condições, parece provável que os governantes e os eleitores continuem a apoiar os objectivos incapacitantes e retributivos da prisão. Parecer ser brando no combate à criminalidade continuará a acarretar custos políticos significativos.

Tal como o apoio político ao encarceramento em larga escala permanece forte, as suas pré-condições parecem também favoráveis. A expansão económica dos anos 90 mostrou que é pouco provável que os homens menos qualificados dos bairros pobres das cidades encontrem emprego com facilidade, mesmo em períodos de melhor situação económica. A saliência política da desigualdade, se é que tal existe de todo, é minimizada, porque a extensão total do desemprego entre os negros e a estagnação dos salários não fazem parte das estatísticas oficiais que moldam o entendimento público acerca dos problemas sociais. As desigualdades em que se gerou o encarceramento em larga escala são aprofundadas pelo mesmo. A prisão mina as oportunidades económicas e, ao enfraquecer os laços familiares, afasta as comunidades pobres do capital social. O encarceramento em larga escala é, assim, um componente-chave num sistema de desigualdade – uma estrutura social na qual as desigualdades sociais se mantêm a elas próprias e os que estão no fundo da escada social têm poucas possibilidades de ascensão. Devido à maior probabilidade de se envolverem na criminalidade, e por serem um fio de pólvora político para o sentimento de punição, tornou-se difícil de imaginar o quanto não enfrentariam os jovens um desemprego crónico sob uma qualquer forma de controlo oficial. Em resumo, o encarceramento em larga escala é um factor profundamente eliminador de poder, diminuindo a capacidade das comunidades pobres de escapar às medidas de disciplina penal.

Embora a minha análise preveja a permanência do encarceramento em larga escala, alguns comentadores viram um abrandamento nas medidas da justiça criminal. Uma enorme contradição do grande aumento do número de reclusos foi o seu forte apoio, sentido entre os economistas conservadores que, noutras esferas, teriam apoiado um governo com poderes limitados. Mesmo durante períodos de expansão económica, um crescente número de indivíduos alvo dos programas de correcção pode confrontar-se com um governo estadual a ter de decidir entre cortar outras áreas de custos ou aumentar os impostos estaduais. A recessão de 2001 desafiou os governos estaduais a pagar os enormes orçamentos dos programas correccionais com menores impostos próprios. As diminuições nos orçamentos estatais no início da década de 2000 criaram pressões para que a dimensão do sistema penal diminuísse. Enfrentando crises orçamentais em 2002, 25 Estados diminuíram os seus gastos em programas de correcção. Metade diminuiu a sua capacidade ao fechar prisões ou ao eliminar camas.[6] De facto, os governadores conservadores e os legisladores estaduais, enfrentando orçamentos apertados e impostos decrescentes, podem ter mais propensão para fechar prisões do que para aumentar os impostos.

Juntamente com as limitações fiscais, existem também sinais de uma abordagem mais reabilitativa aos programas de correcção. Tendo passado pelo grande aumento da população prisional, deixou de ser possível um regresso às regras e à filosofia das medidas penais de segurança social. Contudo, surgiram novas formas de medidas rea-

Conclusão

bilitativas do movimento para a reentrada dos reclusos nos programas. Estas formas proporcionam um planeamento mais leve para os reclusos, que no momento da sua libertação recebem oportunidades de emprego transitório, casa, tratamento de desintoxicação de drogas e outros serviços.[7] Alguns programas-modelo no Texas, em Chicago e em Nova Iorque relatam a redução da reincidência entre os reclusos em período probatório que beneficiam destes serviços. Numa forma mais detalhada, a reentrada dos reclusos nestes programas geralmente faz lembrar a gestão do caso individualizado do controlo tradicional do período probatório. O apoio político aos programas de reentrada poderá estar a crescer a nível nacional. A Comunicação acerca do Estado da Nação de 2004 [*The State of the Union Address*] mostrou sinais de suavizar a usual mensagem de cumprimento da lei, comum nas medidas presidenciais desde o final dos anos 60. Ao propor uma nova iniciativa de gastos para providenciar estágios e alojamento para os reclusos libertados, o Presidente notou que "a América é a terra das segundas oportunidades, e quando as portas da prisão se abrem, o caminho que se encontra devia conduzir os ex-reclusos a uma vida melhor."[8] Teria sido difícil de imaginar esta retórica remissória nos discursos presidenciais dos anos 80 e 90.

Mas o movimento da reentrada dos reclusos funciona, de muitas formas, como uma reabilitação para o período do encarceramento em larga escala. Quem propôs os programas pressupõe que uma libertação prematura, em larga escala, nos Estados Unidos, é agora improvável, e que os governantes têm de aceitar a inevitabilidade do regresso à sociedade de grandes grupos etários de ex-reclusos. O objectivo primeiro dos programas de reinserção não é tanto o de reabilitar os criminosos, mas a segurança pública e o bem-estar social das comunidades pobres para as quais regressam os reclusos. Ao contrário da perspectiva tradicional da reabilitação, um regresso à prisão paira sobre os ex-reclusos que não se comprometem com a sobriedade, com o trabalho e com uma medida de responsabilidade pessoal. As medidas de regresso às prisões parecem ter vindo beneficiar os ex-reclusos, mas são muito mais uma adaptação ao encarceramento em larga escala do que um passo para a inexistência da prisão.

Mesmo se os programas de reinserção dos reclusos forem adoptados um pouco por todo o país, o desemprego entre os indivíduos menos qualificados continua a ser um grande problema nas comunidades pobres que carecem de uma economia local saudável. Construir rotinas de trabalho e tratamentos de desintoxicação não remenda o caminho daqueles que durante muito tempo estiveram envolvidos na criminalidade, a menos que no final do programa haja um trabalho seguro que permita sustentar um lar. Em último caso, reverter o encarceramento em larga escala pode depender menos da adopção de uma filosofia reabilitativa de punição criminal e mais da promoção de uma economia viável e legítima nos bairros pobres.

Uma previsão prudente deveria, provavelmente, antecipar um encarceramento em larga escala moderado pelas limitações fiscais e por um compromisso renovado, mesmo que fraco, com a reabilitação. Ainda assim, os orçamentos limitados e as retiradas das medidas relativas ao encarceramento em larga escala têm de competir com uma lógica sistémica poderosa, na qual a raça e as desigualdades de classes sociais estão a tornar-se maiores e não menores. A auto-suficiência do encarceramento em larga escala, como uma máquina da desigualdade social, torna provável que o sistema penal permaneça naquilo em que se tornou: um traço significativo da nova paisagem da pobreza americana e das relações raciais.

Notas

PREFÁCIO

[1] Western e Pettit (1999).
[2] Western e Pettit (2000).
[3] Pettit e Western (2004).

INTRODUÇÃO

[1] Beaumont e Tocqueville (1833/1964, 34).
[2] Beaumont e Tocqueville (1833/1964, 35, 117-18).
[3] Pastore e Maguire (2005), quadros 6.1 e 6.2.
[4] Oshinsky (1996), Meyers (1998).
[5] Harrison e Beck (2005, 11).
[6] Pettit e Western (2004).

CAPÍTULO 1

[1] Irwin (1985, 1-17).
[2] Maguire e Pastore (2001, 519).
[3] Blumstein e Beck (1999, 36, 49).
[4] Mauer (2003).
[5] As estimativas dos censos relativos aos índices de desemprego para os brancos e para os negros são calculadas por Robert Fairlie e William Sundstrom (1999). Gopal Singh e Stella Yu (1995) demonstram as diferenças raciais verificadas na mortalidade infantil. John Scholz e Kara Levine (2002) revêem a investigação acerca das diferenças

raciais na saúde. Herbert Smith, Philip Morgan e Tanya Koropeckyj-Cox (1996) demonstram valores relativos à fertilidade não-conjugal de 1960 a 1992.

[6] Christopher Uggen e Sara Wakefield (2005) revêem a bibliografia.

[7] Robert Sampson e John Laub (1993; Laub e Sampson 2003) e Mark Warr (1998) estudaram os efeitos do casamento no afastamento da criminalidade. John Hagan (1993) e Christopher Uggen (2000) estudaram o papel do emprego.

[8] Elder (1987, 543). Os efeitos do serviço militar na obtenção de um estatuto ao longo do percurso de vida também foram estudados por Dennis Hogan (1981), Glen Elder (1986) e Yu Xie (1992).

[9] Sampson e Laub (1993, 223) e Katherine Edin e os seus colegas (2004) referem-se a entrevistas qualitativas nas quais os ex-reclusos vêem o encarceramento como um acontecimento de transformação que afasta as pessoas da criminalidade.

[10] Harry Holzer (1996) e Devah Pager (2003) serviram-se de estudos e de inquéritos de forma a analisar a aversão dos empregadores em contratar indivíduos com cadastro. O Gabinete de Indulto (1996), Amy Hirsch e os colegas (2002) fazem uma lista das incapacidades civis que limitam o acesso dos ex-reclusos a postos de trabalho e benefícios sociais. Christopher Uggen e Jeff Manza (2002) estudam a ausência do direito de voto para os reclusos.

[11] O estudo clássico de Elder (1974/1999) descreve a experiência colectiva de um grupo etário de jovens californianos que cresceu durante a Depressão.

[12] Sampson e Laub (1996) e Elder (1999, 153-73; Decther e Elder (2004) estudaram as consequências positivas do serviço militar no percurso de vida para os veteranos da Segunda Guerra Mundial.

[13] Modell, Furstenberg e Hershberg (1976), Hogan (1981).

[14] Allen e Jewel (1996).

[15] Sutton (2000).

[16] Freeman (1996, 25).

[17] Irwin e Austin (1997, 156).

[18] Garland (2001a, 1-2).

[19] Dou ênfase à prisão, em vez de o dar às cadeias, porque milhões de pessoas circulam no sistema americano de detenções todos os anos, e não existem fontes de dados nacionais que registem a entrada ou a saída dos detidos.

[20] Dos que abandonaram o ensino secundário no final dos anos 90, apenas 14%, do grupo etário de 1965 a 1969, podem ser menos aptos e mais propensos para a criminalidade do que os mesmos do final dos anos 70, que representavam mais de 25% do grupo etário de 1945 a 1949. Se a selectividade na educação estivesse a influenciar o encarceramento, deveríamos então também verificar um aumento do encarceramento para os negros com um curso superior, dado que ter um curso superior se tornou mais comum. No entanto, os riscos da prisão relativos aos negros com o ensino superior diminuíram ligeiramente, e não aumentaram. Podemos também controlar os efeitos da selectividade ao considerarmos todos os indivíduos sem curso superior, cujas percentagens de população masculina negra e branca permaneceram constantes de 1980 a 2000. Os riscos do encarceramento para todos os indivíduos sem curso superior, negros e brancos, aumentaram consideravelmente de 1980 a 2000.

NOTAS

[21] Garland (2001a, 1).
[22] Garland (2001a, 2).
[23] Wacquant (2001, 103).
[24] GEJ (1990, 1993, 1994, 1997a, 2001).
[25] GEJ (1997b, 1997c, 1997d, 1999a).
[26] Pettit e Western (2004).
[27] Bonczar e Beck (1997).

CAPÍTULO 2

[1] Alfred Blumstein (2000) analisa os índices de homicídio e roubo nos anos 90 relativos aos homens negros. A associação entre raça e desvantagens económicas e os elevados índices de crimes de homicídio tem sido analisada por Judith e Peter Blau (1982), por Gary LaFree e Kriss Drass (1996), e por Steven Messner, Lawrence Raffalovich, e Richard McMillan (2001).
[2] Merton (1968, 223).
[3] Becker (1968).
[4] As ligações entre o casamento e a criminalidade são analisadas por Mark Warr (1998) e John Laub, Daniel Nagin e Robert Sampson (1998). Sampson e William Wilson (1995) defenderam que os bairros isolados socialmente, urbanos e pobres não beneficiavam dos apoios sociais e dos modelos que preveniam a criminalidade violenta entre os jovens. Sampson, Jeffrey Morenoff e Thomas Gannon-Rowley (2002) revêem estudos empíricos recentes dos efeitos das características dos bairros na criminalidade.
[5] Juntamente com o estudo realizado por Kenneth Land, Patricia McCall e Lawrence Cohen (1990), tanto Bruce Western, Meredith Kleykamp, e Jake Rosenfeld (2004) como Richard Freeman (1995) revêem a pesquisa sobre os efeitos das condições do mercado de trabalho na criminalidade.
[6] Sampson (1987).
[7] Sampson e Wilson (1995), Sampson e Raudenbush (1999).
[8] Bourgois (1989, 10).
[9] Bourgois (1989, 10).
[10] Venkatesh e Levitt (2000, 447). John Hagan (1993) revê mais a pesquisa etnográfica.
[11] Anderson (1999, 134). William Julius Wilson (1996, 59-61) fornece uma análise semelhante.
[12] Sullivan (1989, 161).
[13] Braman (2004, 21-22).
[14] Ver, por exemplo, Donzinger (1996, 42-43), Mauer (1999, 30-32) e Christie (2000, 105-8).
[15] Christie (2000, 107).
[16] Levitt (2004).
[17] *Sourcebook of Criminal Justice Statistics* [1984, 635], Maguire e Pastore (2001, 485).

[18] Maguire e Pastore (2001, 494).
[19] Garland (2001b, 152-53), Ruth e Reitz (2003, 16-17).
[20] Ruth e Reitz (2003, 40-45).
[21] Pastore e Maguire (2005, quadro 3.106).
[22] Blumstein (1982, 1993).
[23] Blumstein e Beck (1999).

CAPÍTULO 3

[1] Rusche (1933/1978, 4). O ensaio de Rusche de 1933, "Labour Market and Penal Sanction" (originariamente uma proposta de investigação para o Instituto de Frankfurt para a Investigação Social), digere as principais intuições teóricas da obra de Rusche, *Punishment and Social Structure*, um relato histórico da transformação do castigo criminal, mais tarde publicado com a contribuição e trabalho editorial de Otto Kirchheimer (Rusche e Kirschheimer 1939/2003).
[2] Quinney (1974), Spitzer (1975).
[3] Spitzer (1975, 645).
[4] Steven Box e Chris Hale (1982) estudaram a relação entre os índices de desemprego e de encarceramento no Reino Unido. O tratamento severo por parte dos oficiais dos tribunais sobre os jovens oriundos de minorias sociais foi estudado no Reino Unido por Stuart Hall (1978) e nos Estados Unidos por Charles Tittle e Debra Curran (1988).
[5] Dubber (2001).
[6] Ver, por exemplo, Duneier (1999, 304-7) e Anderson (1990, 193-98).
[7] Wilson (1968, capítulo 2), Chambliss (2000, capítulo 3).
[8] Foram proferidas opiniões acerca das percepções dos juízes sobre a culpabilidade e reabilitação dos arguidos de menor importância por James Kluegel (1990), por Darrell Steffensmeier, por Jeffery Ulmer e por John Kramer (1998, 770) e por David Greenberg (1977b) e Celesta Albonetti (1991).
[9] Spohn e Holleran (2000), D'Alessio e Stolzenberg (2002).
[10] Ver também Tonry (1995, 104-16). Um dos poucos estudos que analisam sistematicamente a maneira como o controlo policial gera disparidades raciais nas detenções por tráfico ou consumo de estupefacientes é-nos fornecido por Beckett e pelos seus colegas (2004), na sua análise acerca dos mercados de droga ao ar livre em Seattle.
[11] Wacquant (2000, 2001).
[12] Wacquant (2000, 284).
[13] Wacquant (2001, 103-4).
[14] David Garland (2001b, 65-68) analisa o cepticismo crescente dos especialistas na implementação de medidas em relação ao encarceramento. O Comité de Serviço dos Amigos Americanos (1971), Robert Somer (1976) e Calvert Dodge (1975) fornecem críticas influentes sobre o encarceramento.
[15] Rothman (1980/2002), Blomberg e Lucken (2000, 99-116).

Notas

[16] David Rothman (1980/2002, 165-74) fornece uma análise histórica acerca do período probatório. Joan Petersilia (1999) analisa as aspirações reabilitativas do mesmo período.

[17] Garland (1990).

[18] Edgardo Rotman (1995) e Rothman (1980/2002) analisam ambos o fracasso histórico do ideal da reabilitação.

[19] DiIulio (1987, 49-95).

[20] Myers (1998), Oshinsky (1996), Ayers (1986).

[21] Beckett (1997), Guetzkow (2004, 151-58).

[22] Mauer (1999, 146-47), Blumstein (2002, 466-67). Ver também o capítulo 2.

[23] Blumstein (2002, 468).

[24] Beckett (1997), Gest (2001).

[25] Niemi, Muller e Smith (1989).

[26] Thomas e Mary Edsall (1991) analisam a importância da etnia, região e classe social para o apoio republicano a partir dos anos 60. Jeff Manza e Clem Brooks (1999, 66-67) descrevem a mudança na intenção de voto para o Partido Republicano (mas comparar, 80).

[27] Button (1978, 121-55).

[28] Zimring e Hawkins (1992, 147).

[29] George Bush citado por Edsall e Edsall (1991, 225).

[30] Os governadores que mais encarceramentos decretaram foram Judd Greg (Nova Hampshire), John Ashcroft (Missouri), Carroll Campbell (Carolina do Sul), Michael Castle (Delaware), Wallace Wilkinson (Kentucky) e Evan Mecham (Arizona). Wilkinson era o único democrata. Por seu turno, os governadores que decretaram menos encarceramentos incluíam John McKernan (Maine, republicano), Joan Finney (Kansas, democrata), James Martin (Carolina do Norte, republicano), e William Schaefer (Maryland, democrata). Joseph Davey (1998) contrasta o Arizona com a Califórnia, o Nevada, o Novo México e o Utah, cujos governadores estavam divididos em partes iguais entre democratas e republicanos em 1987. A Califórnia pode ser um ponto fraco nesta comparação, porque os índices de encarceramento neste Estado aumentaram grandemente ao longo dos anos 80, sob o governo republicano de George Deukmejian.

[31] Davey (1998, 56-57).

[32] Murakawa (2004, capítulo 3).

[33] Windelsham (1998, 104-7).

[34] Greenberg e West (2001, 625).

[35] Jacobs e Helms (1996).

[36] Jacobs e Carmichael (2001).

[37] Greenberg e West (2001).

[38] Somer (1976).

[39] Comité de Serviço dos Amigos Americanos (1971, 124).

[40] Wilson (1975, 172).

[41] Garland (2001b), Tonry (1996) e Griset (1991, 31-35).

[42] Marvell (1995). Ver também Crotty-Nicholson (2004).

[43] Christie (1993) e Tonry (1996, 200-23).

[44] Tonry (1996, 49-59).
[45] Petersilia (2003, 65), Marvell e Moody (1996, 110-11).
[46] Petersilia (2003, 66), Hughes, Wilson e Beck (2001).
[47] Blumstein (1988, 238), Rothman (1980/2002, 188-89).
[48] Marvell e Moody (1996).
[49] Hughes, Wilson e Beck (2001, quadro 7).
[50] Tonry (1996, 145-46).
[51] Griset (1991).
[52] Gonnerman (2003).
[53] Gabinete de Apoio Jurídico (1996, 6-7).
[54] Abramsky (2002).
[55] Zimring, Hawkins e Kamin (2001, 64).
[56] Ditton e Wilson (1999, 3).
[57] Ditton e Wilson (1999, 2).

[58] David Jacobs e Ronald Helms (2001) mostram provas dos efeitos da desigualdade económica na prisão, mas os efeitos da desigualdade foram rejeitados por Sean Nicholson-Crotty (2004), por Jacobs e Jason Carmichael (2001) e por David Greenberg e Valerie West (2001). Jacobs e Carmichael (2001) e Kevin Smith (2004) referem os efeitos positivos da força política republicana no encarceramento, em contraste com Greenberg e West (2001).

[59] Greenberg e West (2001), Beckett e Western (2001).

[60] Frey (2004).

[61] Outras análises, não reveladas, também estudaram os efeitos dos republicanos nas legislaturas estaduais. Estas análises apontavam para resultados semelhantes àqueles referidos abaixo.

[62] Devido à descoberta por parte de alguns investigadores que as linhas orientadoras das penas abrandaram o aumento do encarceramento, também calculei os seus efeitos no isolamento. Os resultados foram semelhantes àqueles encontrados relativos às penas determinadas, em geral.

[63] Ayers (1984).

[64] Ver, por exemplo, Jacobs e Carmichael (2001), Jacobs e Helms (2001), Greenberg e West (2001), Smith (2004).

[65] Os hispânicos não estão incluídos na análise porque não estão registados de maneira consistente pelos vários Estados nos dados do NCRP.

[66] Também experimentei com os dados dos crimes UCR, tal como na análise estadual, e obtive resultados consideravelmente idênticos àqueles apresentados abaixo.

[67] Parecidos com a análise estadual, os efeitos calculados dos rendimentos e do emprego podem ser parciais, pelo impacto do encarceramento no mercado de trabalho. Em particular, o encarceramento pode gerar a aparência de rendimentos e de uma situação profissional melhorados ao retirar os homens com fracas hipóteses de emprego. O capítulo 5 sugere que, pelo final dos anos 90, as detenções entre os jovens negros aumentam a média observada dos salários em 8%, à medida que os trabalhadores mal remunerados são retirados do último degrau da escala de distribuição. Por outro lado, é provável que os homens que se reinserem na sociedade após terem saído da prisão

NOTAS

ganhem pior. Assim, os efeitos do encarceramento no mercado de trabalho são compensadores, pelo menos a curto prazo.

[68] Harrison (2000).
[69] Gabinete Nacional de Investigação Económica (1979, 2000).
[70] Gabinete de Apoio Jurídico (1998), Ditton e Wilson (1999), Tonry (1996) e Wicharaya (1995).
[71] Klarner (2003).
[72] Gabinete de Estatística da Justiça (2002)
[73] Inquérito Nacional sobre Criminalidade e Vitimação (1983-1999).

CAPÍTULO 4

[1] Newman (1999, xiii-xiv).
[2] Shipler (2004, 11).
[3] Harrington (1962, 10).
[4] Harrington (1962, 13).
[5] Massey e Denton (1991).
[6] Wilkes e Iceland (2004).
[7] Orwell (1937, 87).
[8] Elder (1974), Hogan (1981).
[9] Clogg (1974).
[10] *Washington Post* (6 de Fevereiro, A1).
[11] *New York Times* (13 de Dezembro de 1998, C-4).
[12] Butler e Heckman (1977).
[13] Welch (1990, S42), Jaynes (1990).
[14] Heckman (1989).
[15] Blau e Beller (1992), Chandra (2003).
[16] Francine Balu e Andrea Beller (1992), Chinhui Juhn (2003) e Amitabh Chandra (2003) partem do princípio de que os desempregados receberiam ofertas salariais cerca de 60% mais elevadas do que aquelas recebidas pelos trabalhadores.
[17] Ver, por exemplo, Crouch (1985), Colbjørnsen e Kalleberg (1988), Korpi (1990), Kolberg e Esping-Andersen (1990), Hicks (1994) e Janosky, McGill e Tinsley (1997).
[18] Olson (1982), Lindbeck (1985), Giersch (1993), OCDE (1994).
[19] Western e Pettit (2005).
[20] Blau e Beller (1992), Chandra (2003).
[21] Blau e Beller (1992).

CAPÍTULO 5

[1] Freeman (1999) descreve o fosso crescente nos rendimentos como a "nova desigualdade."
[2] Mishel, Bernstein e Boushey (2003, 149).

[3] Bruce Western, Jeffrey Kling e David Weiman (2001) revêem a bibliografia.

[4] Robert Sampson e William Julius Wilson (1995) desenham uma teoria da criminalidade nos guetos que se baseia no estudo clássico sobre desorganização social de Clifford Shaw e Henry McKay (1942). Sampson, Jeffrey Morenoff e Thomas Gannon-Rowley (2002) revêem estudos recentes.

[5] Duster (1997), Sullivan (1989), Bourgois (1995).

[6] Levitt e Venkatesh (2001, 770-71).

[7] Freeman e Fagan (1999).

[8] Caroline Harlow (2003) fornece mais informação acerca do nível de escolaridade relativo aos reclusos e aos detidos.

[9] Grogger (1995), Kling (1999), Lott (1990), Waldfogel (1994a).

[10] Richard Freeman (1992) e Western e Katherine Beckett (1999) analisam o INLJ.

[11] Boshier e Johnson (1974), Buikhuisen e Dijksterhuis (1971).

[12] Holzer (1996, 59).

[13] Pager (2003).

[14] Gabinete de Indulto Presidencial (1996).

[15] Centro de Acção Legal (2004).

[16] Freeman (1992), Grogger (1995), Western e Beckett (1999).

[17] Jeffrey Kling (1999), por exemplo, descobriu que cada ano a mais passado na prisão tem um efeito negativo nos rendimentos.

[18] Irwin e Austin (1997, 121). Ver também Haney (2003) sobre os efeitos no comportamento das grandes prisões e ver Maruna e Toch (2005) sobre o encarceramento e a desistência do crime.

[19] Ver, por exemplo, Jankowski (1991, 272-76), e Venkatesh e Levitt (2000).

[20] Granovetter (1995, 173-74).

[21] Os estudos sobre os dados administrativos são feitos por Kling (1999), John Lott (1990), Daniel Nagin e Joel Waldfogel (1998), Waldfogel (1994a, 1994b), Jeffrey Grogger (1992, 1995), Becky Pettit e Christopher Lyons (2004).

[22] Rossi, Beck e Lenihan (1980, 182-83). Robert Kornfeld e Howard Bloom (1999, 175, 194) descobriram que os homens jovens com cadastro prisional revelam os seus rendimentos trimensais como sendo cerca de um terço a metade do subsídio de desemprego, quando comparados com os valores dos inquéritos.

[23] Grogger (1992, 101).

[24] Os efeitos do encarceramento foram analisados por Grogger (1992), por Freeman (1992), por Western e Beckett (1999). Bushway (1996) analisa o INLJ.

[25] Centro de Investigação de Recursos Humanos (2004).

[26] Western (2002) faz corresponder os índices de encarceramento do INLJ àqueles relativos a indivíduos com menos de 40 anos. A não resposta ao inquérito não parece ser uma fonte significativa de parcialidade, porque os índices calculados a partir das respostas dadas pelos reclusos são tão elevados como para aqueles que nunca estiveram presos.

[27] LaLonde (1986).

[28] Hirshi e Gottfredson (1983).

[29] Ver, por exemplo, Gottfredson e Hirschi (1990).

николай

[30] Tracy, Wolfgang e Figlio (1990).
[31] Doeringer e Piore (1971).
[32] Kallenberg, Reskin e Hudson (2000).
[33] Akerlof (1982).
[34] Granovetter (1995, 173-74).
[35] Lott (1990), Waldfogel (1994a). Kling revela resultados semelhantes relativos a criminosos de colarinho branco.
[36] Nagin e Waldfogel (1998).
[37] Sampson e Laub (1993, 153-68).
[38] Duneier (1999), Jankowski (1991, 281), Sullivan (1989). Ver também Hagan (1993).
[39] Sullivan (1989, 64).
[40] Sullivan (1989, 72).
[41] Evans (1968, 208).
[42] Coerentes com o crescimento salarial lento entre os ex-reclusos, alguns estudos descobriram que a penalização nos rendimentos para quem for detido ou condenado é maior para os trabalhadores mais velhos. Ver Bushway (1996) e Nagin e Waldfogel (1998).
[43] Gabinete de Estatística da Justiça (2004).
[44] Ver, por exemplo, Zimring e Hawkins (1995).
[45] Ver Western (2002).

CAPÍTULO 6

[1] Sampson e Laub (1993), Laub, Nagin e Sampson (1998).
[2] Ver Warr (1998). Laub e Sampson (2004) também salientam as rotinas da vida de casado que inibem a criminalidade.
[3] David Ellwood e Christopher Jenks (2004) fazem uma descrição pormenorizada das evoluções na estrutura familiar para os negros e para os brancos com níveis diferentes de escolaridade. Parte da diminuição do número de casamentos entre os 25 e os 34 anos também reflecte atrasos no casamento até depois dos 35 anos.
[4] Wilson (1987).
[5] Ver, por exemplo, Lichter, LeClere e McLaughlin (1991), McLanahan e Casper (1995) e Blau et alii (2000).
[6] Sampson e Laub (1993, 132).
[7] Ver, por exemplo, Farrington (1989), Baker e Mednick (1984).
[8] DuBois (1899/1973, 67, 70, 72).
[9] Frazier (1939), Myrdal (1944/1996, 930-35), Gabinete de Planeamento de Medidas e de Investigação (1965).
[10] Liebow (1966, 131).
[11] Liebow (1966, 135-36).
[12] Ver, por exemplo, Zimring e Hawkins (1995) e o capítulo 7 deste livro.
[13] Edin, Nelson e Paranal (2004, 54-55).

[14] Nurse (2002, 83). Ver também Braman (2003, 50-51).
[15] Edin, Nelson e Paranal (2004, 57).
[16] Braman (2003, 109).
[17] Braman (2003, 110).
[18] Braman (2003), Travis (2004, capítulo IIIB).
[19] Mumola (2000, 3).
[20] Hairston (1995), Nurse (2002).
[21] Braman (2003, 86).
[22] Sabol e Lynch (2003).
[23] Wilson (1987, 83-92).
[24] Edin (2000).
[25] Edin (2000, 29).
[26] Anderson (1999, 153).
[27] Edin (2000, 28).
[28] Goffman (1963, 30).
[29] Braman (2003, 170).
[30] Nurse (2002, 109).
[31] Nurse (2002). Ver também Edin, Nelson e Paranal (2004, 62).
[32] Braman (2003).
[33] Nurse (2002, 57-61).
[34] Ver o capítulo 1 deste livro, na secção Cálculo dos Índices e Riscos da Prisão.
[35] Edin (2000).
[35] Nurse (2002), Sullivan (1989).
[36] Seria também útil analisar os factores que apenas estão relacionados com o encarceramento, e não com o casamento. Algumas pessoas sugeriram que as penas estaduais estão fortemente relacionadas com os riscos do encarceramento, mas que deviam ser desligadas do número de casamentos. Contudo, o capítulo 3 mostrou que existem provas misturadas que atestam os efeitos positivos das penas que não pré-estabelecem uma data para a libertação do recluso nos índices de encarceramento. De facto, as linhas orientadoras das penas podem até ter moderado o aumento do número de penas prisão.
[37] Petersilia (2003, 41).
[38] Travis (2004, 257).
[39] Por exemplo, Tonry (1999), Mauer (2000).
[40] Piehl e DiIulio (1995).
[41] "Inquérito das Famílias em Risco e do Bem-Estar Infantil (Inquérito aos Novos Pais) Inquérito às Mães 1 Ano após o Nascimento do Filho" (2003, 66) ["The Fragile Families and Child Wellbeing Study (Survey of New Parents) Mother's 1-Year Follow-up Survey"].
[42] Sampson e Laub (1993).
[43] Outras variáveis, que registam se os maridos tinham uma atitude de apoio ou de crítica, estavam também disponíveis e geraram resultados semelhantes àqueles demonstrados. Reichman et alii (2001).

NOTAS

⁴⁴ Gabinete de Estatística da Justiça (1993, 1994, 1997a, 1997b, 1997c, 1997d, 1999a), Gabinete de Estatística da Justiça e Gabinete Federal das Prisões (2001).

⁴⁵ Inquérito sobre a População Actual (1980, 2000).

⁴⁶ Gabinete de Estatística da Justiça e Gabinete Federal das Prisões (2001) e Gabinete de Estatística da Justiça (1999a).

⁴⁷ Western, Lopoo e McLanahan (2004). O Inquérito às Famílias em Risco é descrito por Reichman et alii (2001).

CAPÍTULO 7

[1] Os estudos mais avançados são de William Spelman (2000), Steven Levitt (2004).

[2] Blumstein (2000), Cork (1999).

[3] Grogger (2000) e Levitt (2004) também se mostram cépticos em relação ao facto de a expansão económica ter contribuído para a diminuição da criminalidade. Os principais argumentos que defendem a diminuição da criminalidade dos anos 90 são excelentemente analisados na obra publicada de Alfred Blumstein e Joel Wallman (2000). Levitt (2004) e John Donohue e Levitt (2001) fornecem provas acerca dos efeitos da legalização do aborto na criminalidade.

[4] Levitt (2004) e Spelman (2000) constituem os estudos principais, sobre os quais falarei detalhadamente mais adiante.

[5] William Sabol e James Lynch (2001, 11-12) mostram números acerca da participação no programa. Petersilia (2005) pediu que se fizesse um reinvestimento nos programas das prisões.

[6] William Bennett, John DiIulio e John Walters, por exemplo, descrevem os efeitos dos programas das prisões como "confusos, anémicos ou inexistentes" (1996, 48).

[7] Lipton, Martinson e Wilks (1975).

[8] Ver também Achen (1986).

[9] Martinson (1974, 25).

[10] Sechrest, White e Brown (1979), Greenberg (1977a), Brody (1976).

[11] Palmer (1975).

[12] Lipsey (1992).

[13] Gaes et alii (1999, 361).

[14] Gaes et alii (1999, 370-71).

[15] Saylor e Gaes (1997).

[16] Saylor e Gaes (1999).

[17] Tyler e Kling (2004).

[18] Gabinete de Estatística da Justiça (1997e, 1998).

[19] Petersilia (1999), Travis (2005).

[20] Wilson (1975, 22).

[21] Spelman (1994, v).

[22] Citado em Piehl e DiIulio (1995, 23).

[23] Ver, por exemplo, Tracy, Wolfgang e Figlio (1990), Visher (1986), DiIulio e Piehl (1991), Piehl e DiIulio (1995).
[24] Tracy, Wolfgang e Figlio (1990).
[25] Visher (1986, 167).
[26] Gottfredson e Hirschi (1990).
[27] Zimring e Hawkins (1995, 43).
[28] Piehl e DiIulio (1995, 25). Ver também DiIulio e Piehl (1991).
[29] Wilson (1994, 38).
[30] Nagin e Waldfogel (1998) fornecem uma revisão excelente.
[31] Nagin (1998).
[32] Robinson e Darley (2004).
[33] Anderson (2002).
[34] Robinson e Darley (2004, 179).
[35] Gabinete de Estatística da Justiça (1995, 5, 8).
[36] Robinson e Darley (2004, 183).
[37] Robinson e Darley (2004), Nagin (1998).
[38] O estudo mais pormenorizado de Levitt (1996) utilizou dados de 1971 a 1993, um período temporal que antecedeu à diminuição da criminalidade. Levitt extrapolou as conclusões desse estudo de forma a reflectir os efeitos da prisão na criminalidade em finais dos anos 90 (2004). Spelman (2000) aumentou os dados originais de Levitt de maneira a calcular os efeitos do encarceramento nos homicídios e noutros tipos graves de crimes de 1971 a 1997.
[39] Spelman (2000, 108, 123).
[40] Levitt (1996, 346-47).
[41] Levitt (2004, 184).
[42] Levitt (1996, 348).
[43] Ver Marvell e Moody (1994) e Useem, Piehl e Liedka (2001). Spelman (2000, 102) também faz o registo de vários estudos junto com os efeitos do encarceramento no bairro de -0,1.
[44] Levitt (1996).
[45] Nagin (1998).
[46] Useem, Piehl e Liedka (2001, 6).
[47] A margem de erro de mais ou menos 0,02 indica que os efeitos do encarceramento são estatisticamente relevantes.
[48] Ver Analisando a Endogeneidade mais adiante neste capítulo.
[49] Piehl e DiIulio (1995), Wilson (1994).
[50] Nagin (1998).
[51] Sampson e Laub (1993), Laub e Sampson (2004). O impacto do desemprego na desistência do crime foi também analisado por Christopher Uggen (2000). Mark Warr (1998) e Laub, Nagin e Sampson (1998) analisaram o casamento e a desistência do crime. Sampson e Laub (1993) e Laub e Sampson (2004) também salientam a importância do serviço militar para a desistência do crime.
[52] Levitt (1996).

CONCLUSÃO

[1] Rothman (1980/2002, 49).
[2] Marshall (1950/1992, 6).
[3] Whalen e Whalen (1985, 234).
[4] Bobo e Johnson (2004) mostram que, no Estudo sobre Raça, Crime e Opinião Pública, era improvável que 34% dos inquiridos brancos e 9% dos negros votassem em candidatos a governadores que fossem contra a pena de morte, devido às preocupações acerca das condenações erradas. Quando é dito aos inquiridos que 79 reclusos no corredor da morte foram exonerados desde 1976, a oposição à pena de morte desce para os 31% para os brancos e para os 8% para os negros.
[5] Furrillo (2004), Walters (2004).
[6] Michael Jacobson (2005, 78-105) comentam os efeitos das crises orçamentais estaduais em 2002 e 2003 nos gastos em programas correccionais. Jacobson também mostra que, embora 13 Estados tenham diminuído a capacidade das suas prisões, nove cortaram nos programas das prisões e outros introduziram contratos congelados ou atrasos nas construções de novas prisões.
[7] Jeremy Travis (2005) e Joan Petersilia (2003) pormenorizam os elementos-chave dos programas de reinserção dos reclusos e descrevem um número de programas inovadores existentes um pouco por todo o país.
[8] Bush (2004).

Referências Bibliográficas

Abramsky, Sasha. 2000. *Hard Time Blues: How Politics Built a Prison Nation*. Nova Iorque: Dunne Books.

Achen, Christopher. 1986. *The Analysis of Quasi-Experiments*. Berkeley: University of California Press.

Akerlof, George A. 1982. "Labor Contracts as Partial Gift Exchange." *Quarterly Journal of Economics* 97: 543-69.

Albonetti, Celesta A. 1991. "An Integration of Theories to Explain Judicial Discretion." *Social Problems* 38: 247-66.

Allen, Walter R. e Joseph O. Jewell. 1996. "The Miseducation of Black America." Em *An American Dilemma Revisited: Race Relations in a Changing World*, editado por Obie Clayton, Jr. Nova Iorque: Russell Sage Foundation.

American Friends Service Committee. 1971. *Struggle for Justice. A Report on Crime and Punishment in America*. Nova Iorque: Hill and Wang.

Anderson, David. 2002. "The Deterrence Hypothesis and Picking Pockets at the Pickpocket's Hanging." *American Law and Economics Review* 4: 295-313.

Anderson, Elijah. 1990. *Streetwise: Race, Class, and Change in an Urban Community*. Chicago: University of Chicago Press.

_____. 1999. *Code of the Street: Decency, Violence, and the Moral Life of the Inner City*. Nova Iorque: W.W Norton.

Ayers, Edward. L. 1986. *Vengeance and Justice: Crime and Punishment in the Nineteenth Century American South*. Nova Iorque: Oxford University Press.

Baker, Robert L., e Birgitte R. Mednick. 1984. *Influences on Human Development: A Longitudinal Perspective*. Boston, Mass.: Kluwer.

Beaumont, Gustave de, e Alexis de Tocqueville. 1833/1964. *On the Penitentiary System in the United States and its Applications in France*, traduzido por Francis Lieber. Carbondale: Southern Illinois University Press.

Beck, Allen, e Lauren Glaze. 2004. "Correctional Populations in the United States, 1980-2003." Washington: U.S Department of Justice, Bureau of Justice Statistics. Disponível em: http://www.ojp.usdoj.gov/bjs/glance/sheets/corr2.wk1.

Becker, Gary S. 1968. "Crime and Punishment: An Economic Approach." *Journal of Political Economy* 76: 169-217.

Beckett, Katherine. 1997. *Making Crime Pay: Law and Order in Contemporary American Politics*. Nova Iorque: Oxford University Press.

Beckett, Katherine, Kris Nyrop, Lori Pfingst e Melissa Bowen. 2004. "Drug Abuse, Drug Possession Arrests, and the Question of Race: Lessons from Seattle." Manuscrito. Seattle: University of Washington.

Beckett, Katherine e Bruce Western. 2001. "Governing Social Marginality: Welfare, Incarceration, and the Transformation of State Policy." Em *Mass Imprisonment: Social Causes and Consequences*, editado por David Garland. Londres: Sage.

Becsi, Zsolt. 1999. "Economics and Crime in the United States." *Economic Review of the Federal Reserve Bank of Atlanta* 84: 38-56.

Bennett, William J., John J. DiIulio e John P. Walters. 1996. *Body Count: Moral Poverty... And How to Win America's War Against Crime and Drugs*. Nova Iorque: Simon & Schuster.

BJS and Federal Bureau of Prisons. 2001. *Survey of Inmates in State and Federal Correctional Facilities, 1997*. [Ficheiro de Computador]. Compiled by U. S. Department of Commerce, Bureau of the Census. ICPSR edição. Ann Arbor, Mich.: Inter-university Consortium for Political and Social Research [produtor e distribuidor].

Blau, Francine D. e Andrea H. Beller. 1992. "Black-White Earnings Over the 1970s and 1980s: Gender Differences in Trends." *Review of Economics and Statistics* 74: 276-86.

Blau, Francine D., Lawrence M. Kahn e Jane Waldfogel. 2000. "Understanding Young Women's Marriage Decisions: The Role of Labor and Marriage Market Conditions." *Industrial and Labor Relations Review* 53: 624-47.

Blau, Judith R. e Peter M. Blau. 1982. "The Cost of Inequality: Metropolitan Structure and Violent Crime." *American Sociological Review* 47: 114-29.

Blomberg, Thomas G. e Karol Lucken. 2000. *American Penology: A History of Control*. Nova Iorque: Aldine DeGruyter

Blumstein, Alfred. 1982. "On Racial Disproportionality of the United States' Prison Populations." *Journal of Criminal Law and Criminology* 73: 1259--81.

―――――. 1988. "Prison Populations: A System out of Control?" *Crime and Justice* 10: 231-66.

―――――. 1993. "Racial Disproportionality in the U.S. Prison Population Revisited." *University of Colorado Law Review* 64: 743-60.

―――――. 2000. "Disaggregating the Violence Trends." Em *The Crime Drop in America*, editado por Alfred Blumstein e Joel Wallman. Nova Iorque: Cambridge University Press.

―――――. 2002. "Prisons: A Policy Challenge." Em *Crime: Public Policies for Crime Crontrol*, editado por James Q. Wilson e Joan Petersilia. São Francisco: National Council on Crime and Delinquency.

Blumstein, Alfred e Allen J. Beck. 1999. "Population Growth in the U.S. Prisons, 1980-1996." Em *Crime and Justice: Prisons*, volume 26,editado por Michael Tonry e Joan Petersilia. Chicago: University of Chicago Press.

Blumstein, Alfred e Elizabeth Graddy. 1981. "Prevalence and Recidivism Index Arrests: A Feedback Model." *Law and Society Review* 16: 265-90.

Blumstein, Alfred e Joel Wallman, editores, 2000. *The Crime Drop in America*. Cambridge: Cambridge University Press.

Bobo, Lawrence C. e Devon Johnson. 2004. "A Taste for Punishment." *DuBois Review* 1(1): 151-80.

Bonczar, Thomas P. e Allen J. Beck. 1997. *Lifetime Likelihood of Going to State or Federal Prison*. Bureau of Justice Statistics, NCJ 160092. Washington: U. S. Department of Justice.

Boshier, Roger e Derek Johnson. 1974. "Does Conviction Affect Employment Opportunities?" *British Journal of Criminology* 14: 264-68.

Bourgois, Philipe I. 1989. "Crack in Spanish Harlem: Culture and Economy in the Inner City." *Anthropology Today* 5: 6-11.

Box, Steven e Chris Hale. 1982. "Economic Crisis and the Rising Prison Population in England and Wales." *Crime and Social Justice* 17: 20-35.

Braman, Donald S. 2004. *Doing Time on the Outside: Incarceration and Family Life in Urban America*. Ann Arbor: University of Michigan Press.

Brody, S. R. 1976. *The Effectiveness of Sentencing: A Review of the Literature*. Home Office Research Report No. 35. Londres: HMSO.

Buikhuisen,Wouter e Fokke P.H. Dijksterhuis. 1971. "Delinquency and Stigmatization." *British Journal of Criminology* 11: 185-87.

Bureau of Justice Assistance. 1998. *1996 National Survey of State Sentencing Structures*. Washington: U.S. Department of Justice.

Bureau of Justice Satistics (BJS). 1990. *Survey of Inmates of State Correctional Facilities and Census of State Adult Correctional Facilities, 1974*. [Ficheiro de Computador]. Conducted by U. S. Department of Commerce, Bureau of the Census. 3.º ICPSR edição. Ann Arbor, Mich.: Inter-university Consortium for Political and Social Research [produtor e distribuidor].

———. 1993. *Survey of Inmates of State and Federal Correctional Facilities, 1991*. [Ficheiro de Computador]. Conducted by the U. S. Department of Commerce, Bureau of the Census. ICPSR edição. Ann Arbor, Mich.: Inter-university Consortium for Political and Social Research [produtor e distribuidor].

———. 1994. *Survey of Inmates of State Correctional Facilities, 1986*. [Ficheiro de Computador]. Conducted by U. S. Department of Commerce, Bureau of the Census. 2.º ICPSR edição Ann Arbor, Mich.: Inter-university Consortium for Political and Social Research [produtor e distribuidor].

———. 1995. *Drugs and Crime Facts, 1994*. Washington: Department of Justice. NCJ 154043.

———. 1997a. *Survey of Inmates of State Correctional Facilities, 1979*. [Ficheiro de Computador]. Conducted by U. S. Department of Commerce, Bureau of the Census. 3.º ICPSR edição Ann Arbor, Mich.: Inter-university Consortium for Political and Social Research [produtor e distribuidor].

———. 1997b. *Survey of Jail Inmates, 1978*. [Ficheiro de Computador]. Conducted by U.S. Department of Commerce, Bureau of the Census. 5.º ICPSR edição Ann Arbor, Mich.: Inter-university Consortium for Political and Social Research [produtor e distribuidor].

———. 1997c. *Survey of Inmates of Local Jails, 1983*. [Ficheiro de Computador]. Conducted by U. S. Department of Commerce, Bureau of the Census. 1.º ICPSR edição Ann Arbor, Mich.: Inter-university Consortium for Political and Social Research [produtor e distribuidor].

———. 1997d. *Survey of Inmates of Local Jails, 1989*. [Ficheiro de Computador]. Conducted by U. S. Department of Commerce, Bureau of the Census. 2.º ICPSR edição. Ann Arbor, Mich.: Inter-university Consortium for Political and Social Research [produtor e distribuidor].

———. 1997e. *Census of State Adult Correctional Facilities, 1979*. [Ficheiro de Computador]. Conducted by U. S. Department of Commerce, Bureau of the Census. 2.º ICPSR edição. Ann Arbor, Mich.: Inter-university Consortium for Political and Social Research [produtor e distribuidor].

———. 1998. *Census of State Adult Correctional Facilities, 1995*. [Ficheiro de Computador]. Conducted by U. S. Department of Commerce, Bureau of the Census. ICPSR edição. Ann Arbor, Mich.: Inter-university Consortium for Political and Social Research [produtor e distribuidor].

———. 1999a. *Survey of Inmates of Local Jails, 1996*. [Ficheiro de Computador]. Conducted by U. S. Department of Commerce, Bureau of Census. 1.º ICPSR edição. Ann Arbor, Mich.: Inter-university Consortium for Political and Social Research [produtor e distribuidor].

———. 1999b. *Truth in Sentencing in State Prisons*. NCJ 170032. Washington: U. S. Department of Justice.

———. 2002. *National Corrections Reporting Program, 1983-1999*. [Ficheiro de Computador]. Conducted by U. S. Department of Commerce, Bureau of the Census. 2.º ICPSR edição. Ann Arbor, Mich.: Inter-university Consortium for Political and Social Research [produtor e distribuidor].

———. 2004. *State Prison Expeditures*. NCJ 20249. Washington: U. S. Department of Justice.

———. 2005. "FBI Uniform Crime Reports. Reported Crime in United States – Total." Disponível em: http://bjsdata.ojp.usdoj.gov/dataonline/search/crime/statebystaterun.cfm?stateid=52.

Bush, George W. 2004. "State of the Union Address." Disponível em: http://www.whitehouse.gov/news/releases/2004/01/20040120-7.html (acedido em 3 de Janeiro de 2006).

Bushway, Shawn David. 1996. *The Impact of a Criminal History Record on Access to Legitimate Employment*. Tese de Doutoramento. Pittsburgh, Pa.: Carnegie Mellon University.

Butler, Richard e James Heckman. 1977. "The Government's Impact on the Labor Market Status of Black Americans: A Critical Review." Em *Equal Rights and Industrial Relations*, editado por Farrell E. Bloch et alii. Madison, Mich.: Industrial Relations Research Association.

Button, James W. 1978. *Black Violence: The Political Impact of the 1960s Riots*. Princeton, N.J.: Princeton University Press.

Center for Human Resource Research. 2004. *National Longitudinal Study of Youth, 1979-2000* [Ficheiro de Computador]. National Opinion Research Center, University of Chicago [produtor]. Center for Human Resources, Ohio State University [distribuidor].

Chambliss, William. 2000. *Power, Politics, and Crime*. Boulder, Colo.: Westview Press.

Chandra, Amitabh. 2003. "Is the Convergence in the Racial Wage Gap Illusory." NBER Working Paper 9476. Cambridge, Mass.: National Bureau of Economic Research.

Chiricos, Theodore G. e Miriam A. Delone. 1922. "Labor Surplus and Punishment: A Review and Assessment of Theory and Evidence." Social Problems 39: 421-46.

Christie, Nils. 1993. *Crime Control as Industry: Towards Gulags Western Style*. London: Routledge.

_____. 2000. *Crime Control as Industry: Towards Gulags Western Style*. 3.º edição. Londres: Routledge.

Clogg, Clifford C. 1974. *Measuring Underemployment: Demographic Indicators for the United States*. Nova Iorque: Academic Press.

Colbjørnsen, Tom e Arne L. Kalleberg. 1988. "Spillover, Standardization, and Stratification: Earnings Determination in the United States and Norway." *European Sociological Review* 4: 20-31.

Council of Europe. 1983. *Prison Information Bulletin*, número 2.

_____. 2002. *Prison Information Bulletin*, números 23-34.

Crouch, Colin. 1985. "Conditions for Trade Union Wage Restraint." Em *The Politics of Inflation and Economic Stagnation: Theoretical Approaches and International Case Studies*, editado por Leon Lindberg e Charles Maier. Washington, D.C.: Brookings Institution.

D'Alessio, Stewart. J. e Lisa A. Stolzenberg. 2002. "A Multilevel Analysis of the Relationship Between Labor Surplus and Pretrial Incarceration." *Social Problems* 49: 178-93.

Davey, Joseph D. 1998. *The Politics of Prison Expansion: Winning Elections by Waging War on Crime*. Westport, Conn.: Praeger.

Dechter, Aimée R. e Glen H. Elder. 2004. "World War II Mobilization and Men's Work Lives: Continuity of Disruption for the Middle Class?" *American Journal of Sociology* 110: 761-94.

DiIulio, John J. 1987. *Governing Prisons: A Comparative Study of Correctional Management*. Nova Iorque: Free Press.

DiIulio, John J. e Anne Morrison Piehl. 1991. "Does Prison Pay? The Stormy National Debate over the Cost Effectiveness of Imprisonment." *Brookings Review* 9: 28-35.

Ditton, Paula M. e Doris James Wilson. 1999. *Truth in Sentencing in State Prisons*. Bureau of Justice Statistics Special Report. NCJ 170032. Washington: U.S. Department of Justice.

Dodge, Calvert R. (editor) 1975. *A Nation Without Prisons: Alternatives to Incarceration*. Lexington, Mass.: Lexington Books.

Doeringer, Peter B. e Michael Piore. 1971. *Internal Labor Markets and Manpower Analysis*. Lexington, Mass.: Heath.

Donohue, John J. e Steven D. Levitt. 2001 "The Impact of Legalized Abortion on Crime." *Quarterly Journal of Economics* 116: 379-420.

Donzinger, Steven A. 1996. *The Real War on Crime: The Report of the National Criminal Justice Commission*. Nova Iorque: Harper.

Dubber, Markus Dirk. 2001. "Policing Possession: The War on Crime and the End of Criminal Law." *Journal of Criminal Law and Criminology* 91: 829-996.

DuBois, W. E. B. 1899/1973. *The Philadelphia Negro*. Milwood, N.I..: Kraus--Thomson.

Duneier, Mitchell. 1999. *Sidewalk*. Nova Iorque: Farrat, Straus e Giroux.

Duster, Troy. 1999. "Pattern, Purpose, and Race in the Drug War: The Crisis of Credebility in Criminal Justice." Em *Crack in America: Demon Drugs and Social Justice*, editado por Craig Reinarman e Harry G. Levine. Berkley: University of California Press.

Edin, Katherine. 2000. "Few Good Men: Why Poor Mothers Don't Marry or Remarry." *American Prospect* 11: 26-31.

Edin, Katherine, Timothy Nelson e Rechelle Paranal. 2004. "Fatherhood and Incarceration as Potential Turning Points in the Criminal Careers of Unskilled Men." Em *Imprisoning America: The Social Effects of Mass Incarceration*, editado por Mary Patillo, David Weiman e Bruce Western. Nova Iorque: Russell Sage Foundation.

Edsall, Thomas B. e Mary D. Edsall. 1991. *Chain Reaction: The Impact of Race, Rights, and Taxes on American Politics*. Nova Iorque: W.W. Norton.

Elder, Glen H. 1974/1999. *Children of the Great Depression*. Chicago: University of Chicago Press.

———. 1986. "Military Times and Turning Points in Men's Lives." *Developmental Psychology* 22: 233-45.

———. 1987. "War Mobilization and the Life Course: A Cohort of World War II Veterans." *Sociological Forum* 2: 449-72.

Ellwood, David e Christopher Jencks. 2004 "The Growing Differences in Family Structure: What Do We Know? Where Do We Look For Answers?" Em *Social Inequality*, editado por Katherine Neckerman. Nova Iorque: Russell Sage Foundation.

Evans, Robert. 1968. "The Labor Market and Parole Success." *Journal of Human Resources* 3: 201-12.

Fairlie, Robert W. e William A. Sundstrom. 1999. "The Emergence, Persistence, and Recent Widening of the Racial Unemployment Gap." *Industrial and Labor Relations Review* 52: 252-70.

Farrington, David P. 1989. "Early Predictors of Adolescent Aggression and Adult Violence." *Violence and Victims* 4: 79-100.

Federal Bureau of Investigation. 1993. *Age-Specific Arrest Rates and Race-Specific Arrest Rates for Selected Offenses 1965-1992*. Washington: Uniform Crime Reporting Program, Federal Bureau of Investigation.

———. 2003. *Age-Specific Arrest Rates and Race-Specific Arrest Rates for Selected Offenses 1993-2001*. Washington: Uniform Crime Reporting Program, Federal Bureau of Investigation.

Federal Bureau of Investigation. 1994. *Survey of Inmates of Federal Correctional Facilities, 1991*. [Ficheiro de Computador]. Washington: U. S.

Department of Commerce, Bureau of the Census [produtor], 1991. Ann Arbor, Mich.: Inter-university Consortium for Political and Social Research [distribuidor].

"The Fragile Families and Child Wellbeing Study (Survey of New Parents) Mother's 1-Year Follow-up Survey." 2003. Princeton, N.J. e Nova Iorque: Center for Research on Child Wellbeing, and Social Indicator Survey Center.

Frazier, E. Franklin. 1939. *The Negro Family in the United States*. Chicago: University of Chicago Press.

Freeman, Richard B. 1992. "Crime and the Employment of Disadvantaged Youth." Em *Urban Labor Markets and Job Opportunity*, editado por George Peterson e Wayne Vroman. Washington, D.C.: Urban Institute.

———. 1995. "The Labor Market." Em *Crime*, editado por James Q. Wilson e Joan Petersilia. São Francisco: ICS Press.

———. 1996. "Why Do So Many Young American Men Commit Crimes and What Might We Do About It?" *Journal of Economic Perspectives* 10: 25-42.

———. 1999. *The New Inequality: Creating Solutions for Poor America*. Boston: Beacon Press.

Freeman, Richard B. e Jeffrey Fagan. 1999. "Crime and Work." *Crime and Justice* 25: 225-90.

Frey, William H. 2004. "The New Migration: Black American's Return to the South, 1965-2000." Center on Urban and Metropolitan Policy. Washington, D.C.: Brookings Institution.

Furrillo, Andy. 2004. "Late Infusion of Cash Sank Proposition 66." *Sacramento Bee*, 4 de Novembro, pág. A3.

Gaes, Gerald, Timothy Flanagan, Lawrence Motiuk e Lynn Stewart. 1999. "Adult Correctional Treatment." Em *Prisons, Criminal Justice: A Review of Research*, editado por M. Tonry e Joan Petersilia. Chicago: University of Chicago Press.

Garland, David. 1990. *Punishment and Modern Society: A Study in Social Theory*. Chicago: Chicago University Press.

———. 2001a. "Introduction: The Meaning of Mass Imprisonment." Em *Mass Imprisonment: Social Causes and Consequences*, editado por David Garland. Londres: Sage Publications.

———. 2001b. *Culture of Control: Crime and Social Order in Contemporary Society*. Chicago: Chicago University Press.

Gest, Ted. 2001. *Crime and Politics: Big Government's Erratic Campaign for Law and Order*. Nova Iorque: Oxford University Press.

Giersh, Herbert. 1993. *Openness for Prosperity: Essays in World Economics*. Cambridge, Mass.: MIT Press.

Goffman, Erving. 1963. *Stigma: Notes on the Management of Spoiled Identity*. Englewood Cliffs, N.J.: Prentice Hall.

Gonnerman, Jennifer. 2003. *Life on the Outside: The Prison Odyssey of Elaine Bartlett*. Nova Iorque: Farrar, Straus, & Giroux.

Gottfredson, Michael R. e Travis Hirschi. 1990. *A General Theory of Crime*. Stanford, Calif.: Stanford University Press.

Granovetter, Mark. 1995. *Getting a Job: A Study of Contracts and Careers*, 2.ª edição. Chicago: University of Chicago Press.

Greenberg, David F. 1977a. "The Correctional Effects of Corrections: A Survey of Evaluations." Em *Corrections and Punishment*, editado por David F. Greenberg. Beverly Hills, Calif.: Sage Publications.

———. 1977b. "The Dynamics of Oscillatory Punishment Processes." *Journal of Criminal Law and Criminology* 68: 643-51.

Greenberg, David F. e Valerie West. 2001. "State Prison Populations and Their Growth, 1971-1991." *Criminology* 39: 615-54.

Griset, Pamala. 1991. *Determinate Sentencing: The Promise and Reliability of Retributive Justice*. Albany: State University of New York.

Grogger, Jeffrey. 1992. "Arrests, Persistent Youth Joblessness, and Black/White Employment Differentials." *Review of Economics and Statistics* 74: 100-6.

———. 1995. "The Effect of Arrests on the Employment and Earnings of Young Men." *Quarterly Journal of Economics* 110: 51-71.

———. 2000. "An Economic Model of Recent Trends in Violence." Em *The Crime Drop in America*, editado por Alfred Blumstein e Joel Wallman. Cambridge: Cambridge University Press.

Guetzkow, Joshua. 2004. *The Carrot and the Stick: An Inquiry into the Relationship Between Welfare and Criminal Justice*. Tese de Doutoramento. Princeton University.

Hagan, John. 1993. "The Social Embeddedness of Crime and Unemployment." *Criminology* 31: 465-91.

Hairston, Creasie Finney. 1989. "Men in Prison: Family Characteristics and Family Views." *Journal of Offender Counseling Services, and Rehabilitation* 14: 23-30.

———. 1995. "Fathers in Prison." Em *Children of Incarcerated Parents*, editado por Katherine Gabel e Denise Johnston. Nova Iorque: Lexington Books.

Hall, Stuart. 1978. *Policing the Crisis: Mugging, the State, and Law and Order*. Londres: Macmillan.

Haney, Chris. 2003. "Mental Health Issues in Long-Term Solitary and 'Supermax' Confinement." *Crime & Delinquency* 49: 124-56.

Harlow, Caroline Wolf. 2003. *Education and Correctional Populations*. Bureau of Justice Statistics Special Report. NCJ 195670. Washington: U. S. Department of Justice.

Harrington, Michael. 1962. *The Other America: Poverty in the United States*. Nova Iorque: Macmillan.

Harrison, Paige M. 2000. "Total Number of Persons Under Local, State, or Federal Correctional Supervision, 1993, 1988, 1983." Bureau of Justice Statistics Spreadsheet. Disponível em: http://http://www.ojp.usdoj.gov/bjs

Harrison, Paige M e Allen J. Beck. 2005. "Prison and Jail Inmates at Midyear 2004." *Bureau of Justice Statistics Bulletin*. NCJ 208801. Washington: U.S. Department of Justice.

Heckman, James. 1989. "The Impact of Government on the Economic Status of African Americans." Em *The Question of Discrimination*, editado por Steven Shulman, William Darity e Robert Higgs. Middletown, Conn.: Wesleyan University Press.

Hicks, Alexander M. 1994. "The Social Democratic Corporatist Model of Economic Performance in the Short- and Medium-run Perspective." Em *The Comparative Political Economy of the Welfare State*, editado por Thomas Janoski e Alexander Hicks. Nova Iorque: Cambridge University Press.

Hirsch, Amy E., Sharon M. Dietrich, Rue Landau, Peter D. Schneider, Irv Ackelsberg, Judith Bernstein-Baker e Joseph Hohenstein. 2002. *Every Door Closed: Barriers Facing Parents with Criminal Records*. Washington, D.C.: Center for Law and Social Policy.

Hirschi, Travis e Michael R. Gottfredson. 1983. "Age and the Explanation of Crime." *American Journal of Sociology* 89: 552-84.

Hogan, Dennis P. 1981. *Transitions and Social Change: The Early Lives of American Men*. Nova Iorque: Academic Press.

Holzer, Harry J. 1996. *What Employers Want: Job Prospects for Less-Educated Workers*. Nova Iorque: Fundação Russell Sage.

Hughes, Timothy A., Doris James Wilson e Allen J. Beck. 2001. *Trends in State Parole, 1990-2000*. Bureau of Justice Statistics Special Report. NCJ 184735. Washington: U.S. Department of Justice.

Irwin, John James e James Austin. 1997. *It's About Time: America's Imprisonment Binge*, 2.ª edição. Belmont, Calif.: Wadsworth.

Jacobs, David e Jason T. Carmichael. 2001. "The Politics of Punishment Across Time and Space: A Pooled Time-Series Analysis of Imprisonment Rates." *Social Forces* 80: 61-91.

Jacobs, David e Ronald E. Helms. 1996. "Toward a Political Model of Incarceration: A Time-Series Examination of Multiple Explanations for Prison Admission Rates." *American Journal of Sociology* 102: 323-57.

_____. 2001. "Toward a Political Sociology of Punishment: Politics and Changes in the Incarcerated Population." *Social Science Research* 30: 171-94.

Jacobson, Michael. 2005. *Downsizing Prisons: How to Reduce Crime and End Mass Incarceration.* Nova Iorque: New York University Press.

Jankowski, Martin Sanchez. 1991. *Islands in the Street: Gangs and American Urban Society.* Berkeley: University of California Press.

Janoski, Thomas, Christa McGill e Vanessa Tinsley. 1997. "Making Institutions Dynamic in Cross-National Research: Time-Space Distancing in Explaining Unemployment." *Comparative Social Research* 16: 227-68.

Jaynes, Gerald D. 1990. "The Labor Market Status of Black Americans: 1939-1985." *Journal of Economic Perspectives* 4: 9-24.

Jonhston, L.D., P.M. O'Malley, J.G. Bachman e J.E. Schulenberg. 2004. *Monitoring the Future Survey Results on Drug Use, 1975-2003.* Bethesda, Md.: National Institute on Drug Abuse.

Juhn, Chinhui. 2003. "Labor Market Dropouts, Selection Bias, and Trends in the Wages of Black and White Men." *Industrial and Labor Relations Review* 56: 643-62.

Kallenberg, Arne, Barbara F. Reskin e Ken Hudson. 2000. "Bad Jobs in America: Standard and Nonstandard Employment Relations and Job Quality in the United States." *American Sociological Review* 65: 256-78.

Klarner, Carl. 2003. "The Measurement of the Partisan Balance of State Government." *State Politics and Policy Quarterly* 3(3): 309-19.

Kling, Jeffrey R. 1999. "The Effect of Prison Sentence Length on the Subsequent Employment and Earnings of Criminal Defendants." Woodrow Wilson School Discussion Papers in Economics No. 208. Princeton, N.J.: Princeton University Press.

Kluegel, James R. 1990. "Trends in Whites' Explanations of the Black White Gap in SES." *American Sociological Review* 55: 512-25.

Kolberg, Jon Eivind e Gøsta Esping-Anderson. 1990. "Welfare States and Employment Regimes." *International Journal of Sociology* 20: 3-36.

Kornfeld, Robert e Howard S. Bloom. 1999. "Measuring Program Impacts on Earnings and Employment: Do Unemployment Insurance Wage Reports from Employers Agree with Surveys of Individuals?" *Journal of Labor Economics* 17: 168-97.

Korpi, Walter. 1990. "Political and Economic Explanations for Unemployment: A Cross-National and Long-Term Analysis." *British Journal of Political Science* 21: 315-48.

LaFree, Gary e Kriss A. Drass. 1996. "The Effect of Changes in Intraracial Income Inequality and Educational Attainment on Changes in Arrest Rates for African Americans and Whites, 1957 to 1990." *American Sociological Review* 61: 614-34.

LaLonde, Robert J. 1986. "Evaluating Econometric Evaluations of Training Programs with Experimental Data." *American Economic Review* 76: 604--20.

Land, Kenneth C., Patricia McCall e Lawrence E. Cohen. 1990. "Structural Covariates of Homicide Rates: Are There Any Invariances Across Time and Space?" *American Journal of Sociology* 95: 922-63.

Laub, John H, Daniel S. Nagin e Robert J. Sampson. 1998. "Trajectories of Change in Criminal Offending: Good Marriages and Desistance Processes." *American Sociological Review* 63: 225-38.

Laub, John H. e Robert J. Sampson. 2003. *Shared Beginnings, Divergent Lives: Delinquent Boys to Age 70*. Cambridge, Mass.: Harvard University Press.

Leamer, Edward E. 1993. "A Bayesian Perspective on Inference from Macroeconomic Data." *Scandinavian Journal of Economics* 93: 225-48.

Legal Action Center. 2004. *After Prison: Roadblocks to Reentry: A Report on State legal barriers Facing People with Criminal Records*. Nova Iorque: Legal Action Center.

Levitt, Steven D. 1996. "The Effect of Prison Population Size on Crime Rates: Evidence from Prison Overcrowding Litigation." *Quarterly Journal of Economics* 111: 319-51.

———. 2004. "Understanding Why Crime Fell in the 1990s: Four Factors that Explain the Decline and Six that Do Not." *Journal of Economic Perspectives* 18: 163-90.

Levitt, Steven D. e Sudhir Venkatesh. 2001. "The Financial Activities of Urban Street Gang." *Quarterly Journal of Economics* 115: 775-89.

Lichter, Daniel T., Felicia B. LeClere e Diane K. McLaughlin. 1991. "Local Marriage Markets and the Marital Behaviour of Black and White Women." *American Journal of Sociology* 96: 843-67.

Liebow, Elliott. 1966. *Tally's Corner: A Study of Negro Streetcorner Men*. Boston, Mass.: Little, Brown.

Lindbeck, Assar. 1985. "What Is Wrong with the West European Economics?" *World Economy* 8: 153-70

Lipsey, Mark W. 1992. "Juvenile Delinquency Treatment: A Meta-Analytic Inquiry into the Variability of Effects." Em *Meta-Analysis for Explanation: A Casebook*, editado por Thomas D. Cook, Harris Cooper, David S. Cordray, Heidi Hartmann, Larry V. Hedges, Richard J. Light, Thomas A. Louis e Frederick Mosteller. Nova Iorque: Russell Sage Foundation.

Lipton, Douglas S., Robert Martinson e Judith Wilks. 1975. *The Effectiveness of Correctional Treatment: A Survey of Treatment Evaluation Studies*. Nova Iorque: Praeger.

Lott, John R. 1990. "The Effect of Conviction on the Legitimate Income of Criminals, 1995." *Economics Letters* 34: 381-85.

Maguire, Kathleen e Ann L. Pastore. 1996. *Sourcebook of Criminal Justice Statistics, 1995*. Washington: U. S Department of Justice.

─────, editores. 2001. *Sourcebook of Criminal Justice Statistics*. Washington: U. S. Department of Justice.

─────. 2002. *The Sourcebook of Criminal Justice Statistics*. Washington: U. S. Department of Justice.

Manza, Jeff e Clem Brooks. 1999. *Social Cleavages and Political Change: Voter Alignments and U.S. Party Coalitions*. Oxford: Oxford University Press.

Marshall, Thomas H. 1950/1992. *Citizenship and Social Class*. Londres: Pluto Press.

Martinson, Robert. 1974. "What Works? Questions and Answers about Prison Reform" *Public Interest* 35: 22-54.

Maruna, Shadd e Hans Toch. 2005. "The Impact of Imprisonment on the Desistance Process." Em *Prisoner Reentry and Crime in America*, editado por Jeremy Travis e Christy Visher. Nova Iorque: Cambridge University Press.

Marvell, Thomas B. 1996. "Sentencing Guidelines and Prison Population Growth." *Journal of Criminal Law and Criminology* 85: 696-709.

Marvell, Thomas B. e Carlisle E. Moody. 1994. "Prison Population Growth and Crime Reduction." *Journal of Quantitative Criminology* 10: 109-40.

─────. 1996. "Determinate Sentencing and Abolishing Parole: the Long-Term Impacts on Prison and Crime." *Criminology* 34: 107-28.

Massey, Douglas S. e Nancy A. Denton. 1991. *American Apartheid: Segregation and the Making of the Underclass*. Cambridge, Mass.: Harvard University Press.

─────. 2003. "Comparative International Rate of Incarceration: An Examination of Causes and Trends." Trabalho apresentado à Comissão Americana dos Direitos Civis. Washington, D.C.: The Sentencing Project.

McLanahan, Sara e Lynne Casper. 1995. "Growing Diversity and Inequality in the American Family." Em *State of the Union, America in the 1990s: Social Trends*, editado por Reynolds Farley. Nova Iorque: Russell Sage Foundation.

Merton, Robert K. 1968. *Social Structure and Social Action*. Edição aumentada. Nova Iorque: Free Press.

Messner, Steven F., Lawrence E. Raffalovich e Richard McMillan. 2001. "Economic Deprivation and Changes in Homicide Arrest Rates for White and Black Youths." *Criminology* 39: 591-613.

Mishel, Lawrence, Jared Bernstein e Heather Boushey. 2003. *The State of Working America, 2002/2003*. Ítaca, Nova Iorque: Cornell University Press.

Modell, John, Frank F. Furstenberg e Theodore Hershberg. 1976. "Social Change and Transitions to Adulthood in Historical Perspective." *Journal of Family History* 1: 7-32.

Munola, Christopher J. 2000. "Incarcerated Parents and Their Children." *Relatório Especial do Gabinete de Estatísticas Jurídicas*. NCJ 182335. Washington: U.S Department of Justice.

Murakawa, Naomi. 2004. *Electing to Punish: Congress, Race, and the Rise of the American Criminal Justice State*. Tese de Doutoramento. New Haven, Conn.: Yale University.

Myers, Martha A. 1998. *Race, Labor, and Punishment in the New South*. Columbus: Ohio State University Press.

Myrdal, Gunnar. 1944/1966. *An American Dilemma: The Negro Problem and Modern Democracy*, volume 2. New Brunswick, N.J.: Transaction Publishers.

Nagin, Daniel e Joel Waldfogel. 1998. "The Effect of Conviction on Income Through the Life Cycle." *International Review of Law and Economics* 18: 25-40.

National Bureau of Economic Research. 2002. *CPS Labor Extracts: Merged Outgoing Rotation Group Files 1979-2000*. [Ficheiro de Computador]. Compiled by U. S. Department of Commerce, Bureau of the Census. Cambridge, Mass.: National Bureau of Economic Research [produtor e distribuidor].

Newman, Katherine S. 1999. *No Shame in My Game: The Working Poor in the Inner City*. Nova Iorque: Alfred A. Knopf e Fundação Russell Sage.

Nicholson-Crotty, Sean. 2004. "The Impact of Sentencing Guidelines on State--Level Sanctions: An Analysis Over Time." *Crime and Delinquency* 50: 395-411.

Niemi, Richard, John Mueller e Tom Smith. 1989. *Trends in Public Opinion: A Compendium of Survey Data*. Nova Iorque: Greenwood Press.

Nurse, Ann M. 2002. *Fatherhood Arrested: Parenting from Within the Juvenile Justice System*. Nashville, Tenn.: Vanderbilt University Press.

OCDE. 1994. *The OECD Jobs Study: Part II – The Adjustment Potential of the Labor Market*. Paris: Organização para a Cooperação Económica e para o Desenvolvimento.

Office of Applied Studies, SAMHSA, Drug Abuse Warning Network. 2003. "Table 4.4.0 – Emergency Department Drug Mentions by Patient Demographic Characteristics: Estimates for the Coterminous U. S. by Year" Disponível em: http://dawninfo.samhsa.gov/old_dawn/pubs_94_02/pickatable/2002/4.4.0.xls (acedido a 20 de Janeiro de 2006).

Referências Bibliográficas

Office of the Pardon Attorney. 1996. *Civil Disabilities of the Convicted Felons: A State-by-State Survey*. Washington: U. S. Department of Justice.

Olson, Mancur. 1982. *The Rise and Decline of Nations: Economic Growth, Stagflation, and Social Rigidities*. New Haven, Conn.: Yale University Press.

Orwell, George. 1937. *The Road to Wigan Pier*. Londres: Gollancz.

Oshinsky, David M. 1996. *Worse than Slavery: Parchman Farm and the Ordeal of Jim Crow Justice*. Nova Iorque: Free Press.

Pager, Devah. 2003. "The Mark of a Criminal Record." *American Journal of Sociology* 108(5): 937-75.

Palmer, Ted. 1975. "Martinson Revisited." *Journal of Research in Crime and Delinquency* 12: 133-52.

Pastore, Ann L. e Kathleen Maguire, editoras. 2003. *Sourcebook of Criminal Justice Statistics*. Washington: Bureau of Justice Statistics.

_____. 2005. *Sourcebook of Criminal Justice Statistics* [online]. Disponível em: http://www.albany.edu/sourcebook/ (acedido em Dezembro de 2005).

Petersilia, Joan. 1999. "Parole and Prisoner Re-Entry in the United States." *Crime and Justice* 21: 479-530.

_____. 2003. *When Prisoners Come Home: Parole and Prisoner Reentry*. Nova Iorque: Oxford University Press.

_____. 2005. "Hard Time: Ex-Offenders Returning Home After Prison." *Corrections Today* 67: 66-71, 155.

Pettit, Becky e Christopher Lyons. 2004. "Status and the Stigma of Incarceration: The Labor Market Effects of Incarceration by Race, Class, and Criminal Involvement." Manuscrito inédito. Seattle: University of Washington.

Pettit, Becky e Bruce Western. 2004. "Mass Imprisonment and the Life Course: Race and Class Inequality in U.S. Incarceration." *American Sociological Review* 69: 151-69.

Piehl, Anne Morrison e John J. DiIulio. 1995. "Does Prison Pay? Revisited." *Brookings Review* 13(Winter): 21-25.

Quinney, Richard. 1974. *Criminal Justice in America: A Critical Understanding*. Boston, Mass.: Little, Brown.

Reichman, Nancy E., Julien O. Teitler, Irwin Garfinkel e Sara S. McLanahan. 2001. "Fragile Families: Sample and Design." *Children and Youth Services Review* 23: 303-26.

Rennison, Callie. 2002. *Criminal Victimization 2001, Changes 2000-01 with Trends 1993-2001*. NCJ 194610. Washington: Department of Justice.

Robinson, Paul H. e John M. Darley. 2004. "Does Criminal Law Deter? A Behavioral Science Investigation." *Oxford Journal of Legal Studies* 24: 173-205.

Rosenfeld, Richard. 2000. "Patterns in Adult Homicide: 1980-1995." Em *The Crime Drop in America*, editado por Alfred Blumstein e Joel Wallman. Cambridge: Cambridge University Press.

Rossi, Peter H., Richard A. Berk e Kenneth J. Lenihan. 1980. *Money, Work, and Crime: Experimental Evidence*. Nova Iorque: Academic Press.

Rothman, David. 1980/2002. *Conscience and Convenience: the Asylum and its Alternatives in Progressive America*. Nova Iorque: Aldine DeGruyter.

Rotman, Edgardo. 1995. "The Failure of Reform: United States 1865-1965." Em *The Oxford History of the Prison*, editado por Norval Morris e David J. Rothman. Nova Iorque: Oxford University Press.

Rusche, Georg. 1933/1978. "Labor Market and Penal Sanction." *Crime and Justice* 10: 2-8.

Rusche, Georg e Otto Kirchheimer. 1939/2003. *Punishment and Social Structure*. New Brunswick, N.J.: Transaction Books.

Ruth, Henry e Kevin R. Reitz. 2003. *The Challenge of Crime: Rethinking Our Response*. Cambridge, Mass.: Harvard University Press.

Sabol, William J. e James P. Lynch. 2001. "Prisoner Reentry in Perspective." *Crime Policy Report*, volume 3. Washington, D.C.: Urban Institute.

_____. 2003. "Assessing the Longer-run Consequences of Incarceration: Effects on Families and Employment." Em *Crime Control and Social Justice: The Delicate Balance*, editado por Darnell Hakins, Samuel L. Myers Jr. E Randolph Stone. Westport, Conn.: Greenwood Press.

Sampson, Robert J. 1987. "Urban Black Violence: The Effect of Male Joblessness and Family Disruption." *American Journal of Sociology* 93: 348-82.

Sampson, Robert J. e John H. Laub. 1993. *Crime in the Making: Pathways and Turning Points Through Life*. Cambridge, Mass.: Harvard University Press.

_____. 1996. "Socioeconomic Achievement in the Life Course of Disadvantaged Men: Military Service as a Turning Point, Circa 1940--1965." *American Sociological Review* 61: 347-67.

Sampson, Robert J., Jeffrey D. Morenoff e Thomas Gannon-Rowley. 2002. "Assessing 'Neighborhood Effects': Social Processes and New Directions for Research." *Annual Review of Sociology* 28: 443-78.

Sampson, Robert. J. e Stephen W. Raudenbush. 1999. "Systematic Social Observation of Public Spaces: A New Look at Disorder in Urban Neighborhoods." *American Journal of Sociology* 105: 603-51.

Sampson, Robert. J. e William Julius Wilson. 1995. "Toward a Theory of Race, Crime, and Urban Inequality." Em *Crime and Inequality*, editado por John Hagan e Ruth D. Peterson. Stanford, Calif.: Stanford University Press.

Saylor, William G. e Gerald G. Gaes. 1997. "Training Inmates Through Industrial Work Participation and Vocational and Apprenticeship Instruction." *Corrections Management Quarterly* 1: 32-43.

———. 1999. "The Differential Effect of Industries and Vocational Training on Post Release Outcome for Ethnic and Racial Groups." Office of Research and Evaluation. Washington: Federal Bureau of Prisons.

Scholz, John Karl e Kara Levine. 2002. "U.S. Black-White Wealth Inequality: A Survey." Ensaio. Madison: University of Wisconsin, Department of Economics and Institute for Research on Poverty.

Sechrest, Lee, Susan O. White e Elizabeth D. Brown, editores. 1979. *The Rehabilitation of Criminal Offenders*. Washington, D.C.: National Academy of Sciences Press.

Shaw, Clifford Robem e Henry D. McKay. 1942. *Juvenile Delinquency and Urban Areas*. Chicago: University of Chicago Press.

Shipler, David. 2004. *The Working Poor: Invisible America*. Nova Iorque: Alfred A. Knopf.

Singh, Gopal K. e Stella M. Yu. 1995. "Infant Mortality in the United States: Trends, Differentials, and Projections, 1950 Through 2010." *American Journal of Public Health* 85: 957-64.

Smith, Herbert L., S. Philip Morgan e Tanya Koropeckyj-Cox. 1996. "A Decomposition of Trends in the Nonmarital Fertility Ratios of Blacks and Whites in the United States, 1960-1992." *Demography* 33: 141-51.

Smith, Kevin B. 2004. "The Politics of Punishment: Evaluating Political Explanations of Incarceration Rates." *Journal of Politics* 66: 925-38.

Somer, Robert. 1976. *The End of Imprisonment*. Nova Iorque: Oxford University Press.

Spelman, William. 1994. *Criminal Incapacitation*. Nova Iorque: Plenum Press.

———. 2000. "The Limited Importance of Prison Expansion." Em *The Crime Drop in America*, editado por Alfred Blumstein e Joel Wallman. Nova Iorque: Cambridge University Press.

Spitzer, Steven. 1975. "Toward a Marxian Theory of Deviance." *Social Problems* 22: 638-51.

Spohn, Cassia e David Holleran. 2000. "The Imprisonment Penalty Paid by Young, Unemployed Black and Hispanic Male Offenders." *Criminology* 38: 281-306.

Steffensmeier, Darrell, Jeffrey Ulmer e John Kramer. 1998. "The Interaction of Race, Gender, and Age in Criminal Sentencing: The Punishment Cost of Being Young, Black, and Male." *Criminology* 36: 763-97.

Stephan, James J. 1997. *Census of State and Federal Correctional Facilities, 1995*. Washington: Bureau of Justice Statistics.

Sullivan, Mercer. 1989. *"Getting Paid": Youth Crime and Work in the Inner City*. Ítaca, Nova Iorque: Cornell University Press.

Sutton, John. 2000. "Imprisonment and Social Classification in Five Common-Law Democracies, 1955-1985." *American Journal of Sociology* 106: 350--96.

Tittle, Charles R. e Debra A. Curran. 1988. "Contigencies for Dispositional Disparities in Juvenile Justice." *Social Forces* 67: 23-58.

Tonry, Michael. 1995. *Malign Neglect*. Nova Iorque: Oxford University Press.

_____. 1996. *Sentencing Matters*. Nova Iorque: Oxford University Press.

Tracy, Paul M., Marvin E. Wolfgang e Robert M. Figlio. 1990. *Delinquency Careers in Two Birth Cohorts*. Nova Iorque: Plenum Press.

Travis, Jeremy. 2005. *But They All Come Back: Facing the Challenges of Prisoner Reentry*. Washington, D.C.: Urban Institute.

Turner, R. 1995. "Black-White Infant Mortality Differential has Grown in Recent Decades and Will Persist into Next Century." *Family Planning Perspectives* 27: 267-68.

Tyler, John H. e Jeffrey R. Kling. 2004. "Prison-Based Education and Re--Entry into the Mainstream Labor Market." Manuscrito inédito. Providence, R.I.: Brown University.

Uggen, Christopher. 2000. "Work as a Turning Point in the Life Course of Criminals: A Duration Model of Age, Employment and Recidivism." *American Sociological Review* 65: 529-46.

Uggen, Christopher e Jeff Manza. 2002. "Democratic Contraction? Political Consequences of Felon Disenfranchisement in the United States." *American Sociological Review* 67: 777-803.

Uggen, Christopher e Sara Wakefield. 2005. "Young Adult Reentering the Community from the Criminal justice System: The Challenge of Becoming Adult." Em *On Your Own Without a Net: The Transition to Adulthood for Vulnerable Populations*, editado por Wayne Osgood, Mike Foster e Connie Flanagan. Chicago: University of Chicago Press.

_____. 1971. *Census of Population and Housing, 1970: Public Use Samples*. [Ficheiro de Computador]. Washington: U. S. Department of Commerce, Bureau of the Census [produtor]. Ann Arbor, Mich.: Inter-university Consortium for Political and Social Research [distribuidor], 1991.

_____. 1985. *Census of Population and Housing, 1980: Public Use Microdata Sample (C SAMPLE):1-Percent Sample*. [Ficheiro de Computador]. Washington: U.S. Department of Commerce, Bureau of the Census [produtor]. Ann Arbor, Mich.: Inter-university Consortium for Political and Social Research [distributor], 1994.

_____. 1995. *Census of Population and Housing, 1990: Public Use Microdata Sample: 1-Percent Sample*. [Ficheiro de Computador]. 4.ª realização. Washington: U. S. Department of Commerce, Bureau of the Census [produtor]. Ann Arbor, Mich.: Inter-university Consortium for Political and Social Research [distribuidor], 1998.

U.S. Bureau of Census. 1964-1999. *Statistical Abstracts of the United States*. Washington: U.S. Department of Commerce.

Useem, Bert, Anne Morrison Piehl e Raymond V. Liedka. 2001. "The Crime Control Effect of Incarceration: Reconsidering the Evidence." Final Report to the National Institute of Justice. Washington: U.S Department of Justice.

Venkatesh, Sudhir A. e Steven D. Levitt. 2000. "Are We a Family or a Business?' History and Disjuncture in the Urban American Street Gang." *Theory and Society* 29: 427-62.

Visher, Christy A. 1986. "The Rand Inmate Survey: A Re-Analysis." Em *Criminal Careers and Career Criminals*, volume 2, editado por Alfred Blumstein, Jacqueline Cohen, Jeffrey Roth e Christy Visher. Washington, D.C.: National Academy Press.

Wacquant, Loïc. 2000. "The New 'Peculiar Institution:' On the Prison as Surrogate Ghetto." *Theoretical Criminology* 4: 377-89.

_____. 2001. "Deadly Symbiosis: When Ghetto and Prison Meet and Mesh." Em *Mass Imprisonment: Social Causes and Consequences*, editado por David Garland. Londres: Sage Publications.

Waldfogel, Joel. 1994a. "The Effect of Criminal Conviction on Income and the Trust 'Reposed in the Workmen.'" *Journal of Human Resources* 29: 62-81.

_____. 1994b. "Does Conviction Have a Persistent Effect on Income and Employment?" *International Review of Law and Economics* 14: 103-19.

Walters, Dan. 2004. "Voter turnaround on Preposition 66 was a Dramatic Campaign Event." *Sacramento Bee*, 16 de Novembro, pág. A3.

Warr, Mark. 1998. "Life-Course Transitions and Desistance From Crime." *Criminology* 36: 183-216.

Welch, Finnis. 1990. "The Employment of Black Men." *Journal of Labor Economics* 8: S26-S74.

Western, Bruce. 2002. "The Impact of Incarceration on Wage Mobility and Inequality." *American Sociological Review* 67: 477-98.

Western, Bruce e Katherine Beckett. 1999. "How Unregulated is the U.S. Labor Market: The Penal System as a Labor Market Institution." *American Journal of Sociology* 104: 1030-60.

Western, Bruce, Meredith Kleykamp e Jake Rosenfeld. 2004. "Crime, Punishment, and American Inequality." Em *Social Inequality*, editado por Katherine Neckerman. Nova Iorque: Russell Sage Foundation.

Western, Bruce, Jeffrey R. Kling e David F. Weiman. 2001. "The Labor Market Consequences of Incarceration." *Crime & Delinquency* 47: 410-27.

Western, Bruce, Len Lopoo e Sara McLanahan. 2004. "Incarceration and the Bonds Between Parents in Fragile Families." Em *Imprisoning America: the Social Effects of Mass Incarceration*, editado por Mary Patillo, David Weiman e Bruce Western. Nova Iorque: Russell Sage Foundation.

Western, Bruce e Sara McLanahan. 2000. "Fathers Behind Bars: The Impact of Incarceration on Family Formation." Em *Families, Crime, and Criminal Justice: Charting the Linkages*.

Western, Bruce e Becky Pettit. 2005. "Black-White Wage Inequality, Employment Rates, and Incarceration." *American Journal of Sociology* 111: 553-78.

Western, Bruce, Becky Pettit e Josh Guetzkow. 2002. "Black Economic Progress in the Era of Mass Imprisonment." Em *Collateral Damage: The Social Cost of Mass Incarceration*, editado por Meda Chesney-Lind e Marc Mauer. Nova Iorque: Free Press.

Whalen, Charles W. e Barbara Whalen. 1985. *The Longest Debate: A Legislative History of the 1964 Civil Rights Act*. Washington, D.C.: Seven Locks Press.

Wicharaya, Tamasak. 1995. *Simple Theory, Hard Reality: The Impact of Sentencing Reforms on Courts, Prisons, and Crime*. Albany: State University of New York Press.

Wilkes, Rima e John Iceland. 2004. "Hypersegregation in the Twenty-first Century." *Demography* 41: 23-36.

Wilson, James Q. 1968. *Varieties of Police Behavior; The Management of Law and Order in Eight Communities*. Cambridge, Mass.: Harvard University Press.

———. 1975. *Thinking About Crime*. Nova Iorque: Basic Books.

———. 1994. "Prisons in a Free Society." *The Public Interest* 11: 37-40.

Wilson, William Julius. 1987. *The Truly Disadvantaged: The Inner City, the Underclass and Public Policy*. Chicago: University of Chicago Press.

———. 1996. *When Work Disappears: The World of the New Urban Poor*. Nova Iorque: Alfred A. Knopf.

Windelsham, Lord. 1998. *Politics, Punishment and Populism*. Nova Iorque: Oxford University Press.

Xie, Yu. 1992. "The Socioeconomic Status of Young Male Veterans, 1964--1984." *Social Science Quarterly* 73: 379-96.

Zimring, Franklin E. e Gordon Hawkins. 1992. *Search for Rational Drug Control*. Nova Iorque: Cambridge University Press.

———. 1995. *Incapacitation: Penal Confinement and the Restraint of Crime*. Nova Iorque: Oxford University Press.

Zimring, Franklin E., Gordon Hawkins e Sam Kamin. 2001. *Punishment and Democracy: Three Strikes and You're Out in California*. Nova Iorque: Oxford University Press.

Índice Remissivo

Os números **a negrito** fazem referência aos gráficos e às tabelas.

Abramsky, Sasha: 101
África do Sul, índices de encarceramento na: 38
Afro-Americanos:
– cidadania indeterminada pelo encarceramento em larga escala para os pobres: 26, 260-262
– educação, aptidões cognitivas e emprego à entrada na prisão: 156, 157
– emprego, salários, rendimentos: desemprego: 130-135
– emprego, salários, rendimentos: o castigo da prisão sobre os rendimentos globais: 175-179
– emprego, salários, rendimentos: a posse de um emprego e o aumento dos salários após a prisão: 172-175
– emprego, salários, rendimentos: diminuição dos mesmos relacionada com a prisão: 166-168
– emprego, salários, rendimentos: o fosso racial nos salários: 139-147
– índices de homicídio e os: 229, 230
– prisão, riscos vitalícios da mesma: 50-54
– encarceramento comparado com a filiação numa unidade sindical e a participação em programas sociais: 44, 45
– encarceramento na paisagem institucional dos: 36
– encarceramento dos indivíduos entre os 25 e os 29 anos, percentagem dos: 26
– índices de encarceramento e de desigualdade racial: 40-43
– invisibilidade dos como parte integrante dos reclusos: 147-149
– acontecimentos da vida vividos pelos: 55
– casamento e divórcio entre os, os efeitos da prisão nos: 199-201, 204-206
– casamento e paternidade entre os: 190-192
– casamento e separação, os efeitos da prisão para os: 206-213
– casamento e vida familiar, ligação ténue ao: 186, 187
– encarceramento em larga escala: cimentando desvantagens entre os: 259, 260

- encarceramento em larga escala: hipóteses sugeridas pelo: 50
- encarceramento em larga escala: visão geral dos efeitos do: 256-258
- a geração do encarceramento em larga escala: 55-57
- o sistema penal equivale ao governo para os: 85
- percepções da criminalidade dos: 89-91
- níveis estatais de encarceramento para, dados globais em relação aos: 104-110
- índices estatais de entradas em prisões, dados não-globais em relação aos: 112-118
- violência, índices de desemprego, instabilidade familiar e desordem nos bairros: 65, 66
- *Ver também* raça

Akerlof, George: 169
Análise dos efeitos fixos: 165
Anderson, David: 240
Anderson, Elijah: 67, 194
Ashcroft, John: 96, 271*n*30
Assassinato. *Ver* homicídio
Austin, James: 50

Bartlett, Elaine: 101
Beaumont, Gustave de: 23, 31
Beccaria, Cesare: 239
Becker, Gary: 65
Becsi, Zsolt: 246, 247
Beller, Peter: 152
Bentham, Jeremy: 239
Biden, Joe: 96, 97
Blau, Judith: 152
Bobo, Larry: 263
Bourgois, Philippe: 67
Braman, Donald: 68, 188, 189, 195
Bush, George H. W.: 95
Bush, George W.: 97
Butler, Richard: 140

Cadeias:
- função das: 37
- falta de dados relativos aos detidos em: 268*n*19

Califórnia:
- leis anti-discriminação na: 159
- Proposta 66, oposição à: 263
- lei *three-strikes*: 101, 102

Campbell, Carroll: 96, 271*n*30
Capital humano, diminuição do devido ao encarceramento: 158-160
Capital social, diminuição do devido ao encarceramento: 158-160, 170-172
Carmichael, Jason: 97
Carolina do Norte: 107
Carolina do Sul: 96
Casamento. *Ver* vida familiar e casamento
Castigo:
- como correcção e reabilitação: 92, 93
- desigualdades no: 89, 90
- nova filosofia punitiva do: 93
- o zelo público pela punição severa: 263
- como conflito social, 88
- teorias de explicação do grande aumento do número de reclusos: 85, 86
- *Ver* também sistema de justiça criminal; penas criminais

Castle, Michael: 271*n*30
Censo das Instituições Estatais de Correcção: 236
Cidadania, Afro-Americanos e os efeitos do encarceramento em larga escala: 26, 27, 260-262
Chicago, Illinois: 265
Christie, Nils: 68
Clinton, Bill: 97
Clogg, Clifford: 129
Comité de Serviço dos Amigos Americanos: 98
Conservadores. *Ver* Partido Republicano
Combate à criminalidade: 93, 95
Combate às drogas: 78, 79, 93, 95
Controlo do Crime Violento e o Decreto-Lei de Reforço da Lei de 1994: 97

Índice Remissivo

Crianças:
- com os pais presos ou detidos: **191**, 191, 192
- adolescentes mais velhos (*ver* jovens)

Criminalidade:
- como contexto em vez de causa: 80-82
- rapazes desfavorecidos e a: 68-75
- encarceramento e tendências evolutivas nos índices de: **69**
- desigualdade e: 64-68, 227
- análise do percurso de vida: 45-47
- rapazes envolvidos em crimes: **72**
- os efeitos do encarceramento em larga escala na (*ver* diminuição da criminalidade)
- homicídio, índices de: 81, 82
- pobreza e: 155, 156 (*ver também* pobreza)
- índices de e índices de encarceramento: 63, 64, 68, 69 (*ver também* diminuição da criminalidade)
- índices de relacionados com as fases do processo criminal: 75, 76
- índices de vitimação: 71-74
- combate à: 93, 95

Cultura de violência: 107
Cuomo, Mario: 97

Darley, John: 240, 241
Davey, Joseph: 96

Desemprego temporário:
- com acertos de forma a incluir os militares e os reclusos: 130, 131
- entre os indivíduos com o ensino secundário, reclusos e não-reclusos, por raça: **133**
- entre homens, por raça: **131**
- o rácio brancos-negros relativo aos indivíduos sem curso superior: **134**
- desigualdades educacionais no desemprego velado: 132-135
- o mercado de trabalho dos anos 90 e o desemprego velado: 135-139
- desigualdades raciais no: 135
- desemprego entre os indivíduos sem curso superior: 138
- salários, evoluções nos e desemprego velado: 139, 140

Desemprego:
- como um indicador da utilização laboral: 129
- consciência da classe média relativa ao: 126, 127
- índices de criminalidade, queda e diminuição do: 232
- desemprego entre os indivíduos sem curso superior: **138**
- o mercado de trabalho dos anos 90 e o desemprego velado: 135-139
- riscos de encarceramento, efeitos do fosso no desemprego nos: 116, 117
- encarceramento a nível estadual e o: 104-111
- *Ver também* desemprego temporário

Desencorajamento:
- diminuição da criminalidade e o: 249-251
- calculando os efeitos do: 242-249
- como teoria do controlo da criminalidade: 239-241
- *Ver também* o sistema de justiça criminal

Desigualdade:
- crime e: 64-68, 227, 228 (*ver também* crime)
- diminuição dos índices de casamento e: 184
- educacional, desemprego velado e: 132-135
- aumento da no final do século XX: 153, 154
- nos índices de encarceramento por sexo, idade, raça e educação: 39-43
- nos rendimentos (*ver* desigualdade nos rendimentos)
- invisível: 125-128, 147-149

- encarceramento em larga escala e: 35, 36, 39-43, 63, 64, 86-91, 178, 256, 257
- encarceramento em larga escala como um elemento-chave de um sistema de: 29, 31, 264, 266
- encarceramento em larga escala como gerador de: 258-260
- pobreza e: 126, 127
- racial, desemprego velado e: 132-135
- o fosso racial nos salários: 139-147
- nos índices de entrada nas prisões estaduais: 112-118
- *ver também* afro-americanos, economia, pobreza, raça

Desigualdade nos rendimentos:
- riscos de encarceramento, efeitos do fosso nos rendimentos nos: 116-118
- encarceramento a nível estadual e: 104-111
- na altura do encarceramento: 156
- *Ver também* rendimentos; pobreza; salários

Detenções, índices de:
- comparados com os índices de criminalidade: 75-77
- rácio dos índices de agressões por drogas e detenções: 78

Deukmejian, George, 271*n*30
DiIulio, John, 239

Diminuição da criminalidade:
- analisando a endogeneidade na avaliação dos efeitos do encarceramento em massa na: 252, 253
- alterações nos índices de criminalidade: **231**
- organizando a: 228-232
- os efeitos da prisão nos índices de criminalidade, de 1971 a 2001: **248**
- os efeitos do encarceramento nos índices de criminalidade em quatro estudos: **247**
- os efeitos do encarceramento em larga escala na: 28, 249-252, 257
- índices de homicídio: **230**
- hipóteses que relacionam o encarceramento em larga escala à: 228
- incapacitação e desencorajamento, cálculo dos efeitos da: 242-249
- incapacitação e desencorajamento, teorias de: 237-241
- índices observados de criminalidade: **250**
- reabilitação e: 232-237, 249

Ditton, Paula: 120

Divórcio:
- o encarceramento e o: 201-204
- o encarceramento e os números globais de: 204-206
- *Ver também* vida familiar e casamento

Doeringer, Peter: 168

Drogas:
- índices de detenção relacionados com: 77-80, 93
- finalistas do ensino secundário que relatam o consumo de: **79**
- índices de encarceramento relacionados com: 93
- índices de encarceramento relacionados com, relação das fases do processo criminal com: 76, 77
- criminosos presos por crimes associados às, percentagem de: 37, 38
- leis de posse e reforço do controlo legítimo sobre os pobres: 88, 89
- comércio e mercado de relacionado com bairros pobres e socialmente fracturados: 66-68
- mercados urbanos associados às, diminuição da actividade dos: 232
- combate às: 78, 79, 93, 95

Dubber, Markus: 88
DuBois, W. E. B.: 186
Dukakis, Michael: 95

Economia:
- compensação (*ver* rendimentos; desigualdade de rendimentos; salários)
- o castigo criminal como servindo os interesses baseados na: 87-91

Índice Remissivo

- a penalização económica associada ao encarceramento: 158-160 (*ver também* os efeitos pós-encarceramento)
- o encarceramento em comparação com os sindicatos e programas sociais como instituições da: 43-45
- o rácio desemprego-população (*ver* desemprego temporário)
- mercados de trabalho (*ver* mercados de trabalho)
- omissão dos reclusos das estatísticas governamentais: 128-130
- a hipótese da maré-alta: 136, 137
- teorias do castigo relacionadas com: 85, 86
- desemprego (*ver* desemprego)
- *Ver também* desigualdade

Edin, Kathryn: 188, 189, 193-195, 213
Educação:
- desigualdade económica e: 90
- desemprego temporário escondido e: 132-135
- índices de encarceramento e: 39-43
- os efeitos do encarceramento nos números de casamentos e divórcios e: 204-206
- falta de entre os reclusos: 156, 157
- os riscos vitalícios do encarceramento e: 53, 54
- percentagem de acontecimentos de vida seleccionados vividos em função da, **56**
- programas para ex-reclusos, eficácia da: 234, 235
- programas para reclusos, recursos para: **236**
- efeitos de selecção em relação à: 268*n*20
- índices estatais de entradas em prisões e: 112-118
- índices de vitimação entre os jovens e: 73, 74
- o fosso salarial e: 144, 145

- os salários dos desempregados previstos em função da: 151, 152

Efeitos do pós-encarceramento: 153-155, 179-181
- a penalização sobre os rendimentos globais: 175-179
- a penalização económica, 158-160
- o emprego: 157
- cálculo dos efeitos da prisão no mercado de trabalho: 162-166
- o mercado de trabalho periférico e: 168-175
- análise utilizando a dados de inquéritos: 161, 162
- nos salários, rendimentos e emprego: 166-168

Efeito de selecção, hipótese: 186, 187, 196-199, 213

Efeitos de incapacitação:
- como obstáculo à vida familiar: impacto no casamento: 193-196, 199-201
- como obstáculo à vida familiar: as dificuldades originadas pelos: 187-189
- como impedimento do crime: cálculo dos impacto dos: 242-249
- como impedimento do crime: a diminuição da criminalidade e: 249, 250
- como impedimento do crime: teoria dos: 237-239

Elder, Glen, 47

Encarceramento:
- nos Estados americanos (*ver* encarceramento a nível estadual)
- cálculo dos índices e dos riscos do: 60, 61
- como um factor causal do crime: 251, 252
- custos do: 178, 179
- índices de criminalidade e o em larga escala (*ver* diminuição da criminalidade)
- riscos cumulativos para dois grupos etários: **52, 54**

305

- efeitos do após a libertação (*ver* efeitos do pós-encarceramento)
- vida familiar e casamento, impacto na (*ver* vida familiar e casamento)
- desemprego temporário velado devido ao: 130-135, 137-139, 147, 148
- desigualdade escondida pelo: 135
- desigualdade no devido ao sexo, à raça e à educação: 39-43
- como filiação institucional: 43-45
- dos jovens: 69, 70
- efeitos do no mercado de trabalho, cálculo dos: 162-166 (*ver* também mercado de trabalho)
- riscos vitalícios do: 50-54
- encarceramento em larga escala como experiência colectiva do: 55-57 (*ver também* encarceramento em larga escala)
- ao longo do percurso de vida (*ver* percurso de vida)
- fosso racial nos salários e o: 139-147
- índices de: 35, 36
- índices de, mudanças de 1980 a 2000: **82**
- índices de, governadores republicanos e: 95-97
- índices de e índices de criminalidade: 63, 64, 68, 69, 81-84 (*ver também* criminalidade; diminuição da criminalidade)
- índices de e população prisional: 37
- índices de numa perspectiva histórica e comparativa: 36-39
- índices de nos Estados Unidos e na Europa Ocidental: **39**
- índices de relacionados com as etapas do processo penal: 75-77
- como uma escola para os criminosos: 160
- a geração do encarceramento em larga escala moldada pelo: 48-50
- desfavorecidos socialmente, risco mais elevado de encarceramento entre os: 89

- o estigma do: 47
- tendências nos índices de criminalidade e de: **69**
- *Ver também* sistema penal americano

Encarceramento a nível estadual:
- índices de entrada em prisões, desigualdades raciais e de classes sociais no: **115**
- índices anuais: **105**
- os efeitos do encarceramento em larga escala na diminuição da criminalidade: 249-251
- índices de encarceramento, parcialidade e efeitos do mercado de trabalho no: **111**
- índices de encarceramento, previsões dos: **106**
- índices de encarceramento, análise regressiva do: **108**
- desigualdade nos índices de entradas em prisões: **114**
- indivíduos não-reclusos que entram anualmente nas prisões: **113**
- índices de, factores que influenciam os globais: 104-111
- risco de, raça e desigualdade nas medidas individualizadas do: 112-118
- índices de admissão em prisões estatais, regressão dos: **117**
- variáveis na análise individualizada dos índices de encarceramento: 121, 122
- variáveis na análise regressiva do: 120

Encarceramento em larga escala:
- nos estados americanos (*ver* encarceramento a nível estadual)
- classe baixa negra, reforço das desvantagens da: 259, 260
- enfraquecimento da cidadania dos negros pobres através do: 26, 260-262
- criminalidade, impacto na (*ver* diminuição da criminalidade)
- definição de: 55-57
- origens económicas do: 63, 87-91

Índice Remissivo

- efeitos do após a libertação (*ver* efeitos do pós-encarceramento)
- explicações para o aumento do: 59-60, 85-87, 118, 119
- vida familiar e casamento, impacto na (*ver* vida familiar e casamento)
- medo do crime e ansiedades sociais como reverso do: 80-82
- o futuro do: 262-266
- desigualdades, sistema de apoiado pelo: 29, 30, 31, 264, 266
- desigualdades e o: 35, 36, 39-43, 63, 64, 86-91, 178, 256, 258
- desigualdade como produto do, 258-262;
- invisibilidade dos pobres, contribuição para: 127, 128
- efeitos negativos do encarceramento e os efeitos na diminuição da criminalidade: 252
- criação de raças e estigmatização de uma experiência colectiva através do: 90, 91
- motivação racial para o: 27
- o aumento do: 25, 26
- os problemas sociais, económicos e familiares agravados pelo: 27-29, 255-258.
- *Ver também* sistema penal americano; sistema de justiça criminal; encarceramento

Estatística da Justiça, Gabinete de (GEJ):
- homens negros com idades compreendidas entre os 25 e os 29 anos presos ou detidos, percentagem de: 26
- riscos vitalícios do encarceramento: 60, 61
- avaliação dos custos das instituições correccionais estatais: 178, 179
- índices de entradas em prisões: 120
- reclusos que vivem com crianças na altura em que são presos, percentagem de: 192

Estudo das Famílias em Risco e do Bem-Estar Infantil, 185, 206-221, 224, 225
Estudos do controlo policial: 239, 240
Europa: 38, 39, 147-149
Evans, Robert: 172

Fagan, Jeffrey: 155
Figlio, Robert: 238
Finney, Joan: 271*n*30
Flórida:
- ex-condenados como candidatos a empregos na: 159
- crescentes populações negras na: 106, 107
- medidas de verdade na pena na: 102

Frazier, E. Franklin: 186
Freeman, Richard B.: 50, 155, 168, 273*n*1

Gabinete de Censos, Estados Unidos, omissão dos reclusos das estatísticas produzidas pelo: 128, 129
Gabinete de Estatística da Justiça. *Ver* Estatísticas da Justiça, Gabinete de
Garland, David: 50, 55, 56, 92
Geórgia: 107
Geração dos Direitos Civis: 48
Goffman, Erving: 195
Goldwater, Barry: 94, 259
Gonnerman, Jennifer: 101
Grande Depressão, o grupo etário e a geração da: 47, 48, 127
Greenberg, David: 97
Gregg, Judd: 271*n*30

Hard Time Blues (Abramsky): 101
Harrington, Michael: 126
Heckman, James: 140
Helms, Ronald: 97
Hispânicos:
- a penalização do encarceramento sobre os rendimentos globais para os, 176-178
- educação, aptidões cognitivas e emprego à entrada na prisão: 156, 157

- emprego, salários, rendimentos, efeitos do encarceramento em: 167, 168
- encarceramento comparado com a filiação numa unidade sindical e a participação em programas sociais: 44, 45
- desemprego entre os: 130-135
- a posse de um emprego e a evolução salarial após a prisão: 172-175
- casamento e divórcio, os efeitos do encarceramento para os: 200, 201, 204-206
- o casamento e a paternidade entre os: 190-192
- o casamento e a separação, os efeitos do encarceramento nos: 207-214
- as desigualdades raciais e os índices de encarceramento dos: 41, 42

Homicídio, índices de: 81, 228-230, **231**
Horton, Willie: 95

Idade:
- actividade criminal e: 238
- riscos cumulativos do encarceramento para dois grupos etários: 51-54
- índices de encarceramento e: 40-42
- adolescentes mais velhos (*ver* jovens)
- os salários dos desempregados previstos em função da: 151-152
- *Ver também* percurso de vida.

Inquérito Nacional sobre Crime e Vitimação (INCV): 72, 113, 122
Inquérito Nacional Longitudinal sobre a Juventude (INLJ):
- actividade criminal em dois grupos etários: 70-72
- primeiro casamento, índices do: 196-199
- riscos vitalícios do encarceramento: 60, 61
- perda de rendimentos devido ao encarceramento: 176-179
- casamento e divórcio, efeitos do encarceramento no: 185, 204-214
- casamento e divórcio, cálculo dos efeitos do encarceramento no: 222, 223
- análises regressivas dos dados do: 181, 182
- dados do inquérito para analisar o encarceramento: 161-166

Inquérito Nacional sobre o Consumo Continuado de Droga (INCCD): 80
Irwin, John: 37, 50

Jacobs, David: 97
Jaynes, Gerald: 140
Johnson, Devon: 263
Johnson, Lyndon: 94
Jovens:
- criminalidade entre os desfavorecidos: 68-75
- progresso económico entre os jovens negros nos anos 90: 147-149
- finalistas do ensino secundário que afirmam consumirem droga: **79**
- rapazes envolvidos na criminalidade: **72**

Kallenberg, Arne: 169
Kennedy, John F.: 136
Klarner, Carl: 120
Kling, Jeffrey R.: 235

Land, Kenneth: 66
Laub, John: 171, 186, 219, 251
Leis *three-strikes*: 101-103
Levitt, Steven D.: 67, 155, 242-247
Liebow, Elliot: 187
Liedka, Raymond: 246, 247
Louisiana: 81, 104
Lynch, James: 193

Maine: 100
Marshall, T. H.: 260, 261
Martin, James: 271*n*30
Martinson, Robert: 233, 234, 259
Marvell, Thomas: 100, 247
Medidas penais do Estado-Providência: 92

ÍNDICE REMISSIVO

Mercados de trabalho:
- o Americano comparado com o Europeu nos anos 90, o impacto invisível do encarceramento e: 147-149
- os criminosos e os: 155-157 (ver também os efeitos do pós-encarceramento)
- distribuição do trabalho e das estatísticas laborais, impacto do sistema penal nos: 129
- encarceramento, efeitos do: 166-168
- encarceramento, cálculo dos efeitos do: 162-166
- o encarceramento como caminho para o mercado de trabalho periférico: 168-175
- candidatos a empregos, desvantagens encaradas pelos ex-condenados enquanto: 158-160
- posse de emprego para os ex-condenados: 172-175
- encarceramento em larga escala e os: 87-91, 256, 257
- o sistema penal como factor institucional nos: 43-45
- principais e periféricos, distinção entre os: 168, 169
- a hipótese da maré-alta e os: 136, 137
- o encarceramento a nível estadual e os: 104-111
- tendências evolutivas nos e desigualdades no encarceramento: 116-118
- Ver também rendimentos; desigualdade de rendimentos; desemprego temporário; desemprego; salários

McKernan, John: 271n30
Mecham, Evan: 271n30
Medidas políticas progressistas, o ideal de reabilitação e as: 259, 260
Merton, Robert: 65
Meta-análise: 234
Minnesota: 99
Mississipi: 81, 102, 104
Missouri: 96
Moody, Carlisle: 100, 247
Movimento dos direitos civis: 27, 261
Moynihan, Daniel Patrick: 186
Mulheres, índices de encarceramento de: 40
Myrdal, Gunnar: 186

Nagin, Daniel: 240, 241
Negros. Ver Afro-Americanos
Newman, Katherine: 125
New York Times: 136
Nixon, Richard: 95
Nova Iorque:
- leis anti-discriminação em: 159

Prisão Estadual Auburn como líder no ideal reabilitativo e na reforma social: 23, 24
- índices de homicídio na cidade de Nova Iorque: 230
- penas efectivas adoptadas para os consumidores e traficantes de drogas em: 100, 101
- novas formas de medidas de reabilitação em: 265
- a reabilitação como missão das instituições mais antigas em: 233

Nurse, Anne: 195

Ochoa, Billy: 101
Ohio: 102
Oklahoma: 81
Orwell, George: 127
Other America, The (Harrington): 126

Pager, Devah, 158
Palmer, Ted, 234
Partido Republicano:
- as tendências evolutivas do encarceramento quando o governo estadual é controlado pelo: 104-111, 119
- medidas políticas de cumprimento da lei do: 27, 86, 93-97, 256 (Ver também penas criminais)

Penas criminais:
- com prazo determinado de libertação, índices de encarceramento e as: 110

- com prazo determinado de libertação, proliferação das associada aos êxitos eleitorais dos republicanos: 107
- linhas orientadoras, mínimos obrigatórios e verdade-na-pena, adopção de: 98-103
- individualizadas e sem prazo determinado de libertação à discrição do juiz: 92, 98
- discrição judicial limitada, número de estados que têm por tipo: **102**
- período probatório: 99, 100
- evoluções nas: 103

Pensilvânia:
- Penitenciária do Este em Filadélfia como líder no ideal de reabilitação e na reforma social: 23, 24
- a reabilitação como missão das instituições mais antigas na: 233
- linhas orientadoras das penas para os juízes desenvolvidas na: 99

Percurso de vida:
- grupos etários, o impacto dos acontecimentos do nos: 47-49
- riscos cumulativos do encarceramento para dois grupos etários: 53, 54
- vida familiar e o casamento (*ver* vida familiar e casamento)
- a geração da Grande Depressão: 47, 48, 127, 128
- interrupção do pelo encarceramento: 27, 28, 45-47, 251, 252, 260
- a geração do encarceramento em larga escala: 57
- o grande aumento do número de reclusos como moldador do: 49, 50
- riscos do encarceramento sobre o: 50-54
- mercado de trabalho periférico, direccionamento dos ex-condenados para o: 168-175
- acontecimentos da vida seleccionados vividos pelos não-hispânicos, por raça e educação: 55, 56

Período probatório: 99, 100
Petersilia, Joan: 215
Pettit, Becky: 60, 150
Piehl, Anne: 239, 246, 247
Piore, Michael: 168
Pobreza:
- a criminalidade entre os jovens desfavorecidos: 68-75
- crime nos bairros problemáticos das cidades e a: 155
- criminalização da: 87-91
- aumento devido ao encarceramento: 176-178
- a invisibilidade dos pobres: 125-128 criminalidade violenta, índices de e: 65-67, 83, 84
- *Ver também* economia; desigualdade; mercados de trabalho

Políticas:
- desemprego crónico e as: 147-149
- o ideal democrático e o reabilitativo: 23, 24, 258, 259
- do cumprimento da lei: 27, 86, 93-97, 256 (*ver também* sistema de justiça criminal; penas criminais)
- encarceramento em larga escala, apoio público continuado em relação ao: 262, 263
- encarceramento em larga escala como contracção da cidadania para os negros pobres: 260-262
- as teorias do castigo relacionadas com as: 86
- *Ver também* Partido Republicano

Posse de emprego, os ex-condenados e a, 172-174.
Programa Nacional de Registo de Correcções (PNRC): 112, 121
Programas de reinserção dos reclusos: 265
Projecto de Emprego Pós-Libertação: 234
Programas sociais e do Estado-Providência: 43-45

Raça:
- o castigo da prisão sobre os rendimentos globais e a: 175-179

Índice Remissivo

- índices de criminalidade e desigualdade devido à: 64-68, 83, 84
- riscos cumulativos do encarceramento para dois grupos etários divididos pela: 50-54
- detenções por consumo ou tráfico de drogas e a: 77-80
- educação, aptidões cognitivas e o emprego dos reclusos por: 156, 157
- efeitos do encarceramento no emprego, salários, rendimentos e a: **167**
- índices de homicídio e a: 229, 230
- índices de encarceramento e a: 40-43
- desemprego e a: 130-135, 139
- posse de emprego e aumento salarial para ex-condenados por: 172-175
- políticas de cumprimento da lei e a: 27, 94, 95
- casamento e divórcio, efeitos do encarceramento no por: 200, 201, 204-206
- casamento e paternidade entre os indivíduos por: 190-192
- casamento e separação, os efeitos do encarceramento no por: 207-214
- encarceramento em larga escala como instrumento de dominação: 26, 27, 261, 262
- encarceramento em larga escala como forma de estigmatizar uma experiência colectiva: 90, 91
- percentagem dos acontecimentos seleccionados da vida vividos por: **56**
- medidas políticas punitivas da e o aumento do encarceramento em larga escala: 86
- segregação habitacional e o isolamento dos negros pobres: 126, 127
- o encarceramento a nível estadual e a: 106-109, 112-118
- os salários e a: 139-147
- *Ver também* Afro-Americanos; hispânicos

Rand Corporation: 238

Reabilitação:
- diminuição da criminalidade e a: 235, 236, 249
- emergência de novas formas de: 264-266
- história da crença na e a crítica da: 23-25, 232-236, 258-260
- como filosofia do castigo: 91-93

Reagan, Ronald: 95
Rede de Alerta sobre o Consumo de Droga: 80
Rendimentos:
- globais, o castigo da prisão sobre os: 175-179
- os efeitos do encarceramento sobre os: 166-168
- cálculo dos efeitos do encarceramento sobre os: 162-166
- *Ver também* desigualdade nos rendimentos; salários

Richards, Ann: 97
Road to Wigan Pier, The (Orwell): 127
Robinson, Paul: 240, 241
Rockefeller, Nelson: 100
Rothman, David: 258
Rusche, Georg: 87, 88
Rússia, os índices de encarceramento na: 38

Sabol, William: 193
Salários:
- ajuste dos à selectividade: 150-152
- vantagem educacional reflectida nos: 153
- fosso entre ricos e pobres: 153
- crescimento dos e estatuto do recluso: 172-175
- os rácios dos salários à hora e ajustados: **144**
- salários à hora e rácio salarial brancos-negros dos homens que trabalham: **142**
- encarceramento e o fosso racial nos: 139-147

- envolvimento na criminalidade e os: 162, 163, 166-168
- dos trabalhadores e dos reclusos na altura do encarceramento: **143**. Ver também rendimentos

Sampson, Robert: 171, 186, 219, 251
Schaefer, William: 271*n*30
Sexo, os índices de encarceramento e o: 39
Shaw, George Bernard: 87
Shipler, David. 125
Sindicatos: 43-45
Sistema de justiça criminal:
- como controlo sobre os pobres através dos proprietários e do Estado: 87, 88
- desencorajamento como objectivo do: 239-241
- incapacitação como objectivo do: 237-239
- filosofia punitiva, medidas, políticas do, implementação do: 98-103
- filosofia punitiva, medidas, políticas do, origens do: 24, 25, 93-97, 259, 260
- filosofia punitiva, medidas, políticas do, aumento do encarceramento em larga escala e o: 25, 26, 86, 255, 256
- filosofia punitiva, medidas, políticas do, a diminuição da criminalidade e o: 249-252
- filosofia punitiva, medidas, políticas do, as teorias por detrás do: 237-241
- reabilitação e diminuição na criminalidade: 235, 236, 249
- reabilitação no futuro do: 264, 265
filosofia reabilitativa, história da: 23, 24, 232-235, 258, 259
- filosofia reabilitativa do castigo e medidas penais do Estado-Providência: 92, 93

Sistema penal americano:
- índices de entradas em prisões comparados com os índices de criminalidade: 75-77
- os ideais democráticos apagados pelo encarceramento punitivo em larga escala: 25-27, 260-262
- os ideais democráticos da perspectiva reabilitativa: 23, 24, 258, 259
- demografia da população do: **42**
- traficantes ou consumidores de droga, percentagem do total de reclusos representada por: 93
- como instituição económica: 43-45
- educação, aptidões cognitivas e experiência de trabalho dos reclusos no: 156, 157
- programas educativos para os reclusos no: 234, 235
- vida familiar e casamento, impacto na (*ver* vida familiar e casamento)
- crescimento no e a diminuição na criminalidade: 232 (*ver também* diminuição da criminalidade)
- história do: 23-26
- impacto do após a libertação (*ver* efeitos pós-encarceramento)
- importância institucional do: 36
- invisibilidade da população do: 128, 147-149
- estrutura jurisdicional do: 37, 38
- casamento e paternidade entre a população do: 190-192
- crimes dos reclusos no: 37
- omissão dos reclusos nas estatísticas oficiais: 128-130
- analisando os custos do: 178, 179
- dimensão do: 25, 85
- encarceramento a nível estadual (*ver* encarceramento a nível estadual)
- *Ver também* encarceramento; encarceramento em larga escala

Spelman, William: 237, 242-247
Spitzer, Steven: 88
Struggle for Justice, The (Comité de Serviço dos Amigos Americanos): 98
Sullivan, Mercer: 67, 171

Índice Remissivo

Survey of Inmates of Local Jails: 60, 61, 151, 152, 222
Survey of Inmates of State and Federal Correctional Facilities: 60, 61, 151, 152, 222

Tally's Corner (Liebow): 187
Texas:
– os índices de encarceramento no: 81, 104
– os efeitos do mercado de trabalho nos índices de encarceramento no: 109
– novas formas de medidas reabilitativas no: 265
Teste de Qualificação para as Forças Armadas (TQFA), 156, 157
Thinking About Crime (Wilson): 98
Tocqueville, Alexis de: 23, 24, 31
Tonry, Michael: 120
Tracy, Paul: 238
Travis, Jeremy: 215
Tyler, John H.: 235

Useem, Bert: 246, 247

Venkatesh, Sudhir: 67, 155
Verdade na pena: 102
Vida familiar e casamento:
– casamento após o nascimento de um filho, probabilidade de: **210**
– separação após o nascimento de um filho, probabilidade de: **211**
– fontes de dados relativos à: 221-225
– divórcio, os efeitos do encarceramento na probabilidade de: **203**
– divórcio e separação, o impacto do encarceramento nos riscos de: 201-204
– violência doméstica: 214-220
– violência doméstica, por estatuto de recluso: **216**
– violência doméstica, por estatuto da relação, **217**
– violência doméstica por parte de novos pais, probabilidade de: **218**
– violência doméstica no ano após o nascimento de um filho, modelo de: **225**
– modelo histórico de acontecimentos de divórcio e primeiro casamento: **223**
– primeiro casamento, impacto do encarceramento nos números relativos ao: 196-201
– primeiro casamento, números relativos ao, por idade e estatuto de recluso: **197**
– primeiro casamento, riscos de dissolução do: **202**
– famílias em risco, casamento e separação nas: 206-214
– os efeitos do encarceramento na: 27, 28, 183-185, 220, 221, 256, 257
– possibilidade de casamento, os efeitos do encarceramento na: 193-196
– casamento e divórcio, os efeitos globais do encarceramento no: 204-206
– casamento e paternidade entre os reclusos, níveis de: 190-192
– casamento e separação, análise de: **224**
– casamento ou separação após o nascimento de um filho, percentagem de: **212**
– indivíduos que vivem com a mãe do seu filho de um ano: **208**
– homens casados no ano 2000 e pais em 1998: **190**
– homens solteiros por volta dos 39 anos: **206**
– previsões acerca dos homens permanecerem solteiros e casados: **205**
– probabilidade de casamento, efeitos do encarceramento na: **201**
– efeitos de selecção e incapacitação como contraste às hipóteses sobre o impacto do encarceramento na: 186-189
Violência:
– doméstica, 214-220
– índices de, diminuição nos: 229-231

- índices de, relação entre as desigualdades económicas e raciais e os: 66
- cultura sulista da: 107
- índices de vitimação violenta, elaboração dos: 113, 114
- *Ver também* criminalidade

Vitimação:
- entre rapazes: 73, 74
- índices de: 113, 114

Wacquant, Loïc: 57, 90, 91
Washington, D.C.: 102
Washington Post: 136
Wattenberg, Ben: 237
Welch, Finis: 140
West, Valerie: 97
Western, Bruce: 60, 150
Whalen, Barbara: 261
Whalen, Charles: 261
"What Works? Questions and Answers about Prison Reform" (Martinson): 233
Wicharaya, Tamasak: 120
Wilkinson, Wallace: 271*n*30
Wilson, Doris: 120
Wilson, James Q.: 98, 237, 239
Wilson, William Julius: 184, 186, 193
Wolfgang, Marvin: 238